U0022357

滄海叢刊
宗教類

佛學研究指南

關世謙 譯

東大圖書公司

國家圖書館出版品預行編目資料

佛學研究指南／關世謙譯.－－初版三刷.－－臺北
市；東大，民90
　面；　公分
參考書目
ISBN 957－19－0366－3　（精裝）
ISBN 957－19－0367－1　（平裝）

220

網路書店位址　http://www.sanmin.com.tw

ⓒ　佛學研究指南

原著書名　佛教學への道しるべ
原 編 者　大谷大學佛教學會
原 　著　昭和五十六年九月一日再版
發行日期　西元一九八一年
譯 　者　關世謙
發 行 人　劉仲文
著作財　東大圖書股份有限公司
產權人　臺北市復興北路三八六號
發 行 所　東大圖書股份有限公司
　　　　　地址／臺北市復興北路三八六號
　　　　　電話／二五〇〇六六〇〇
　　　　　郵撥／〇－一〇七一七五——〇號
印 刷 所　東大圖書股份有限公司
門 市 部　復北店／臺北市復興北路三八六號
　　　　　重南店／臺北市重慶南路一段六十一號
初版一刷　中華民國七十五年九月
初版三刷　中華民國九十年八月
編　　號　E 22011
基本定價　肆元肆角
行政院新聞局登記證局版臺業字第〇一九七號

ISBN　957－19－0367－1　（平裝）

譯　序

　　一般人對於佛學的認知，總不外乎兩種感受：一是大藏經浩如煙海，不知何由措手；二是三藏十二部名相法數文學艱深，究應如何啓蒙？其實這種觀感，豈止士林中人，卽使對佛學已具認識而想進一步求知的學人，也有不得其門而入的感慨！時下一般大學文史各系，多有開設佛學課程的安排，同學對於選修課程，因為不諳佛學體系，所以經常都有無所適從的困惑，旣不了解其先後進學次序；亦無由得知選修應循的層次，而且市井書肆又缺乏介紹佛學入門一類的書籍，因而令人面對着整架的大藏經典，徒然只有望洋興嘆的感喟而已！相信，這種困惑不止是在校同學所獨有，卽使社會人士好樂於佛學哲理的中縈，乃至佛門中的求解一門，更是大眾一體心同此感。

　　我國歷來的高僧大德，畢生潛心致力於教理學術的闡述，代有名人。歷史上不乏學養精湛之士，於佛教各宗的學說，積有獨到的見地，著成震鑠千古的輝煌巨構，以流傳後世。現今大藏經所收錄的巨著鴻論，大多都是選錄於此。

　　日本文學界對於佛學的研究，近世紀以來建立有卓越的成績，當然得力於教育部門的獎勵與重視，以及學術界之能培育專業人才的功績很大，這也是成就其現代佛學發達之有今日的原因之一。

　　大谷大學的一群學者，鑒於社會各界研習佛學人士日見增多的需求，乃將整個佛學作了有體系、有層次、有類型的分門整理，然後按照習學順序，分門別類地作了循序漸進的介紹，分別告訴您進修佛學應走

的路線，和沿路作為指標的各種文獻，以及應該閱讀哪些書籍足以輔佐進度，甚至路途上可能遭遇到的阻礙和因應困難、突破瓶頸的克服之道等，凡是進修路上所能面臨的一切，都以過來人的經驗，一一為您作了詳盡的報導與提供須知事項，可以稱得上是一本遊心於佛教學海的指南手冊，只要此書在手，就能摸索出浩瀚的佛學大洋的方向所在，進而引導您直趨光明智慧的覺岸，使您從研究佛學、體解教理、實踐佛道，以期能够解脫人世身心的煩惱，從而領會到解脫自在的清邁，才是研習進修佛學的正途。

中華民國七十五年七月十五日關世謙序於華梵研究所

序

　　十幾年前，大谷大學創刊『佛教學セミナ(seminar)』雜誌。當時，編撰者在敘述其動機時，卽曾指出：「本雜誌不僅祇以研究佛學學術的專家爲對象，是爲一般讀者，或對佛敎抱持關切的人士，爲其提供對佛學有正確理解的廣大知識群衆，乃至專攻佛學學術的學人，都將表示廣泛地歡迎。」（第一號編集後記）。基於此一構想，這份刊物爲了誘發初學人士的研究興趣，乃商請長老教授橫超博士，先以「中國佛學研究指南」爲題，從第一期連續刊載至第三期，贏得了學術界內外意想不到的佳評，這也應該是橫超先生長年以來教導學生，理應得到的結果，也爲我們帶來莫大的勇氣。

　　接下去，第五、六期有舟橋教授，第七期更有安井教授，第九期並有佐佐木教授等執筆的大作，先後均已披露了出來。此後，繼續不斷地，也有佐佐木現順、稻葉、雲井諸教授等的續稿，從而，使得這份刊物的稿源始終未虞匱乏。

　　歸納這些佳作，輯成秩册專書的構想，在佛學研究室中經常都被提議討論。最後，終於機緣成熟，並且又增入了坂東、白士兩位教授以及櫻部的專稿，一本專輯型態的書籍，隱隱約約地已經形成了輪廓，然後再就旣已發表的作品，分別由各位執筆人修訂之後，重新推出與世人見面。

　　雖然是一本小的啓蒙書，但却是引導年輕學子走向無垠廣大的佛學研究領域的正確指南，我們以此引爲無限的歡欣。

在此，謹對擔當各項出版事務的佛學研究室的吉元助理，於其諸多
辛勞，敬表深摯的嘉慰；另於惠予發刊的文榮堂主田中茂夫先生的致力，
也一併表示謝意！

　　　一九八〇年秋

大谷大學佛教學會會長

　　　　　　　　櫻　部　建　序於大谷大學佛學研究室

佛學研究指南 目次

作者簡介

舟橋一哉	大谷大學名譽教授	文學博士
佐佐木現順	大谷大學文學部教授	文學博士
佐佐木教悟	大谷大學文學部教授	文學博士
櫻部建	大谷大學文學部教授	文學博士
安井廣濟	大谷大學文學部教授	文學博士
稻葉正就	大谷大學文學部教授	文學博士
橫超慧日	大谷大學名譽教授	文學博士
雲井昭善	大谷大學文學部教授	文學博士
白土わか	大谷大學短期大學部教授	
坂東性純	大谷大學文學部教授	

(各自執筆的論述請參閱目次)

第一篇　印度佛學研究指南

第一章　原始佛教

開始想要研習原始佛教，必將考慮到該讀些什麼樣的入門書和如何去求得參考書籍？關於這方面，水野弘元博士撰著的『巴利語文法』（山喜房佛書林）附錄Ⅱ，便有很詳細的介紹，筆者對於這些入門書和參考書的推薦，祇限於最少的限度，但對常年專攻原始佛教研究的專門學人，則必須提列深入的幾點，以供參考。

一、原始佛教

想要研究印度佛教學人士，必須先學習梵文（Sanskrit）。梵文是解釋印度佛教的鑰匙，也是武器。如果缺乏鑰匙，那麼，想要開啓「印度佛教」的門扉，則將異常困難，同樣的道理，任你是再英勇的戰士，如果沒有武器，也難以打贏這場「研究印度佛教」的戰事。事實既是如此，當可了知學習梵文，才是研究印度佛教所不可或缺的。其實何止是

研究印度佛教，即使研究中國佛教或日本佛教，如果完全不具梵文的有關知識，也是難以獲致研究上預期的效果。因此，大谷大學的佛教學系（包括印度、中國、日本佛教）排有「梵文文法」的必修學課。專攻印度佛學研究者，更將運用梵文來閱讀梵文佛典演說，而且將在這一方面花費很多的時間與心力。但是，雖然同屬「印度佛教」範圍，在「原始佛教」方面，更須深一層地去學習巴利語文。究竟，研究原始佛教，是否有其必要去學習巴利（Pali）語文？

在此所謂「原始佛教」，就是「初期佛教」的意思。所謂「原始」一詞，當說到「原始人」或「原始宗教」時，大多含蓄着「野蠻未開」或「低級」的意味在裏面，但「原始佛教」可就絕對不是指的低級佛教。是站在學術的角度上，指出從釋尊成道開始，直到教團趨向根本分裂的時期，即指佛陀滅度後一百十年到百五十年的這段時間裏，佛教僧團分成進步派的大衆部和保守派的上座部，才名之謂「原始佛教」，也可以稱爲「初期佛教」。原始佛教的研究，雖然始自歐洲人，他們名之爲 Early Buddhism，我們的前輩學者，把它翻譯作「原始佛教」，可能這就是「原始佛教」的肇端，它的正確名稱 Primitive Buddhism 一詞，反而未被採用。因此，我們對一般泛稱「原始佛教」爲低級佛教的意思，並不感覺興趣，在此姑且順從一般慣例，亦以「原始佛教」的名稱敘述。

二、有關巴利語文

二十世紀初葉，曾有人說：「研究原始佛教，祇以巴利語文即可應付裕如，不必再學習梵文。」當時參與原始佛教研究的學者，確實即曾專攻巴利語文，對於梵文並不太表關切。甚至還有人說：「梵文是異常的

艱難而又複雜，巴利語比較單純而又溫和，我們如果一開始卽接觸梵文，還不如先從巴利文下手，等到已經熟悉印度語文，再來搞通梵文，當可兼收水到渠成的功效，因此，還是先從巴利文下手，方爲上策。」誠然，學習巴利文較爲簡易，而梵文則艱深複雜。但是，如果從巴利文再進而至於梵文，不管怎麼說，都有一種開倒車、顛倒順序的感覺。如果全憑巴利語文去從事，在研究原始佛教的歷程上，必將有碰壁的感受。而這種情形，今天我們回顧已往本身所經歷的體驗，是以過來人的身分，道出我們個人的心得。

　　巴利文是古典梵文 Prakrit 的一種。我們如把梵文看作是標準語文，那麼，古典梵文的 Prakrit 就應該是方言了。如果以前者爲雅語；那麼後者就是俗語。標準語和方言，在順序上究竟應先學習哪一種？相信不待解說，自然可以明瞭的；猶如我們在練習書法方面，也有楷書和草書的寫法。縱然如此，梵文也未必就是多麼地古老，甚或巴利文比較新穎，也絕不是這番意思。相反地，在巴利文方面，却經常保存着古老的形狀。另對「梵文比較艱難複雜，巴利文則較單純溫和」的說詞，也不無可議。著實而論，巴利文是較爲艱難，它那艱深的程度和梵文相較，在性質上是有其差異的。梵文就好像豆腐裝進層盒裏的語文，把複雜的文法，嚴密地嵌裝了起來，沒有絲毫的縫隙，因爲這是由波爾尼 (Panini) 文典或若干程度的人爲規定而完成的人造語文，但在巴利文方面，則恰如馳騁在原野的野獸般的語言，雖然也有其大體上的文法，但也是富於融通性的文法，畢竟還是不按文法去運用，其模棱兩可的地方還是很多，巴利文直到目前爲止，其意義尙不够明瞭的語彙，依然還很多。以巴利文讀起來，時常覺得「從前後的關係判斷起來，或與漢譯經典加以比較對照看來，有的地方都必須這樣讀下去。可是這句話爲什麼又是如此地示意呢？以致百思不得其解」有這種情形產生。由此我們

才恍然了悟，因爲巴利文是俗語、是自然語、是一般民衆語，所以才有這種現象顯示出來。因此，走梵文的路子，剛開始雖然比較艱難（如果把複雜的文法除却看來，自然會有顚倒本末的情形），一直走下去，就有不想再出來的感覺；但在巴利文方面，雖然入門很容易，但眞正走進去，就像迷路一般，使你有無從舉步，動輒得咎的感覺。

準此可知，有志於原始佛教的研究者，其於巴利文的學習是如何地重要。原因是被稱爲原始經典的 Nikaya（譯爲「部」，是以巴利文所寫的經典）是用巴利文寫成的。包括這 Nikaya 的大藏經，於今以錫蘭爲中心，在南洋諸國的緬甸、泰國、高棉等國都很興盛，卽今所謂南方佛教（現存的小乘佛教祇此而已）流傳至今。在分量上，與西藏大藏經和漢譯大藏經相比較，尙不及十分之一的分量，而這些原典，歷經悠長的歲月，確已完全構成了經典的輪廓，這就是南方佛教所獲致的成果。（越南佛教是中國佛教所傳入者，於此殊難謂爲南方佛教。）在中國所流傳的漢譯阿含經，雖然尙未與此南傳大藏經直接相聯貫，但却能看出確已結有很深的親緣關係。漢譯阿含經的原典，雖然可以認定是梵文，但於其斷簡以外，還沒有留下一致的型態。如以現今的漢譯阿含經和巴利文的部（Nikaya）爲對象來考量，兩者一致的地方，竟高達半數以上。因此，吾人於研究原始佛教的方法上，先須以巴利文的部（Nikaya）與漢譯阿含經互相比較對照來研讀。在此情形下，巴利文的部（Nikaya）以巴利原典協會（P. T. S）所發行使用羅馬字的爲最普遍，但此中亦有人愛用泰國皇室版本，謂錯誤較少（最近在印度也出版過印度文字版本，索價極低，而又易購，三藏全輯尙不到二萬日元）。而爲以上兩者作比較對照標竿的，則是赤沼智善教授編纂的『四部四阿含互照錄』（破塵閣書房）一書。此書是把巴利文的四部（Nikaya）（長部、中部、相應部、增支部）與漢譯四阿含經（長阿含、中阿含、雜阿含、增一阿含）互相

比較、對照的，開始先把漢譯四阿含經所包含的經名，一一揭示出來（爲數達數千），再把各種互相一致的巴利文及漢譯經典名稱提出，如有全體不相一致，而部分相同的巴利文及漢譯的經典，也把它揭示出來，其次再相反地，把巴利文四部中的阿含經，其與每部經典互相一致或部分一致的漢譯和巴利文的經名提示出來，兩者對照起來閱讀，一眼卽能看出其相當經典的所在。依據這種情形，吾人如在阿含經中，時而發見於研究原始佛教亟須注意的經典時，則更須於此加以參照，方可了知其所述的意義。

在研究原始佛教方面，第一手的資料，當然不用說，仍以漢譯阿含經及巴利文的部（Nikaya）爲基準，這是自不待言，但實際上發動這些作用的樞紐，則是『互照錄』。祇是這部『互照錄』，因爲只限於「四部四阿含」，却未曾廣及於巴利文的小部。但在小部中，如經集（佛陀的語言）、法句、長老偈、長老尼偈等，於研究原始佛教上居有重要地位者亦不在少數，但此一部分在『互照錄』上，却無法確定其於漢譯經典中，是否存在？

巴利文的大藏經以「南傳大藏經」的名義，已經全部日譯並刊行。本來，正確地用「大藏經」這個名詞，是北傳所使用；南傳佛教則專用「三藏」的名稱。所謂三藏是指經、律、論，（南傳則以律在先，是採律、經、論的次序。南傳大藏經亦依此順序排列），於此以外者，均未列入，而南傳佛教將之加以歸納，稱爲「藏外」。漢譯大藏經則包括這些藏外部分，而統稱大藏經。在此，爲了順應漢譯大藏經的稱呼，亦稱南傳大藏經。於三藏以外，如大史、島史等屬於史傳部者，以及清淨道論、彌林達問經，再加上北傳佛教收納在論藏中者，均已全部完成了日譯。這是昭和年間的大事業，祇是此中尚未包含註釋類在裏面。（除了佛音的『論事註』以外，於『論事』如果沒有其附註，則了無若何意

義。）漢譯的大藏經，其中雖亦包括有史傳部與註釋部而統稱大藏經，在此所謂「藏」、「經」的名稱，應該是「三藏」、「經（修多羅）」的意義被廣泛地應用所致。

巴利文的部（Nikaya），不論怎麼說，都應該算是原始佛教研究的第一手資料，故而必須熟讀，那是了解『南傳大藏經』必先經由的捷徑。但其日譯部分時有不夠充分的感覺，因而必須經常把巴利文的原典置於座右，以為閱讀原典作參考所必需。另外，因為這部『南傳大藏經』是經過多人所迻譯，各人所表達的譯語亦因人而異。同樣一句原文，譯語則各自不同；時而也有不同的詞句，被譯作相同的譯語也到處可見，生澀不馴的直譯語，隨處可見。雖難謂為誤譯，最少也是不夠嚴謹的意譯，這對完全不懂巴利文者來說，雖然仍有其缺點，當然還是以意譯者較為易懂。略諳巴利文者，想以巴利文原典作參考時，仍以直譯者為宜。但直譯雖謂比較好些，可是對一些詞句如：「現見、無時、來觀」（當時所見、了無時間間隔、來而得見的）等意義上，是顯示釋尊所說教法是現實的、即時的、實證的意思，在直譯方面，仍然令人茫然無從索解。

除了這部『南傳大藏經』之外，近來又有總索引的出版（南傳大藏經總索引·丸善），這是水野弘元博士的大作，是全套三巨冊的大部頭。是把『南傳大藏經』用日譯和巴利文兩者都可以檢索的工具書。因為在日譯文上，附加了巴利文，巴利文上也附加日譯文，所以也可以作簡單的巴利文辭典來使用，誠然便利之至。在『南傳大藏經』的索引方面，除此之外還有 P. T. S 出版的『巴利三藏總索引』（Pāli Tipiṭakaṁ concordance）可能尚未全部完成。其中的各種原典，附有索引者很多，此一部分並非總索引，在長部經典方面，祇是長部經典的索引，乃至在法句經，也祇是法句經的索引而已。縱然如此，這部索引也是內容詳

實，很得要領的佳構，尤其對於以研究原始佛教爲中心的中部經典和相應部經典的索引來說，在使用的同時，更能體會出編輯者的苦心孤詣。在索引方面如能運用得宜，也是研究佛教學的一種秘訣。

三、原典的日譯

巴利文或梵文在日譯時，對佛教學的術語，也有必要以歷來應用的術語來迻譯的，但不論巴利文或梵文却很少使用日文寫的辭典，大體上都是用英文或德文編輯的辭典。在巴利文辭典方面，有水野弘元敎授和雲井昭善敎授的兩種版本。雖然都能足敷應用，但一般而言，都有太嫌部帙過巨的麻煩。至於梵文方面，則有『梵和大辭典』（鈴木學術財團），這部梵文辭典其不够充分的地方依然很多。當然也具備梵文、漢文、日文的對照功能。在運用上於煩瑣的英、德文的辭典覺得麻煩時，而英、德文雖然也有日譯，但也未必卽能當下對佛敎術語得到解釋。譬如 kleśa 一詞，在毛尼耶爾的梵文辭典中可以查到，在漢譯雖然作「煩惱」解，但在東毘夏里譯的辭典上却找不到這個字，祇有苦痛、苦惱、痛苦等的譯辭。在這一點，毛尼耶爾的辭典『Sanskrit-English Dictionary』確乎有其獨特的優點，蓋卽佛敎用語很多都被忽視，彌補這項缺點的則有耶迦佟的『Buddhist Hybrid Sanskrit Grammar and Dictionary』因而於 kleśa 一詞，卽使查過辭典，解爲「煩惱」的原文，如果於此仍然不懂，又怎樣去找出「煩惱」的漢譯語呢？蓋卽能活用『翻譯名義大集』（鈴木學術財團再版），以及利用各種梵漢索引者是，而且梵日辭典在這一方面，也能達成相當的效果。儘管如此，「煩惱」一詞，如果不能以「煩惱」言詞來表達，不管怎麼說，在我們的頭腦中都不會立刻得到會意。『翻譯名義大集』因爲分別排列有梵文和西藏文與漢文的對照

項目，可以說網羅了全部的佛教用語，並且，最近又有梵文藏譯所附的索引已經出版流通（漢文索引在荻原雲來的『梵漢對譯佛教辭典』（山喜房佛書林）中附有），於此如能善加活用，就是熟悉佛教用語的第一步。

　　但是，在日譯巴利文方面，是要把巴利文先恢復爲梵文，而且又須找出相當於此梵文的漢譯語才可以，因爲不可能把巴利文直接解釋爲漢譯語的。所以說，學習巴利語時，必須先學梵文的用意，亦卽在此。但當把巴利文恢復爲梵文時，在巴利文辭典上，雖然記載著很多相當於巴利文的梵文，但一個適當的梵文，又有很多相關的巴利文，像這種辭彙，很多的情形都不是所謂的「佛教用語」，因此於此情形，不必過份地拘泥於用佛教用語來譯解。

　　但是梵文和巴利文在日譯時，如果祇是把佛教用語來調換一下位置，還不能算是深入理解其眞實義理，祇是「想當然耳！」是不相宜的。例如 saṃskāra 一詞出現時，這在佛教用語中可以「行」來解釋，但祇是以「行」來解釋，仍有其不夠充分的感覺。誠然，saṃskāra 就是「行」，固然不錯，但此「行」字，實在含有很多的意義。不應該祇以一義來涵蓋其整個辭彙。那麼，於今的「行」究應以什麼意義來表達呢？又必須審愼地加以思考。祇以「行」來解釋，在理解上恐怕不免膚淺，祇是譯者本身的約當理解於此罷了，但那畢竟還是「約當」而已，於其實義依然未解的成分居多。我們在檢討梵英、梵德等辭典中的英文或德文的翻譯方法，其對「行」字英譯所採取的方式爲何？於此如果不能貼切地把握其用字，則無法表達其眞實意義。把 saṃskāra 作「行」來解釋是經過愼思熟慮，猶如沉醉於辭義的氣氛（mood）之中，醒來竟茫無所覺！因此，在佛教術語方面，不能輕易忽視於歷來所使用的漢譯術語，而且尤須適切地去表達其涵意，才能眞實地把握住其原義。如果可能的話，

把兩方面的譯語都表達出來，然後把一方加括弧來處理，這樣比較相宜。例如 saṃskāra 一辭，在此如以「形成力」的意義來用時，如果直接祇用「形成力」來翻譯，對完全不懂佛教用語的人來說，也許可以達意，但對稍事接觸佛教或於梵文有一知半解的人來說，爲了使其能明瞭 saṃskāra 譯語，如果同時亦以「行」來表達，則更能顯現其貼切的意義。我們盱衡最近的出版刊物，已有如此的傾向，這是一種可喜的現象。

四、日本的原始佛教研究

在日本，原始佛教的研究已經大行其道，時而可見甲論乙駁，互相普遍地呈顯出蘭菊競美的文字勝勢，這種情形從大正年間開始直到昭和，都是如此。其間曾因出版和辻哲郎教授的『原始佛教的實踐哲學』（岩波書店）爲當時平靜的學術界激起了一陣騷動。這本書是以論叙西洋哲學的方法，來解析原始佛教教理的一種嘗試，爲一向保守的佛教學者，把研究佛學的課題搬到了大眾廣場，呈現出顯著的效果。這部書卽使時至今日也可以身當名著而不愧，也是有志於研究原始佛教的人士，必須一讀的好書。和辻教授在這本書中，雖於歷來的佛教研究大加貶謫，但木村泰賢教授則以『原始佛教思想論』（丙午出版社）正面的加以批難，站在其同一陣線上的還有赤沼智善教授的『原始佛教的研究』（破塵閣書房）和『佛教教理的研究』（破塵閣書房），在這一方面比較接近和辻教授立場的則有宇井伯壽教授的『印度哲學研究』第二卷和第四卷。我們若把這些論書加以比較，那將不難發現和辻及宇井的研究，則較爲新穎；而木村與赤沼二人的研究，則較爲古板。雖然如此，但亦未必盡然，可以說兩者各有其長處，亦復各有其短處。前者是專從站在

合理主義的立場，以闡明原始佛教教理的論究，誠然有其道理是不能加以否認的。但二千五百年以前的印度人，在宗教上接受佛教用以代替婆羅門教，亦卽古代印度人的宗教需求，能由佛教來滿足其願望。其態勢果眞是否如此？從這方面的情形來考量，木村和赤沼二位教授的研究，實在捨此莫由。因爲赤沼教授著論的『十二因緣的傳統解釋』（『原始佛教の研究』內載）明顯地被看作是傳統緣起說的支持者，這一點於其形象頗多損傷，其實這篇論文也絕對不是無條件的支持傳統說，這在其稍後的赤沼教授論說的迹象中看來 （『阿含經講話』）， 於其傳統說亦多有批判 。綜上所述， 各位前輩所遺留下來的成果， 直到今天仍然保存其學術方面的命脈，我們在研讀這些論著的同時，更須於批判中確立自己的立場。基於此項認識， 筆者乃有 『原始佛教思想の研究』（法藏館）的寫作。 此外， 水野弘元教授的『原始佛教』（平樂寺書店）寫得也易解快讀，不妨把它作爲最先閱讀的入門書。近來更有中村元教授的『原始佛教の成立』和『原始佛教の思想』上、下以及『原始佛教の生活倫理』（均爲春秋社） 等論著， 都是從原典批判的立場， 作嚴密地析論爲出發點，以追求最初期佛教的相狀爲特色而立論，以之作爲其特色。在這方面追溯其源流的則有三枝充悳教授的 『初期佛教の思想』（東洋哲學研究所）， 而前田惠學博士的『原始佛教聖典の成立史研究』（山喜房佛書林）在教理方面，雖然並未深入涉及，但在另一方面，則專事探求經典的成立沿革，就這方面來說，確有其劃時代的成果，頗具一讀的價值。

第二章 原始佛教——外國文苑

一、處理外國文獻的方法

在外國文獻中，對初發心者較爲熟悉的部分，雖然已介紹過若干種，但對初學者而言，旣然是在尋求外國文獻，卽須具備相當的基本知識。且又須於語言學寄以相當程度的關切，故而初學人士，亦未必全係外行人，準此，是以此項意義的初發心者爲對象的。

但在處理外國文獻時，認爲應須注意的第一點是：自己的興趣所在爲何？是比較傾向於哲學思想呢？還是較爲側重於文獻研究？預先須有大致上的判別爲宜。第二，不論是外國方面或是研究佛教歷史，乃至其民族要求等，國與國之間都是各自不同的，故而，各國的大致性格，都各有其不同的主觀意識，所以更須取決於其出版的刊物。否則將於自己所預期的則大相逕庭，如此以來，導致失望將是不可避免。此外，則常會出現執着單方面的主觀佛教觀念，而壓抑另一方面的結果，吾人於衡量這兩項因素之餘，先須對於研究佛教爲中心的各國，略述其方向於次。

大致而言，在歐洲尤其是英國，原始佛教的研究還在開創時期，其研究成果，猶在取向於專門文獻方面。但至最近，在知識階層中，具有

國際性意義的一般著作，顯然大有抬頭的趨勢。在這一般性所採行的技術方面，譬如依據時代的區分，有了各家思想的摘要集，這方面的技法，看來不是受美國一般化的方法所影響，但却與附具文獻原理的歐洲傳統相密結，所以看起來，即有相當多的文獻資料加在裏面。

在美國的研究方面，可以看出是拘限於一部分的專門學者對特定問題的片斷研究，故而其讀者的層面亦完全不同；和祇想扼要地把握其思想，以應現實的需求，以此類的讀者作對象的兩種情形，截至目前為止，這兩種趨勢還看不出有結成一體的傾向，而且其專門研究的趨勢，與歐洲的狀況尚無二致。其所不同的傾向，祇是完全把握其分離的思想態勢罷了；屬於上述這種情況的則有禪的介紹書籍和視覺亦即透過美術來介紹佛教的書籍等。但是屬於這方面的介紹書，不是由個人所獨自研究的，而是取材於日本已經出版或昔所熟知的文獻，是猶自停滯於以英文作介紹的階段，所以也未必即能期待其有何新的啓發。在如此的狀態之下，尤其對於所謂原始佛教的特殊發揮，幾近於無。但雖然不是忠實於文獻的研究，但在思想上，把佛教作為比較宗教研究的一部分來看待，在奠定佛教的世界宗教地位上，於此表示關切的人士，對於出版界能有如此的作為，實難以漠然的態度來看待它。

最後是在東南亞的出版物，主要還是在英文方面比較容易接近，仍以錫蘭出版的為最多。錫蘭是佛教國家，而且幾乎並未受到西洋思想或古印度哲學影響的歷史背景所賜，所以並未見有其他思想和批判的交流等現象，很少有西洋人或受西洋熏陶的佛教僧侶，有什麼批判性的佛教著作，這可能也是因為側重於佛教的信仰方面，而於學理方面的考證不足，有以致之。基於這項認識，對於各項讀物也應採審慎的態度。然則，究應採取何種態度來因應這種情況呢？原來所謂部分的原始佛教，並非單純的哲學，而是須把信仰反映實踐在日常生活上，如何使其具體化，

甚或將其信念，能在人類的精神狀況中，賡續長遠的歷史中，生存到現在，而且又能興趣盎然，才算極富信仰意義。基於此項認識，連在錫蘭學成歸國的歐美人士，也有所批判，但現階段的錫蘭佛教研究，可以說是針對無常、苦、空、無我的教理，在翻來覆去地探求，而「我」本身，則在無常、苦、空、無我之上，更就「業」思想的實際感受，也同樣反覆地在做探討和追求的研究。

二、基本的工具書類

有關原始佛教與印度思想關係方面的文獻，雖然很多，那將成為專論的項目，在此僅提出艾流特（Eliot）的名著『Hinduism and Buddhism』仍然不失為一本相當夠水準的參考書，謹此記述，不再贅叙。如今比較直接於原始佛教，尤其於思想方面，就一般了解上認為有其必要性。我想任何人在思想上最初想了解的就是佛法的「法」究竟是什麼？此一課題，於此先須提到『Geiger, Pāli Dhamma』，此書是就佛教中心概念的法，加以分析，主要是針對 Nikaya 部分，當然後期佛教的阿毘達磨亦曾考慮及之。稍微有嫌散漫而且認為重複的分類法也夾雜在裏面，總之是一部有體系的網羅教法義理的工具書，其可讀性很高。此外，於原始佛教的研究，羅致其必需的文獻，當以 P. T. S 的辭典和齊爾達斯的『Pāli English Dictionary』為最須必備。前者最具需要性的是其以部（Nikaya）為主，但是其於語源分解上也有很多的錯誤，這必須注意。齊爾達斯的辭典，所列舉的文獻很多，因而希望能加以併用。此外，亦曾增列新的阿毘達磨文獻，且於編製上亦很綿密的是『Danish Academy, A Critical Pāli Dictionary』可惜現在祇出版到 ā 項，非常遺憾！在研究上，不但是在語意，更想需求多項文獻而加以引

用者，當以『PTS, Pāli Tipitakam Concordance』爲重要，本書是從一九五二至一九七二爲止出至三卷本，祇出到 Pūra，相信還會一直繼續下去。此外，就已出刊的版本及從廣遠的立場來盯衡原抄本（manuscript）來決定適合於自己所寄望，應集中在何一問題上？在這方面先前所述的『A Critical Pāli Dictionary』已另成一部的『Epilegomena to Vol. I』和同書中的 Vol. II. Fascicle 1 的兩分册都很相宜。

三、文法書

特殊研究文法學，則尤當別論，一般爲理解經典思想而修學原語者，對於文法務必求其簡明。於此，當介紹幾本印度出版的文法書，在印度曾出版學生實用，比任何國家都深遠又具靈活經驗而適宜的文法書。例如鳩石（C. V. Joshi）的『A Manual of Pāli, Poona』就旣充實而又適用，在價格上也比印度出版的較爲低廉。如果喜好歐洲書者，則須稍作專門性的整理。但其中深獲歐洲人好評而又非常適宜的當屬『Mayrhofer, Handbuch der Pāli I, II.』，以此作基礎，初學者可直接就原典以累積經驗的方式，進而從事研究，則不失爲深具效率的方法。本來生動的文法，亦可從讀誦經典中去自行整理而成爲自身所必備，在心理上，應該具備依文法來讀誦或說話的這項預先準備。活用的語言，不祇是由文法規則所能達成的。

四、歷　史

不論宗教或思想，都不能遠離社會生活而獨自存在。因此我們所研究的對象—原始佛教時代，以及受其影響的文化圈，必須了解其概略，

特別是原始佛教的初期思想，應持以何種要件來解釋，在某種意義上或
將爲人帶來超時代的主觀危險。雖然因其具有獨自的思想，但亦必須預
先自設客觀的範疇。 就此意義之下， 歷史及年代學或年表書籍亦須購
置。這方面有『Adikaram, Early History of Buddhism in Ceylon』
這本書是我訪問法國時，法國的叩美維西博士所推薦，著者住在巴黎所
研究的。是從原始佛教及其註釋中所扼要提出的錫蘭佛教史，因此並不
夾雜任何主觀見也，是一部具有高價值文獻依據的史書。由歐洲人的手
所寫著的佛教通史，當以比利時的『Lamotte, Histoiredu Bouddhisme
Indien, Louvain』 叙述得最爲深刻。在印度人方面有婁氏的『B. C.
Law, On the Chronicles of Ceylon, Calcutta; Bode, Pāli Literature
in Burma; Malalasekera, Pāli Literature in Ceylon』等書，這些
書並不祇以初學者對象，對研究人員來說，亦是經常必加參考的重要文
獻書。

五、概　論

於印度有關的諸宗教，是無法將歷史與思想予以分離的，反而應把
歷史當作思想來考慮。佛教哲學所持具的動態性（functionalism）就是
在歷史中開展的，此一意義經常都是以思想或思想史的型態去把持的。
但是， 在正式開始研究以前， 對於原始佛教應作若何的考量， 或應如
何提出問題？必須先有所了解。爲了因應於此， 向你推荐 『Warren,
Buddhism in Translation』一書，書中是選擇重要的業、無我等問題
而予以英譯的。以文獻研究來說，當本書出版時，因爲尚未臻充分，而
事後又未作充分地增訂，所以於此必須提醒讀者注意。卽以此一問題爲
中心，最近更有追加若干文獻及歷史而作重新出版的準備。在這方面，

仍以歐洲出版的較多。若想再進一步深入了解，還有孔哉（E. Conze）所編集的『Buddhist Texts Through the Ages』等也是好書。此外，如須了解整個思想史、經典史、現代佛教、歷史等各方面，也可以尋找海外學者的資料或外國的論文集（Symposium），另外也有印度政府出版 Bapat 編輯的『2500 Years of Buddhism』旣易羅致且又方便。尤其它附有傳行印度諸國的佛教，以及開展的圖錄等，對初學者來說堪稱利益殊多。本書尤其受到歐美人士的好評如潮，所以最好羅致一本做爲參考書，置諸座右。同樣綜合性論文集（symposium）型式，龐大部頭的還有『Berval, Présence du Bouddhisme』。這是世界各國學者以廣泛的課題（Topic）而編輯的，並且附有很多美麗的照片及圖表，讀來異常精采。這且不論，這項刊物可以說是本世紀最大的集大成書。並且也未必是限定於特殊研究方面，而是從古代直到現代的諸多問題都含蘊其中，是巴黎和西貢的法國學者們所手著，而在日本也有代理書商（紀，國屋、東京），可以買到。

　　比較有體系而又能聯貫主題的該是孔哉的『Conze, Buddhism』。這是爲一般研究原始佛教人士所必需的概論書，它可以防範經常陷入一種特殊問題的泥淖中。是站在大乘的立場，雖然說是原始佛教，但也向多方面開展，最後的歸向也十分重要。在這方面凱侖的『H. Kern, Manual of Indian Buddhism; Hardy, Manual of Buddhism』對之也有所增益，以上這些書刊，也都帶有佛教學入門書的價值。

　　再往前進一步，大家都會接觸到大小二乘區別的問題，於此先就單純主觀感想的哲學，對研究人員來說，自覺上並無若何意義存在，到了專家的手上，則必須有賴於負責任的思想史。就此意義上杜特的『N. Dutt, Aspects of Mahāyāna Buddhism』他盡了一份的力量。當然，書中仍有一些專門問題而值得議論之處，依然很多。但就印度本身能够難

得而又明確地做出時代劃分，同時又能提出複雜的大小二乘諸問題來整理出其時代意識，尤其是具備了律的趣味，這對初學者來說，就這方面去進行研究，勿寧是一項優良的資料，自不待言。

說到佛教，經常都會覺得理論方面的問題很多，而日本更是具此傳統。縱然如此，站在國際的視野上，於經典以外，各種文獻的研究在日本亦很興盛。在感覺上好像有些限制，亦即：有關文獻不易羅致，語文學不夠充分，想要達到和歐洲並駕齊驅的階段，對日本來說是難上加難。這種情形就印度語言學研究的分野來說，尤其爲然。如用不同的方法論與日本的思想研究主流相結合，或加以更新的眼光來正視研究問題，其可能性也是充分存在。特別是近年來很多女性學生致志於研究原始佛教，以這些女性的綿密思想和審愼精神所產生的效果，朝向此一方向邁進，蓋卽於佛傳的研究、本生經、阿波陀那等，甚至流傳下來的一些單經的研究等，爲了從事研究而以身體力行去實際體會所研究的標的，而從讀誦來開始，也許更有體驗的感受。於此從『Horner, Ten Jātaka Stories』開始，進一步再向 T. W. Rhys Davids, 的『Buddhist Birth Stories』進行，然後直接向原文及各家譯本進攻，由 W. W. Rockhill, 的『Life of Buddha』可以了解佛教興起時代的背景，同時也是初學者很好的英文進修教材，而且爲了熟悉學術（Technicality）或術語（Terminology）都有其必要，在這裏都可養成原始佛教教理基礎的英譯技能。

原始佛教的中心議題，仍以心理論來考量，而保持其古風（Areh-aie）與型式（Type），長久在佛教思想史上追尋的有孔哉的『Conze Buddhist Thought in India』，但就此書再想進一步去研究心理論，如能採用李斯戴維（C. A. Rhys Davids）的著書，去針對問題，必當更富意義。在德文方面，雖然較有陳舊的感覺，但依然猶是名著的則有

H. Oldenberg, Buddha 等書，當更適宜。

　　對於西洋哲學具有興趣，並想一窺原始佛教堂奧的年輕學人來說，Max Walleser 的作品,亦不失爲良好的著書。這些書都已年代久遠，是古老時代的著述，於近代來說，恐將無何裨益,但其內容,則與近作無甚太大的差別。而且許多事體已爲現代所熟知者亦不在少數。縱然不擇取其內容，亦於語言練習或於思考方法的學習，都是務應熟讀的。蓋卽: Walleser, Wesen und Werden des Buddhismus; Die buddhistische Philo sophie in ihrer geschichtlichen Entwicklung; Die philosophische Grundlage des älteren Buddhismus 等書皆是。

　　以上所列舉，如係歐美人閱讀此類概論書籍時，其須注意的是，在讀者本身來說，則必須具備相當的有關佛教知識。容或可以將其歷史方面的文化背景姑作別論，僅就原始佛教教義而言，於日本的著作或講義至少亦須經過兩年的訓練，是所必需的。從這些書中所學得的是教理的體系或文化史背景等各方面，如係已對教理有所認識者，卽應趁早把握其優點，獲益將更多。但祇是閱讀的受益，猶屬有限，簡略的採擇佛教的一字一句，進而努力去理解體會，經常都懷着現代的感受去學習，然後致志於今後的專門研究，相信必將有所助益。這樣以來，經常都能保持年輕的活力，進而獲致生動的研究成果。能這樣去面對外國文獻的研究生們，將是保持其年輕活力的主要因素。

　　在此，再對佛教美術方面的研究，贅加一言，原因是針對原始佛教的研究，未必卽一定須從書籍中取得學問，那不過是整體學術中的一部分而已。目前印度與歐美的交流已頗爲頻繁，故而更須靠視覺去加重研究，實際上印度佛教美術幾乎全是出自佛傳中的主題（motif）。而且當時的風俗習慣乃至與西洋的關係，最能表現其具題象徵的就是原始佛教美術。有關這一點，俟將來去往印度時，亦應廣泛地具備這方面的一般

知識，這是極饒樂趣的事情。就學問而言，如果都是艱苦辛勞，那種學問無何實益，必須在快樂的氣氛中做學問，在宗教來說，不就是研究佛教的醍醐味嗎？所以，初學的一般人士，先須對原始佛教抱持研究的樂趣，然後才能激發研究意志。但在日本，佛教美術和教學一向被視作兩件事，印度美術專家的作品，不過是蒐集圖畫照片而已，大多數的作品都欠缺教理方面的理解，因而弄錯思想史或佛傳上的意義者，亦屢見不鮮。就這一方面，西洋的學者較爲深入，但却絕對談不到是如何地充分，所以他們是想越過佛教學，而準備依靠美術去具體地查對歷史，以作爲研究者的新興趣。就教理的知識方面，先須閱讀印度政府出版的『The Way of the Buddha』，這是附加了若干原典的美術書，印度政府亦以此書的編輯自豪，非常實用，務必能備置一本。另有『Marshall, The Monuments of Sañchī, 3 Vols』未免部頭龐大，他的另一些書『A Guide to Sañchī』等，則較爲方便；爲了求得需要稍加說明的則有『Getty, The Gods of Northern Buddhism』；或欲了解本生故事有關的，則有 Hargreaves, Buddha Story in Stone; Handbook to the Sculptures in the Peshawar Museum, Calcutta, 1930 等古書，如果能買到手，也是好書。此外, Zimmer, The Art of Indian Asia, New York, 1955 等書都不難買到，而且此書的著作，亦不乏印度學者，不但是美術家的照片集，同時也附有理論性。其他方面，單就美術集卽已繁多，若再偶爾就廣泛的理論來啓示美術論，從而瞻望其歷史背景，再與其產生佛教藝術的佛教學相比較，考量自家的美術論，也不失爲一種頗有樂趣的方法。

六、經

經律論三藏中的經典史地位，與其相互關係的概略，已於上項（歷史）舉述，一般的入門書幾乎均曾述及，希望多予參考。在此所謂與經有關的，初學之士都想略知其思想概要，就此稍作介紹。

也許有嫌老舊一些，但却很正派（orthodox）的有『L. Sadaw Thoughts on Buddhist Doctrine, JPTS, 1913-14』。此書主要是依據部（Nikaya）而且最爲實用。本來被收納在 Pāli Text Society 的迦那爾中，雖不僅限於一般問題。大體上對初學者來說，已經包涵了容易理解的各項論題，予人乍見即有專書的印象，也可以從此叢書（Series）中去找出研究的指南。致意於研究原始佛教人士的一種方法，就是專注於一種容易着手的特殊問題，然後針對主題展開自己的方法論。從而就本身所學得的體系作研究訓練。

原經本來就很多重複的地方，因爲思想或敎義並不複雜，而且重要的經文，大部分已經完成了歐譯，閱讀起來以比較單行的介紹本，反而會有直接蒙益的感受。絕不是想要求得艱深敎義的知識，用輕鬆的心情去吸收新知較易獲得實惠。漢譯阿含經乍見之下即有很難接近的感覺，日譯方面的困難是，大多中日文字混合，所以不準備介紹去購置。反倒不如歐譯較易接近。例如 R. O. Franke 的『Dīghanikāya, das Buch der langen Texte des buddhistischen Kanons』等都很相宜，而且又是精錄的部分，所以閱讀起來不致於乏味。稍微帶些哲學意味，歸納 Nikaya 思想而又容易了解的著作是『Keith, Buddhist Philosophy in India and Ceylon』。這本書在日本，就像先人們閱讀「聖經」（Bible），直到今天猶不覺得多麼古老。此外，也有人致力於佛傳的研究，把原始

思想正如夏日東升般地浮出佛陀的影像，就是 C. A. Rhys Davids 的
『Gotama the Man』，還有他的另外一本書『A Manual of Buddhism
for Advanced Students』，書名雖然寫着 advanced students，在日
本這個佛教國家的學子看來，初學之士也可以充分地加以利用。或許有
人認爲 Nikaya 太過於狹窄，那麼不妨直向 E. J. Thomas 的『(intro-
duction), Buddhist Scriptures』去專攻，這是經過選擇而又相當古老，
由 London, John Murray, 1913 出版，但它却是引自巴利原典所用的
文字。同一旨趣，集錄了很多譬喻的有 E. W. Burlingame 的『Bud-
dhist Parables, New Haven, Yale University Press, 1922』。這本書
一如在歷史項目中所述，尤其於「本生」有興趣者，更是應該必備的書
籍。

　　對於原始佛教時代的敎團，特具興趣者，希望能於後述的「律」項
中，列舉著作以資引導，於此不僅只限於敎團，自前此所列舉的經思想
觀察的角度來瞻望敎團的形成型態。亦卽以敎義與敎團的關係爲中心
者，列出下面的書，堪稱適當：　H. Oldenberg 的『Buddha—sein
Leben, seine Lehre, seine Gemeinde, Stuttgart u. Berlin』。此書爲
一九二三年所出版，雖已相當古老，但於今猶屬名著，謹向初學人士推
荐。新的作品能像這樣爲一般性的入門書者，却很少很少。譬如敎團史
一類的書籍，卽使獲有也只是基於某種思想體系 (Ideologie) 所寫，甚
或從社會中的某一見地而寫，其文獻基礎的信賴度則甚爲薄弱，如果閱
讀這一類的出版物，須注意的是，事前必須先行閱讀由專家學者所寫的
入門書，這是確有其必要的。如今上述 Oldenberg, Buddha 一類的總
括性書籍却已很少。於是像上述以社會學的思想體系 (Ideologie) 所叙
述的書，則不便推荐。因此，現代所需求的並非總括性，是單從外面介
紹的「說明」書，必須是在內容上與原典的「適要」書，才能應用。這

顯然比單憑思想體系主觀的「讀物」更具實益。

　　屬於同一系列的則有 L. W. Faucett 的『Seeking Gotama Buddha in his Teachings』以及他的另一本書『Spiritual Evolution in India』。後者與年代學或年表受紀元前五世紀印度思想於佛教的影響與新婆羅門主義有關，並且兩者都附有照片，是從原典中選粹者。但遺憾的是，這兩本書一般人恐怕都不易羅致得到，但是特意在此列舉，以向大眾介紹的理由，當如次述，蓋即由精選於原典而把古時代浮現出來，並且揭示現代的各種問題（政治、道德、宗教、哲學）來針對原典出處提出詳實的解答。這是一部理念相當完整的著書，雖然不易購置，畢竟那是以新的感覺來面對問題，而講說古典的原文、新舊兩者相結合（Combination）才是我們所必當學的，何以故？一個初學人士，同為吸收新的主觀感情的影響，往往忽略了原典的趨向，也是人情之常。

　　初學人士對於一般文獻，都有特殊的愛好，即使是片斷的知識，也能毫無困難地把它記下來的強記型者；也有很多邊看邊予理解的直感型。對這兩種類型的學生來說，以上所列舉的各種文獻，相信都能滿足其需求。但也必須考慮到最後的一種類型，那就是思索型。大體說來，在日本的歐語教育，稱不上是語言，都是當工具來掌握其思想的教育（這也是古老的教育法），因此，所訓練出來的也都是一些內向思索型的學生。尤其是德文教育等，向來都被認為是單面教育，儘管如此，稍一接觸到特殊問題，即以之為中心，便以為是得到大體上的概論理解。為了針對這方面的人士，相信 F. Heiler 的『Die buddhistische Versenkung, 1922』或 H. von Glasenapp,『Die Weisheit des Buddha, 1946』等書，將會使你稱心滿意。但是，這兩位著者，因為都不是佛教學專家，乃至就已往的既成事實或就常識方面對佛教的瞭解，而撰寫的哲學作品。在心理上就這一點應該先有認識，所以就其所論各點，不見

得就能全部行得通，雖然他們是著名的哲學家，你必須認定他們的佛教學素養只限於此而已。

　　雖然同屬思索型的人士，在探求佛教或哲學方面的理解，對問題的本身看來似乎稍有困難，但能慢慢去思惟，相信將會有進一步的效果。蓋卽佛教根本思想的「法」究竟爲何？一般來說就其本質問題，作初步階段的思考。對此，務須向你推薦的是 H. Von Glasenapp 的『Zur Geschichte der buddhistischen Dharma-Theorie, ZDMG 92, 1938, S. 383-420;』以及同樣的『Der Ursprung der buddhistischen Dharma-Theorie, WZKM 46, 1939, S. 242-266』這兩篇論文，這顯然與前述 Geiger 著的 Pāli Dhamma 是不同思想或體系的作品。著者以其廣潤的視野，所寫成的有關專門分際的佳作，相信連德國哲學家也覺得驚異不已。顯然與一般常見的新聞記者（journalist）和哲學家的談論佛教，是完全迥異其趣；像這樣學究式的思考，是從外國文獻中必須去着重學習的。

　　以上所述，不止是極具概括性，並且也未能使令初學者盡與滿意。縱然如此，自古以來，經歷過千萬人的眼光，而且至今猶留傳於世的各種著書，如能再度正襟危坐地把它閱讀一遍，反而會覺得自己處身在新的時代而爲 ein lebendiges Bild 而感喟！

七、律

　　以往，在日本於律學的研究，並無若何規模,比較起來,歐洲在相當早以前卽已着手研究，在東方卽使現代的印度也有很多教學於律有關，就這一點，歐洲的學界與印度有着非常深厚的關係。

　　其理由可能是基於下列事實。蓋卽第一，律在印度從古代卽已傳

行，而且着實地反映了印度民族的社會生活。從而構成其思想架構，而具體地掌握其實際面。事實上，律中所述的各節，很多事情在現代的印度，尤其是西北或東邊地區，至今猶存在其間，假若拋開學術的興趣來考量，律也可以說是爲了解現代印度狀況的一種入門書籍（Guide Book）。去往印度的旅客，爲了想深一層了解印度，最好能帶一本律典前往，實在有其必要。第二，歐美及印度人，是重視具象性的民族，不像日本對哲學或信仰的不同之處，一向均採了無關切的情況，與他們共通之點，是從社會生活方式，想去仿效其具體的事物，以及宗敎或文化而摘取其形成人類精神糧食的部分。他們對關心（Interesse）很爲重要，同時被關切的人，假若有了異見或相互的性格（Personality）相反者，也有互相結合的情形。雖然是相同志趣集團意識或意氣相投合，也未必卽經常聚會。他們的民族性旣然如此，從而於其叙述人類共通事物的原典，也未必一定卽甚爲充分。就主觀來說，於此喜好與否？並不是問題，而是重視其客觀，才能對於記錄印度人的社會以及個人生活客觀面的律，引起相當的興趣。這一點可能就是後章所述，在美國的眞言佛敎，被提高其關心程度的原因。

　　在研究佛敎學方面，律，卽占居相當的位置。律，一向被認爲是在阿育王時代卽已成立。屬於根本分裂以後的上座或大衆兩派的律藏，其後又惹起種種的枝末分裂，而且各自具備他們自家的律藏，並予或多或少的修正，現存的廣律（戒本、經分別、犍度分、附錄）就是次述的六種：

　　一、Vinayapiṭaka（南方上座部），二、十誦律（有部），三、四分律（法藏部），四、摩訶僧祇律（大衆部），五、彌沙塞和醯五分律（化地部），六、根本說一切有部毘奈耶（根本有部）。

　　在上述之外，尙有屬於一定部派的比丘戒本，南方上座部的善見律

毘婆沙或鼻奈耶、毘尼母經、大比丘三千威儀、梵文比丘戒本斷簡（有部）等，西藏律部所包含的主要，是根本有部的律典。

在外國文獻中，幾乎尚無，就整個律部向初學之士去介紹，因此只就作爲特殊研究中，以簡明易懂的原則，就律部經典所占的地位，舉出下列若干。

對於原始經典，有關律部提出最多研究心得的學者，當推英國的巴利原典學會的郜那博士。他把 The Book of the Discipline 六卷中的大品、經分別、小品、附錄等，全部予以翻譯。此外 Jayawickrama 也出刊過 Samantapāsādikā 序文的英譯 Inception of Discipline。上述各書都是由 P. T. S. 出版，關於巴利律典可以說首先卽應致意於這些書籍。當然，在尋求原典方面，以具有學術價值的英譯諸書： The Vinaya Texts (S. B. E.) 等也是很好的。另外 The Path of Purity (Visuddhimagga) 三卷，是由 P. Maung Tin 所出版。本來巴利文獻與佛敎學有些不同，而是比較容易接近的，卽使是初學之士，亦務必應該直接閱讀原典的歐譯或日譯，這是非常必要的。亦卽在研究之前，先須於其內容，在心理上應有若干的認識。其次再就其內容，在走向研究的方向上面，應該放在經典史的地位上去進行，較爲適當。

叙述經典史與其他文獻的關係，簡潔一些的有 E. Frauwallner 的『The Earliest Vinaya and the Beginnings of Buddhist Literature』。這本書收錄有阿育王時代自律藏成立以來，就有部所傳的律藏，以及敎團史的經緯，稱得上是一本非常方便的書。就律的概略，亦卽佛敎僧侶的修行規範 Pātimokhha-sutta, Sutta-vibhaṅga, Bhikkunīvibhaṅga, Khandhakas 以及當時佛敎的敎育法等有關的，雖然不免簡略，但亦包含 2500 Years of Buddhism, Indian Government 在內，請閱讀一六二～一九四頁所論的項目，必將獲益不淺。

此外，就律的語義或原始的 parivrājaka， 以及基本的 pātimok-kha， 其與僧團的關係等， 意欲先就一般性的了解有所認識時， 當以 S. Dutt 的『Early Buddhist Monarchism, London, Bombay, 1960』較爲適當， 我認爲這是一部善能把握要領的名著。此外， 同類的著作，尚有 Society at the Time of the Buddha, 1966, Bombay, 這是一部附有 appendix 推敲原始經典的對語滋味以及社會制度、職業、種族等各方面的研究。其各種記述， 並不見得有特殊研究的深度感， 而是一般概念的說明， 很適合於初學人士。

在研究方法的順序上， 也許有些本末倒置， 但先須掌握佛教律部的究竟實體， 以之作研究問題的重點， 再進一步去了解印度社會的生活模式， 亦卽從狹窄處作基本去瞻望廣潤世界的這種反其道而行的方法， 這是因爲對於印度這個龐大社會的問題所在， 先須決定其中心課題， 然後才能掌握其社會的全貌。這種情形恰似去印度旅行， 比較去往已經整然就緒的歐美諸國的旅行， 則完全有其不同之點。一初都呈現雜亂無章的印度， 畢竟還是問題重重的， 因此初學人士須決定自己的目標， 然後再擴展視野， 庶幾不致有誤。以此用意， 將欲理解佛教律部的部分意義，甚至亦可改正自己對印度社會規範的看法， 針對這項方法， 對有關連，有利益的文獻， 在此謹舉 N. C. Sen-Gupta 的『Sources of Law and Society in Ancient India, Calcutta University Publication』， Hardy 的『Eastern Monachism』， Rhys Davids 的『Buddhist India』等書，較有效益。

關於大眾律方面， 曾於前述介紹過 N. Dutt 的『Aspects of Ma-hāyāna Buddhism and its Relation to Hīnayāna, pp. 290-322』所述， 其與原典有關已經舉出若干主要概念， 加以說明， 非常值得一讀。因爲著者是原始佛典的專家， 所以他把與巴利文的各種古典的關係， 均

曾融入其思考之中，使初學人士，可以直窺其梗概。

本來，所謂律（Vinaya）是從 Vi-nayati 衍生的語彙，是「離」惡或「修練」的意思。漢譯稱律或毗尼，但正譯應該是息滅或調伏；進而引申亦作禁制，或詮量罪的輕重等義的出現。於此順便一提的是，音譯的優婆羅叉，是梵文的 uparakṣa，這個語彙的漢譯，也翻譯作律。儘管如此，卽如上述各端，律的原意溯自原始佛教以來，卽以大乘律的概念被傳承下來。於原始教團中對於律，是以律令（pratimokṣa 婆羅提木叉）的型態，而加以編輯的。依據考證，把律區分爲大小乘者，認爲是早在四世紀以後的事，於此已經有很多資料足資參證。從紀元後一世紀直到四世紀的大乘典籍中，有關律或獨覺，經常都被重視。七世紀義淨的時期，據紀錄顯示大小二乘是共存的，也實踐着相同的律。對於這些歷史問題，如能具有興趣去發掘大小二乘的夾雜法，這將是一個有待開發的領域，希望能向這方面去進軍。給如此濃厚希望與展望的讀者，帶來幫助的著書，爲介紹孔哉（Conze）的『Buddhism』書中具備着精練的思想表現與上乘英文相媲美，初學人士讀起來將非常起勁，尤其於律部方面，對書中的二八、五四、一二二、二〇一等頁，尤須用心閱讀。

八、論

阿毗達磨（Abhidharma），大約是在西曆紀元前二世紀時，從經藏中獨立集出。現在所流傳的，北傳有部諸論書等和南傳上座部的七論，與其說有南傳、北傳這樣的地域區分，不如說是由思想或原典上的區別。蓋卽：北傳是梵文阿毗達磨，南傳是巴利文阿毗達磨的稱呼更爲恰當。

　　儘管如此，梵文文獻及其漢譯所傳的梵文阿毘達磨的根本，當如左列所示：

　　一、集異門足論　　二十卷

　　二、法蘊足論　　　一二卷

　　三、施設論　　　　　七卷

　　四、識身足論　　　一六卷

　　五、界身足論　　　　三卷

　　六、品類足論　　　一八卷

　　七、發智論　　　　二十卷

此外，更有：舍利弗阿毘曇論三十卷、三彌底部論三卷、四諦論四卷等。另外，巴利文阿毘達磨的根本原典也有七論，卽是：

　　一、人施設論

　　二、界論

　　三、法聚論

　　四、分別論

　　五、雙論

　　六、發趣論

　　七、論事

上述這些原典，各自都有錫蘭、緬甸、泰國、寮國等很多文字的註釋、複註、斷簡等，相信一定將引起研究人士的注意與興趣。

　　但就研究狀況來說，直到昭和初年，尚祇限於阿含與部 (Nikaya)，相信，現今乃至將來，佛教學術大體將走向阿毘達磨學的研究方向。志在大乘的學者，如果只從般若思想或採摘其註釋所示的立場而構築的大乘中觀學文獻，將無法滿足讀者們的思辯要求；只是經常可以看出來是在思想概念上反覆打轉而已。卽使在歐美容或也有列舉阿毘曇佛教，因

爲只與文獻形式有關，却並未深及敎學內容。但他們於大乘敎學的研究，經常都以阿毘達磨（南方上座部）的資料作基礎，理論也很精深，視野也很廣潤，確切把握了大乘敎學的問題點。對於持具問題意識的我們來說，從歐洲學者那裏，可以學到最多的大乘敎學研究的心得。分離大小二乘的風氣，已經滲透到一般學術界，一如今天我們所得到的，給大小二乘的分離帶來了研究結果。因此，有志於此項學術的研究者，但願能以阿毘達磨思想和歐洲的廣潤視野去因應從事。本來，阿毘達磨是一種哲學的意義，而且在印度文化圈，所謂的哲學是 darśana 的，而這種哲學意義是不能與宗敎分離的。在印度的所謂宗敎，其中心是「直覺」。印度的直覺是超越於合理性的界限，但決不是與合理性相反的，所以不能以不立文字作終結，而必須是經得起合理思辯的。其具體地證據，就是反映在阿毘達磨佛敎學術上。當然認爲阿毘達磨佛敎是一種古典的思考方式；但也可以說是極其近代的思惟方向。同時也可以阿毘達磨佛敎與希臘哲學的思考方式，及其分析方法論，有其極爲相似之處。

如以不太明確的近代哲學，取而憑以瞻望大乘佛敎，或將兩者加以比較的研究方法論，認爲是在古昔的啓蒙時代所發生的。如今於此啓蒙期，猶認爲有必要的國家，該是印度的理智階層；但對我們而言，尚難構成實質上的研究，從而如再加以論列，當然亦不無困難。重要的是提供其實證的資料問題。以歐美爲中心的實證哲學，如附以現代思想爲其特色，那就是其所構成的佛敎研究，但在今天來說，尚難謂爲什麼近代特色。其可以爲這項問題提供答案的，相信就是阿毘達磨佛敎學的研究。有關這項佛敎學術，是從古典語及現代語的知識去着手，我們於阿含及部（Nikaya）的研究，猶不能滿足的思索與彈性的論理，其一貫性的要求，必將於此獲得滿足。

以西洋哲學的問題意識，立志研究阿毘達磨佛敎學術者，須閱讀與

西洋思想相比較的論書，但是，就這方面的研究却是少之又少。茲列擧兩
三段如：Smart 的『Doctrine and Argument in Indian Philosophy』
中的 pp. 33-61; pp. 89-96; pp. 125-145; pp. 170-180 等，均曾涉及。
這本論著雖然未必卽限於阿毘達磨敎學，但就佛敎思想與西洋及印度哲
學相比較，指出佛敎的問題點爲何，使你廣開視野，而有所覺知。尤其
就認識論的叙述（pp. 170-180），以阿毘達磨思想歷史特色之一作爲認
識論的立場，是極具敎示性的。閱讀原文卽能充分瞭解的論書，這本書
該是 Smart 的成熟作品（mature product）。謹此勸請學人務須一讀爲
宜。印度學者也有這方面的論書，已如前述。都是一些啓蒙性的論述，
具有平衡東西思想的並列感，很難掌握何一思想，只是强調西洋思想也
是印度哲學中所固有，用以啓蒙讀者罷了。雖然談不上是阿毘達磨學；
但是像Murti 的『The Central Philosophy of Buddhism』等名著，在
方法論而言，仍屬以上的部類。在這方面却無視於佛敎思想家的時代，
只是追隨其思想，而引用西洋哲學家的言論，以之相對證而已。就這一
點，可以說是代表現代印度一部分的方法論。諸如此類的書籍，以一般
通俗化的型式，在錫蘭卽有很多單行本出版。

　　就入門書而言，當然不僅限於阿毘達磨敎學，但初學者先須就自己
所關切的範圍先行瞭解，就這方面有些什麼樣的原典資料可資參證？有
關於這一類的便覽書有：『A Critical Pāli Dictionary, Copenhagen,
Epilegomena to Vol. I, 1948, pp. 37-69』。有關阿毘達磨敎學的資料，
出在 pp. 47-51，不僅祇是已出版的原典，而且也有抄本及歐美譯本，
均有所刊載，就之可以瞭解自己所關切的領域，甚至或有一些超越範
圍，而於學養上亦有裨益。應該錄之於案頭，很有必要。

　　入門書的原典中，有阿奴路達的 Abhidhammaṭṭhasaṅgaha。這本
書時下在東南亞是應用最廣，也是基本的敎科書。在日本，因爲瞭解巴

利文原典較爲困難，卽以此書作爲依據。英譯本有 S. Z. Aung 的『Compendium of Philosophy, PTS. 1910,』；德譯本有 Govinda 的『Abhidhammaṭṭhasaṅgaha, 1931』。

　　龐大的阿毘達磨教學，因爲若整體加以解說，可謂至爲困難，所謂入門書，依然還是限於特殊問題的有關著作，或僅限於單一方面的著作。就入門書這方面，錫蘭出版過很多，其中較爲現代，而易於瞭解的書籍有 Nyana ponika 的『Abhidhamma Studies, Kandy, 1965』。此外，以概論巴利文阿毘達磨教學型式所寫的入門書有：Nyanatiloka 的『Guide through the Abhidhamma-Piṭaka, Colombo, 1957』。這本書的appendix, Paṭicca-Samuppāda 是得其基礎要領的論著，非常值得一讀。

　　把佛教學與西洋哲學加以互相對照的外國的阿毘達磨佛學研究學者，也時有所見，有人採取這種方式所寫成的書，則有 Guenther,『Philosophy and Psychology in the Abhidharma』。年輕的學人，自己一向關切西洋哲學，從而也想接近阿毘達磨佛教學，不妨購置在手，稍作涉獵；尤其此書所附具的心理論圖解 (tables)，對初入學門者而言，非常方便。這且不論，其眞實或正統的路線，當然還是尋求其原典或其譯本，方稱上策。最爲人所矚望的還是精通原典且又善予分析西洋哲學者最具人望。本來，我們認爲現代人的教育，或許也會給人帶來了西洋式的設想或疑問，但是，經過仔細盤問的結果，他們的設想或發問並無若何創新之處。仍然還是人類原始卽已持具的疑問，容或也有幾許古典裏的設問參雜其中，尤其在最近則更形增多。主要是原始民族或一個人在年輕時代一度曾抱持的疑問以及設想的方式，以這種情形而無何奇異者占大多數。這對經常徘徊在古典或歷史思想的人來說，如果不具相當程度的話，將無法突破其疑問與設想的領域。這可能是因爲所謂古典，

雖然永遠是古老的，同時有時候也是新的。阿毘達磨古典，就是善能表明這方面的。

總而言之，依據原典而又能採行接近西洋哲學，用以解說阿毘磨教學的論書，當以 Govinda 的『The Psychological Attitude of Early Buddhist Philosophy, London, 1961』為適當，特為鄭重介紹。尤其此書的 pp. 77-87 曾就任何人都曾抱持的主觀與客觀的關係，以問題意識有所關聯，且為初學人士所易解，表面上雖然未曾出現西洋哲學的範疇 (kategorie)，但却經常以分析方法與問題意識做為基礎。

想要全盤瞭解阿毘達磨各部派的思想，不妨去求讀比較古老一點的 Walleser 的『Die Sekten dasalten Buddhismus, Heidelberg, 1927』則較為適當。著者是以現象學派的哲學家，就其很多作品，以方法論的方式，做了澈底地闡述。只是從現代的眼光看來，或許認為是缺欠文獻學的資料，但就其中心思想所探擇的方向，值得去學習的地方依然很多。他的作品於現今之世，雖然已經少人閱讀，但對思想問題把持關切者，亦應購置在手，去親近其誠摯的研究成果。在 Walleser 的作品中於思惟進行的方式上，相當費時去過目的好書，當是『Die Philosophie des älteren Buddhismus』。此外，於阿毘達磨教學必將依此而展開其認識論或實在論，並且還包括實踐方面的精神論和禪的方式。但其原典却沒有詳細的解說，在感覺上只敘述到分類即行結束，對此容或猶有不滿足者，當為介紹下列兩三種解說書，或亦有其補益：Heiler 的『Die buddhistische Versenkung, München, 1922;』Thomas 的『The Quest of Enlightenment, "The Wisdom of the East Series," London, 1950』等書，另有，雖然不是什麼教義方面的入門書，若以阿毘達磨教學並非抽象的精神論，以具體地精神物理要求，從應該如何去因應的觀察來着想的話，請閱讀 Soma bhikkhu 的『The Way of

Mindfulness, Colombo, 1949』；Nyanaponika 的『The Heart of Buddhist Meditation, Colombo, 1954，可謂適當。在這兩本書中出現的心理方面的諸概念，把它列表（chart）而加以說明的，在錫蘭卽有很多刊物出版，『Dharmasena, Aids to the Abhidhamma Philosophy, Kandy』卽是其中之一，可從 Buddhist Publication Society, Kandy 購置到手。這一類的書籍，本屬俱舍論的範圍，在日本尚乏此類作品。我曾勸說某美國人，他曾就在這裏寫的四念處去實行，後來由於精神恍惚，於被救治之餘而示感謝的一段揷曲（Episode）。縱然如此，於現今的東南亞來說，它可說是實踐身心磨練的一份好資料。

　　綜上所述，第一，在一般思想（西洋哲學）方面，就啓蒙來說，可謂已經相當常識化，其影響所及，一般初學之士該如何去接近，已經叙述一過；第二，初學之士須致意於透過這些，把佛教學方面的知識，應該置於何種領域？大致有所措意，然後執書在手，選擇記述其參考文獻的精要部分。

　　必須通過這兩種型式而致意於心中的是，瞭解歷史背景以及具體地熟悉佛教的諸般問題。先對前者的人來說，爲了明瞭其歷史背景，玆先提舉一兩種具有權威性的綱要書，卽是 B. C. Law 的『On the Chronicles of Ceylon, RASB, Monograph Series, Vol. III, 1947』；以及『Adikaram, Early History of Buddhism in Ceylon, Colombo, 1953 (Sec. Impression)』。巴利文阿毘達磨教學的中心，其資料在佛音的註釋書中最多，所以必須就佛音的傳記或著作集等的說明，詳加閱讀。因此 B. C. Law 的『Buddhaghosa, BRAS, Monograph No. 1, Bombay, 1946』最爲適宜，其中在數量上大約有七十頁至一百頁，卽使加以複製（Facsimile）保存在手邊也很方便。另就佛音的傳記，拙著『佛教心理學の研究』（再版一九七一・東京・九九～一一五頁）列

舉各文獻，請予參照。其次，再就後者亦即佛教方面的具體問題，試加
瞻望者，則有：B. C. Law 的『Concepts of Buddhism, Leiden, 1937』
等書，特為介紹。此書是以佛教獨自概念作為基礎資料而理解的。阿毘
達磨思想的研究，在印度並不怎麼興盛，印度的狀況，與東南亞對於阿
毘達磨的研究狀態，可能有着相當的不同，蓋即在印度是以吠檀多主義
等思想為其中心的。尤其對阿毘達磨的特殊層面上，必須相當的時間去
做精密地研究，實在是難得可貴的狀況。此外，亦如在歐洲，顯然與印
度之具有強烈格性的充分自由研究的環境不同，這樣的情形，自然與這
門學問的學究式的（Academic）培養有阻礙。一般而言，這一點深深地
認為與民族性、大學、國土一般知識水準等的外在因素，對於個人的研
究具有很大的影響，為了貫澈佛教學術，在大學或研究所本身，培植很
多具有學究式的傳統和年富力壯創造力的學人在校園裏，該是不可或缺
的基本態度。

九、藏　外

　　綜上所述三藏，巴利文的文獻是被保存得最多的佛典。在此所謂藏
外，是指上述以外及其後期的作品而言，連註釋類的論著亦含入其中，
所謂 non-Canonical Texts 部類，當即指此。

　　在這方面，Milindapañhā 的『Nettipakaraṇa, Jātaka, Apadāna,
Dhammapada, Mahāvaṃsa, Cūlavaṃsa』及三藏的註釋書乃至文法書
等，均可攝入其中。在梵文方面則有：Mahāvastu 的『Lalitavistara,
Jātakamālā, Buddhacarita, Saundarānanda, Avadāna Literature,
Udānavarga』等。對此藏外（雜部）的研究，很多歐洲人於此甚表關
切。一如他們於律之具有興趣的情形是相同的，但在日本學術界的情況

却相當不同。

在印度，對於佛教原典的保存，只限於僧院等部門，因此對歷史諸般事實幾乎在印度並無若何發見。大概只有『Mañjuśrīmūlakalpa』的樣子。許多原典對於錫蘭、泰國、尼泊爾、中亞問題（歸依、生死、緣起、波羅蜜等）都是以佛教的方式來處理的。究竟在此所謂的佛教方式，旣係依照上述的次序，於其著作曾予寓目者，大體上多少都有些直覺的感受，諸如此類限於佛教範圍的諸般問題，在 PTS 的 Journal 之中屢見不鮮。從事寫作畢業論文或研究報告（Report）的同學們，因爲很方便，不妨多作參考。

關於北傳阿毘達磨，歐洲人於這方面的研究極爲稀少。他們主要是以巴利文阿毘達磨爲中心，相信那是因爲北傳方面，梵文原典很稀少，只有西藏譯與漢譯典籍的流傳所致。因此不一定是入門書，即在專門書中抄寫其必要的部分而集錄起來備用，更應留意於此。譬如研究部派的權威書：A. Barean 的『Les Sectes bouddhiques du petit Véhicule, Saigon, 1955』的 pp. 15-25 以及 Appendicer pp. 260-295 等都很重要，在紛然雜陳中彙集其入門程度的知識，確實有其用處。

關於北傳阿毘達磨的教義，從古至今一直被採用的有 Rosenberg 的『Die Philosophie des Buddhismus』。這本書是分析俱舍論教義又極易了解，在幫助理解內容的作用上，尚無出其右者；只是資料有嫌古老，對於擴充其後的學術領域上來說，減少了其在文獻上所持具的意義。在日本，自古以來就是只依傳統資料來做分析，爲了把握其思想，在日本因爲比解說書更易了解，所以請務必一讀爲宜。如此地去了解其內容，從另就經典史立場去歸納北傳阿毘達磨，在歐洲出現了開始由選擇研究對象的傾向。譬如像 Frauwallner 的『Abhid harma-Studien, WZKSO, VIII, 1964』的論文即是，這是撰寫北傳阿毘達磨七論的歷史

與組織而著的。在這個階段上，在內容方面還不是日本所了解，我們更般勤期待今後有續篇的問世。如以之作入門知識來說，很有益處。

此外，有關介紹論文與著作方面，在印度也有若干出版品行世。貝那賴斯 (Benares) 的 Kassap 或山奇尼凱坦 (Shanti Niketan) 大學的 Aiyaswāmi 等也有論述，但這些學者大多都是依據漢譯論藏，故而於敎義的理解尚難謂爲充分。一向極乏梵文原典，而其斷簡又是在基爾基德 (Gilgit) 等印度以外的佛敎國家所發見，而其發見者仍以歐洲人居多，又因爲那些未出版的斷簡，至今猶被保存在歐洲，所以歐洲人於藏外持具特別的關切。此外，對宗敎不同的歐美人而言，佛敎學術只是文化資料，因爲對人生哲學無何必要，所以不需介入過深。在此當我們言及佛敎的哲學思想，在歐洲固然靠佛敎學者以外的哲學和宗敎家來維持其存在，這一點與日本的情形，大爲不同。

這些藏外，爲了因應今後的研究，可以稱得上是寶庫。研究的方式雖有很多種，但以原始經典爲中心的立場，也有下列各項方法：卽在語言學上，於這些資料留下巴利文、梵文、佛敎梵文、印度方言 (Pura-krit) 等型態。從而，由之也可以看出語言表現法的發展，接近這些語言學也能引起興趣。尤其當你傾向於大乘思想時，於巴利文原有諸義理漸次加以限定或予改變乃至固定的過程，都能獲得論證。這項改變或意義的限定，也隨着場合的不同而予大乘佛敎思想解釋的固定化或形式化帶來了結果。但是，如能於諸語言的動力的 dynamisch 意義先作了解，那麼一見之下，卽如被固定化的梵文經論中，更見其深度，而且也比較能掌握生動的意義。從而，被固定化的解釋，勢將出現所謂誤解的新發見。這雖然也是研究法的一種實例；但對只想尋求藏外的綜合思想者來說，也許你將認爲興趣不够濃厚，但若能把思想體系，暫且集中於另外一種型態或語言等的研究，自然亦將於其思想得以適當的掌握。先

行執取一種原典，縱或亦將引起其他方面的興趣，就研究態度來說，希
望初學人士依然還能回歸到原典上來。因此，由適當的指導者能爲你提
供一種原典，而這種原典，自己對它究竟是否具有思想方法上的興趣，
就研究的名義上，我認爲倒不是什麼大不了的問題。這也是歐洲年輕學
者所採行的路線。其實眞正的興趣，如果不是實物擺在面前，是興奮不
起來的。 沒有實物， 只是一種茫然的感情或從如幻的想像 (fiction)，
怎能發生眞實的興趣？在研究本身，經常都是必須掌握現實方面的實物
實證精神， 非常有其必要。 具有這種態度， 才是在大學裏所必當學習
的。回歸到這固有的態度，才眞正是原始佛教的敎法。眞正的批判精神
和固執的自信，如果不能先把實物擺在我的面前，就不能算是眞實。此
外，思想家怎麼能引發寓言式的感覺 (allegorical sense)？他如果不能
了解原典的實際含意 (literal sense)， 我們應當了解， 那就不是眞學
問。

十、研究原始佛敎的展望

　　所幸，原始佛教的研究，已經擴充到國際間的研究層面，並不像以
往那樣， 只限於歐洲人或印度人，乃至部分的日本人。最近連美國這個
新興國家亦於原始佛敎忽然重視起來，而且又從一向只參與敎理或原典
研究的領域中跨越出來，也同時注重到社會問題等生動的研究方面。例
如一九七一年在哈佛大學所舉辦的 American Oriental Society 的第
一八一屆年會， 卽曾發表 「巴利文獻中的血族結婚」、「上座部的佛陀
論」、「原始佛敎徒的改宗者」等論文，看起來都是些新的觀點，用的則
是原始佛教資料。 這在美國來說， 是歷來所不曾見到的傾向。這樣以
來，原始佛教的研究，已經廣泛到國際間的現實學術層面上去。而且其

所應用的資料，幾乎全是歐洲或印度的資料，所以就語文學而言，水準也很高，同時就學術交流來說，從成員都是外國人的這一點上看來，確實開濶了視野。也可以說，透過這項研究，可以造就出現代歐美語言的訓練；如能行之有素，其所產生的效益，對個人而言，受惠固不待言。總結起來，這就是依據最古老的原始佛教，培養出最新的判斷力。

第三章　戒律學的佛教

一、研究律藏的意義

在佛教聖典的經律論三藏當中，律藏 （Vinaya-piṭaka） 與阿含經典有着不同的資料論的價值。就這一點，平川教授卽曾著論『律藏の研究』（山喜房佛書林・昭和三五年・第一章律藏資料論的意義・三頁）叙述其所以。我們在佛教聖典成立史上，除了應重視律藏之外，並須從佛教思想上乃至從佛教的弘通與傳承上，不可忽視於律藏所肩負職責的重要性。亦卽，在佛教中自成立僧伽以來，爲了維護僧團的持久，制定律藏是不可或缺的。當然，初期的僧團，並不如現今存在有大部頭的律藏，但整個律藏一貫流傳的根本精神，却是由佛陀所樹立，而後由佛弟子們承續了下來，作爲佛弟子們生活的信條，有其絕對權威。這在一切善見 （Samanta pāsādikā） 中卽有：「尊者迦葉：律是佛教的壽命，律住則教住！」（Pāli Text p. 13） 的誡示。這是爲了佛教久住於世，而必須傳承律藏見解的依據。

追想起來，佛陀說律 （vinaya）， 是鑑於佛弟子的生活態度， 在佛教中的出家弟子，必須過着與其身分相稱的生活方式，從而望其能趣向解脫之道而了無障礙。樹立了這項觀點，在佛教的研究上，是不能忽略

了律藏的探討。

通常我們在談論律的場合，都是慣用戒律的語彙。既如經常所論述，戒（sīla）是指比丘個人自發的行善作爲，存心於離惡的意志。因此，疏離了戒，便沒有律的可言，是很容易理解的。彙集比丘、比丘尼戒條文——學處(sikkhāpada)的波羅提木叉（pātimokkha）名爲婆羅提木叉律儀（pātimokkha-saṃvara）。亦卽：在此所謂的律儀，是指依照律的學處來規範自己的行爲，爲個人的語業和身業帶來清淨。因此對比丘、比丘尼來說，波羅提木叉的重要性，遠超過其他的一切，信非過言。自古以來，在中國與日本都很普及的『佛遺教經』，載錄佛陀入滅之後所應尊重的波羅提木叉，是爲比丘們的大師爲旨意而說的。

大體上，在論及僧伽秩序與規則等事項，許多人都會以爲是枯燥無味、缺乏魅力的研究課題而認爲無何價值。但不論就教義或思想，如果只是理解其觀念，顯然尙未能充分把握其實質。亦卽，只有透過修道者的實際生活或具體地去實踐，才能眞實地去體會教義的眞髓。卽如先前提及佛陀所敎示的誠言，如能從這一立場，就現存的律藏，在可能範圍內，從所有的角度去從事研究，我認爲該是研究佛敎學的一項重要課題。

二、上座部的資料

有關戒律思想和律藏槪說的入門書，就此一課題，有上田天瑞著的『戒律の思想と歷史』（密敎文化研究所，昭和五一年），這本書對初學人來說，堪稱方便。

另就律藏研究的資料方面，在前述平川彰敎授的『律藏の研究』中，以巴利文資料，漢譯資料、藏譯資料、梵文資料等，就四種文獻詳加解

說其義理。凡是有志於這方面研究者必須先行閱讀。但是比較有實力的部派，各自編纂了其部派獨自的三藏來傳持，因此現存的律藏其大意，卽如所屬各部派名所明示。茲分部派列舉如次：

A. 斯里蘭卡上座部

　　此一部派所傳持的律藏，因為用的是巴利文，所以通常稱為巴利律。

(1)律藏（Vinaya-piṭaka）

　　這是由經分別（Suttavibhaṅga）和犍度部（Khandhaka）以及附隨（Parivāra）三部分所組成，故有廣律的稱號。其原典是由 H. Oldenberg: The Vinayapiṭakam in Pāli, one of the principal Buddhist holy scriptures in the Pāli language V vols. London 1879-83 所出版，曾有日譯、英譯、德譯（部分）等譯本，其內容一如下列所示：

> *Sutta-vibhaṅga* 2 vols. Oldenberg, III, IV, London 1881-2; 南
> 傳一、二; Engl. transl. I. B. Horner: The Books of the
> Discipline, 5 vols. SBB, 10, 11, 13. (1938, 1940, 1942)
>
> *Khandhaka* 2 vols. Oldenberg, I, II, London 1879-80; reprint
> PTS. 1929-30; 南傳
>
> *Parivāra* 1 vol. Oldenberg, V, London 1883 南傳五、

(2)婆羅提木叉（Pātimokkha）

　　這是對廣律而稱的戒本，只彙集比丘、比丘尼的戒條，從而存在於上述(1)廣律中，其文獻的性質上是單獨的，是以戒經傳行。

　　長井眞琴的『巴漢日對譯，戒律根本』（比丘波羅提木叉)』丙午出版社，昭和四年 Minayeff: Prātimokṣasūtra, St. Petersburg, Akad, 1869（巴利文原文附俄譯）Dickson: The Pātimokkha, JRAS 1875;

R. D. Vadekar: Pātimokkha, Poona, 1939。

(3)羯磨語本 (Kammavācā)

這是在舉行僧伽會議或儀式時的作法語，亦卽由廣律 (khandha-ka) 擷錄彙集而成。

H. Baynes: A Collection of Kammavācā, JRAS, 1875, pp. 1-16,

L. M. Clauson: A New Kammavācā, JPTS, 1906-7, pp. 1-7

(4)一切善見 (Samantapāsādikā)

這是針對第(1)項的律藏 (Piṭaka) 而由佛音 (Buddhaghosa) 在五世紀前半所作的註釋 (Aṭṭhakathā)，與此相當的漢譯本，該是僧伽跋陀羅 (A. D. 489) 譯出的「善見律毘婆沙」十八卷 (大正，二四、六七三〜八〇〇) 現存於世。這位僧伽跋陀羅 (Saṁghabhadra) 是斯里蘭卡出身的學僧。其原典校訂出版及外序均有日譯本。

J. Takakusu, M. Nagai, K. Mizuno: Samantapāsādikā, Budd-haghosa's commentary on the Vinaya Piṭaka, 7 vols. 1924-47; 南傳六五

(5)疑心解除 (Kaṅkhāvitaraṇī)

這是針對第(2)項戒本的佛音所作的註釋。

D. Maskell: Kaṅkhāvitaraṇī Buddhaghosa's commentary on the Pātīmokkha, London 1956, 目前尚無這類的漢譯本，也沒有日譯本發表。

但是，斯里蘭卡上座部系的僧伽，自古以來於律藏 (Pitaka) 的解釋，有一項必須依照「註釋」(Atthakatta) 作範例的不成文規定。直到現在依然仍對「註釋」視爲極其重要，遵從這樣的態度，在斯里蘭卡、緬甸、泰國等的上座部僧伽中，亦於「註釋」作了許多的解釋。此卽稱爲: 復註 (ṭīkā)、復復註 (anuṭīkā)、以及姚迦那 (yojanā 以文

法爲主的解釋）；乃至復復註（anuyojanā　阿奴姚迦那）等者是。在「復註」方面，有：沙曼它帕沙帝卡的註釋：「眞義闡明釋疏（Saratt-hadīpanī-ṭīkā）和疑惑解除釋疏（Vimativinodanī-ṭīkā）以及坎卡毘它拉尼的註釋：「律義寶函（Vinayatthamañjūsā）」等現存於世。據我們所了解，作阿奴提卡者有：難句闡明（Gaṇthidīpanī）；作迦那者有：律疏（Yojanāvinaya）。關於這些巴利文的文獻，有 B. C. Law 的『A History of Pāli Literature, 2 vols. Calcutta 1933,』及 M. Bode 的『The Pāli Literature of Burma, London 1909, 及拙稿「暹羅に於て編纂せられたる巴利語の典籍」請參閱「密敎文化」第九、第十等號。

　　這都是斯里蘭卡上座部佛敎，以提拉瓦達‧斯庫魯於今猶甚爲流行的佛敎，各依其國家文字，就巴利文律典而翻譯成本國文律典。另外，還出版了一些相關的綱要書、解說書以及類似字典等爲數很多的書籍。因此，爲了利用像這些文獻做參考書，所以必須通達辛哈拉語、緬甸語、泰國語、寮國語等，尤其是泰國、緬甸、寮國各自依其本國文字，就巴利文三藏以及三藏註釋書，以歸納的型式予以出刊發行，其中以泰國版比較很少謬誤或誤植（水野弘元『巴利語文法』附錄(1)二一三頁），對於研讀律藏原典，希望巴利聖典協會出版的羅馬字本與泰國出版的泰國文字本能予互相對照，尤其泰國僧伽現在所用的律藏解說書的模範本是：

Sŏmdèd' phrámahǎa'sŏmanaa'câw Krom'-phrá-jaa'wɔɔ'chirajaan' roo'rót: Wínaj' múg'（Vinayamukha），lêm' 1, 2, 3, Mahǎámcc' kùtrâad' chawídthajaalaj' Bangkok, lêm' 1, 2, lst ed. BS. 2459, lêm' 3, 1st ed. BS. 2464（此書全套三册之中的前二册已有英譯本出版　The Entrance to the Vinaya Vol. I, 1969, Vol. II, 1973, Mahāmakuṭarājavidyālaya）

主要是依據巴利文的文獻，來歸納佛教的戒律思想的好書，有：立花俊道教授的佳作：(S. Tachibana 的『The Ethics of Buddhism, First published 1926 Oxford, reprint 1975, London & New York』。

三、法藏部、化地部的資料

B．法藏部

(1)四分律六十卷　佛陀耶舍共竺佛念等譯　大正二二，五六七中～一〇一四中。在漢譯五大廣律之中，其內容也堪稱最爲整備。

(2)四分律比丘戒本一卷　佛陀耶舍譯　大正二二，一〇一五上～一〇二三上。

(3)四分律戒本一卷　佛陀耶舍譯　大正二二，一〇二三上～一〇三〇下。

於此第(2)與第(3)項，西本龍山著有『四分律比丘戒本講讚』（東本願寺安居事務所・昭和三十年）。

(4)四分律比丘尼戒本一卷　佛陀耶舍譯　大正二二，一〇三一上～一〇四一上

於此第(3)與第(4)項，佐藤密雄教授有「律藏」（佛典講座 4、大藏出版社昭和四十七年）的解說書出版。

(5)曇無德律部雜羯磨一卷　康僧鎧譯　大正二二，一〇四一上～一〇五一中。

(6)羯磨一卷　曇諦譯　大正二二，一〇五一中～一〇六五中。

(7)四分比丘羯磨法一卷　求那跋摩譯　大正二二，一〇六五中～一〇七二上。

此外，被視作是四分律的註釋者有：

(8)毘尼母經八卷　失譯人名　大正二四、八〇一上～八五〇下。

　　但此經究竟是否屬於法藏部？於此尚無定說。赤沼智善教授論述此一文獻與四分律之間，有着深厚的關聯，並舉例作證，主要是以四分律的註釋爲宗旨而予論說（「佛教經典史論」二十六頁），但是金倉圓照教授却將此毘尼母經作爲雪山部所屬（『毘尼母經と雪山部』日本佛教學會年報、第二五號、一二九頁下）。

　　四分律的註釋書爲數已有很多，但其研究與實踐是着重在中國，尤其是六世紀年間，其研究風氣非常興盛（『佛教史概說中國篇』平樂寺書店刊・八七頁）。及至南山宗祖道宣（五九六～六六七）律師出世，已爲四分律宗（律宗）建立了基礎。他所著作的四分律行事鈔十二卷、四分律含註戒本疏八卷、四分律刪補隨機羯磨疏八卷，被稱爲律藏的三大部。關於中國編纂的有關四分律的文獻，德田明本編集有：『律宗文獻目錄』（芳村修基編『佛教敎團の研究』附錄，百華苑，昭和四三年）。這本目錄，後來又加註了雜誌論文的目錄及索引等，以單行本的型式而予再版（百華苑，昭和四九年）。

C．化地部

(1)彌沙部和醯五分律三十卷　佛陀什共竺道生等譯　大正二二，一上～一九四中。

(2)彌沙塞五分戒本一卷　佛陀什等譯　大正二二，一九四下～二〇〇中。

(3)五分戒本一卷　同右異本　大正二二，二〇〇中～二〇六中。

(4)五分比丘尼戒本一卷　明徽集　大正二二，二〇六～二一四上。

(5)彌沙塞羯磨本一卷　愛同錄　大正二二，二一四上～二二六上。

四、有部、大衆部等的資料

D. 說一切有部

梵文的律藏，一如巴利文律藏及漢譯律藏，其彙綜的廣律現已不存，除了戒本以外，其餘所發見的都是一些斷簡殘章。而其部派所屬則與說一切有部和後來所提到的根本說一切有部有關，除此之外，所發見的僅是一些被視作大衆部的凋葉零枝而已。有關於此的梵文資料，則山田龍城著的『梵語佛典の諸文獻』（平樂寺書店刊）五六頁以下，以及平川著的「律藏の研究」七三頁以下都有其解說。茲就平川教授所列舉者，不拘順序稍作介紹：

(1)廣律斷簡、三八葉

Valentina Rosen: Der Vinayavibhaṅga zum Bhikṣuprātimokṣa der Sarvāstivādins,——Sanskrit-fragmente nebst einer Analyse der chinesischen Übersetzung.——Berlin, 1959

其三十八葉中，只有一葉在根本說一切有部律的波羅夷法「殺戒」的說明中，有其相當的文字。

(2)犍度部「受具足戒法」的斷簡，三葉

M. L. Fragments du Vinaya Sanskrit, JA. 1911, pp. 619-625

(3)犍度部「七法」中的斷簡，二葉

M. L. Finot: Le Prātimokṣasūtra des Sarvāstivādins, Texte Sanskrit（avec la version chinoise de Kumārajīva traduite en Français par Édovard Huber）JA. novembre décembre 1913, pp. 415-547 揭示在費諾（M. L. Finot）所校訂出版書的末尾。

(4)婆羅提木叉經（Prātimokṣasūtra）

這是上列第(3)項由費諾（M. L. Finot）所校訂出版的書，首尾雖然均有欠缺，是以梵本型式彙集而成的。在這一方面有增田臣也著的『梵文波羅提木叉經』（中山書房，昭和四四年）也有日譯本。

(5)「波逸提法」點淨學處斷簡，一葉

這與第(3)項同樣都是費諾所校定，舉列於書的末尾。

(6)「眾學法」與「受具足戒法」的斷簡，數葉

Jean Filliozat et Hōryū Kuno: Fragments du Vinaya des Sarvāstivādin, JA. janvier-mars, 1938, pp. 21-64

(7)比丘尼戒經的斷簡，二十葉

E. Waldschmidt: Bruchstücke des Bhikṣuṇī-prātimoksa der Sarvāstivādins mit einer Darstellung der Uberlieferung des Bhikṣuṇī-prātimokṣa in den verschiedenen Schulen, Leipzig, 1929

(8)比丘尼戒經「僧殘法」的斷簡，一葉

這亦與第(3)項同樣是由費諾所校訂，列舉在書的末尾。

(9)羯磨本 Karmavācanā 一〇五面

Herbert Härtel: Karmavācanā——Formulare für den Gebrauch im buddhistischen Gemeindeleben aus ostturkistanischen Sanskrit-Handschriften——Berlin, 1956

其次再舉列漢譯及其註釋各項

(10)十誦律六十一卷　弗若多羅譯，大正二三，一上～四七〇中

(11)十誦比丘波羅提木叉戒本一卷　鳩摩羅什譯，大正二三，四七〇中～四七九上

(12)十誦比丘尼波羅提木叉戒本一卷　法顯集出，大正二三，四七九上～四八八中

(13)敦煌出土十誦比丘尼戒本一卷　鳩摩羅什譯？

⑭大沙門百一羯磨法一卷　失譯，大正二三，四八九上～四九五下

⑮十誦羯磨比丘要用一卷　僧璩撰出，大正二三，四九六上～五〇三下

至於註釋類的論著，當如下列所示：

⑯薩婆多毘尼毘婆沙九卷　失譯　大正二三，五〇三下。這是解釋十誦律戒條的，在中國稱之爲『薩婆多論』，被廣泛地應用。

⑰薩婆多部毘尼摩得勒伽十卷　僧伽跋摩譯　大正二三，五六四下。

這是由十誦律的戒條以及犍度的問答所構成，與本書有關係的梵文斷簡（三葉）是在喀什干地方附近所發見，由黑侖賴（A. F. Rudolf. Hoernle）的研究而發表其成果：A. F. Rudolf Hoernle: Vinaya Textes, 1. Monastic Regulations 2. Monastic Regulations 3. Technical Terms (Manuscript Remains of Buddhist Literature found in Eastern Turkestan facsimils with transcripts translations and notes edited in conjunction with other scholars, Oxford, 1916, pp. 4-16). 此外，是十誦律以前所譯出，在現存漢譯律典中，認爲是最古老的譯作。有：「鼻奈耶」十卷，竺佛念譯（大正二四，八五一～八九四），因爲被視作與十誦律是同一系統，所以被認爲是有部或有部相接近的部派所傳持。另外，也有敦煌本的「戒經」一卷（矢吹慶輝『鳴沙余韻』三九——四一張），這也被作爲有部系的典籍。

E. 大衆部

(1)僧祇律梵文斷簡，一葉

S. Lévi: Note sur des manuscrits sanscrit provenant de Bamiyan (Afghanistan), et de Gilgit (Cachemire), JA. 1932, pp. 1-13

這是僧祇律卷二十四「發喜羯磨」的說明

(2)戒經（Prātimokṣasūtra）

Pachow & R. Mishra: The Pratimokṣasūtra of the Mahāsāṅ-ghikās, Allahabad, 1956

(3)比丘尼律（Bhikṣuṇī-Vinaya）

Gustav Roth: Bhikṣuṇī-Vinaya, including Bhikṣuṇī-Prakīrṇaka and a summary of the Bhikṣu-Prakirṇaka of the Ārya-Mahāsāṃ-ghika-Lokottaravādin, Patna, 1970

(4)比丘跋渠（Bhikṣuprakīrṇaka）

B. Jinananda: Abhisamācārikā, Patna, 1969

(5)受具白事（Upasampadājñapti）

B. Jinananda: Upasampadājñaptih, Patna, 1961

以上自第(2)項至第(5)項，都是由拉弗拉・桑克里甸亞雜那在西藏所發見，而被保存在巴甸那的梵本所出版的書籍。

(6)摩訶僧祇律四十卷　佛陀跋陀羅共法顯譯，大正二二，一上～五四九上。

(7)摩訶僧祇律大比丘戒本一卷　佛陀跋陀羅譯，大正二二，五四九上～五五六上

(8)摩訶僧祇比丘尼戒本一卷　法顯共覺賢譯，大正二二，五五六上～五六六下

F. 飲光部

(1)解脫戒經一卷　般若流支譯，大正二四，六五九上～六六五中

G. 正量部

(1)律二十二明了論一卷　眞諦譯，大正二四，六六五中～六七三上

H. 根本說一切有部

(1)根本有部律の梵文斷簡，數葉

這是律事（Vinayavastu）中的第一 Pravrajyā-vastu（出家事）倒

數第二的布薩事（Poṣadha-vastu）的前部（斷片第五）。至於其他斷簡的第一、二、三項，依據學者的表示，亦同為部派所屬。這篇梵文斷簡的報告，就是前述 E。

(1)賴毘（S. levi）教授論文的內容。

(2)根本有部律的梵文四二三張

這是被稱為是基爾基德抄本者，全部屬於 Vinayavastu。

Nalinaksha Dutt: Gilgit Manuscripts, Vol. III part 1, 2, 3, 4, 1942-50, Srinagar & Calcutta

(3)戒經（Prātimokṣasūtra）

這是依據基爾基德抄本，由巴奈基（A. Banerjee:）所正式刊行的: A. Banerjee: Prātimokṣasūtraṃ (Mūlasarvāstivāda), IHQ, 1952-54

(4)比丘羯磨本（Bhikṣukarmavākya）

這也是依據基爾基德抄本，由巴奈基（A. Banerjee）所正式刊行的 IHQ, 1949, pp. 19-30。

(5)根本說一切有部毘奈耶頌三卷　義淨譯，大正二四，六一七中～六五七中

(6)根本薩婆多部律攝十四卷　義淨譯，大正二四，五二五上～六一七上

(7)根本說一切有部毘奈耶藥事十八卷　義淨譯，大正二四，一上～九七上。

(8)根本說一切有部毘奈耶羯恥那衣事一卷　義淨譯，大正二四，九七中～九九上，

(9)根本說一切有部破僧事二十卷　義淨譯，大正二四，九九上～二〇六上

⑩根本說一切有部毘奈耶雜事四十卷　義淨譯，大正二四，二〇七上
　～四一四中

⑪根本說一切有部尼陀那目得迦十卷　義淨譯，大正二四，四一五上
　～四五五下

⑫根本說一切有部毘奈耶尼陀那目得迦攝頌一卷　義淨譯，大正二四，
　五一七下～五二〇中

⑬根本說一切有部略毘奈耶雜事攝頌一卷　義淨譯，大正二四，五二
　〇下～五二四上

⑭根本說一切有部戒經一卷　義淨譯，大正二四，五〇〇中～五〇八
　上

⑮根本說一切有部苾芻尼戒經一卷　義淨譯，大正二四，五〇八上
　～五一七中

⑯根本說一切有部百一羯磨十卷　義淨譯，大正二四，四五五下～五
　〇〇中

　　以上的第(5)項以下直到第⑯項，都收錄在現存的大正藏經中。此一
部派所屬典籍都是由義淨所譯出，其次所列舉者，是以西藏譯本流通
的，而且全部都是部派傳持，這一點尤須注意。

⑰Ḥdul-ba gshi, Vinayavastu 律事 Ōtani No. 1030

⑱Ḥdul-ba phran-tshegs-kyi gshi, Vinayakṣudraka-vastu 律雜事
　Ōtani No. 1035

⑲Ḥdul-ba gshuṅ bla-ma, Vinaya-uttara-grantha 無上戒律科
　Ōtani No. 1036, 1037 有兩種版本，以 No. 1037 為完整。

⑳So-sor thar-paḥi mdo, Prātimokṣa-sūtra 波羅提木叉經 Ōtani
　No. 1031；增田臣也著「西藏文波羅提木叉經」（中山書房　昭和
　四四年）此書是經校訂日譯本。

⑵Ḥdul-ba rnam-par ḥbyed-pa, Vinaya vibhaṅga 律分別 Ōtani No. 1032 這是比丘波羅提木叉的註。

⑵Dge-sloṅ-maḥi so-sor thar-paḥi mdo, Bhikṣuṇīprātimokṣa-sūtra 比丘尼波羅提木叉經 Ōtani No. 1033

⑵Dge-sloṅ-maḥi ḥdul-ba rnam-par ḥbyed-pa, Bhikṣuṇī-vinaya-vibhaṅga, 比丘尼律分別 Ōtani No. 1034

這是比丘尼波羅提叉的註。

以上都是西藏大藏經的甘珠爾部（經部）所收錄的律典。在丹珠爾部（論部）也有很多犍度部的註、波羅提木叉的註、羯磨本其他解說書等律典的存在。其中與前列第⑹項相當的有：Ḥdul-ba bsdus-pa 的『vinaya-saṃgraha（律攝）Ōtani No. 5606』等註釋類的典籍尤應注意，在此省略。

最後，對根本有部系統的有關資料，不應疏漏的當是『翻譯名義集』（Mahāvyutpatti），這是九世紀所成立的，於梵文以外，尚與漢譯、西藏譯、蒙古譯相對照，其中並亦列舉律的名目與戒經要項。但本書非但只限於戒律的研究資料，而且也是佛教術語的字典，可以作為佛教研究方面的貴重文獻。是西藏大藏經的 Ōtani No. 5832 Bye-brag-tu rtogs-par byed-pa，而且長久以來，『翻譯名義集』這本書，卽不易羅致，所幸前幾年已由鈴木學術財團復刊行世。

『梵藏漢和 四譯對校 翻譯名義大集』（京都大學榊版）

　　　第一卷梵藏漢和四譯對校

　　　第二卷梵藏索引　　　　昭和三七年刊

五、敎團與人間

　　諸如上列各種律典，亦卽各部派僧伽敎團的實際狀況，述列其敎團
成員生活型態的資料。因此，依據這些資料，就有關原始佛敎僧團以及
部派佛敎僧團的研究，而發表其觀點與見地。其具代表性的論著是佐藤
密雄所著『原始佛敎敎團の研究』（山喜房佛書林・昭和三八年）以及
平川彰所著『原始佛敎の研究』（春秋社・昭和三九年）。但尤應注意於
塚本啓祥著的『初期佛敎敎團の研究』（山喜房佛書林・昭和四一年）
卽是記述從『僧伽的抗爭』到『敎團における傳法の形態』的研究。有
關斯里蘭卡上座部方面，則有早島鏡正所著的『初期佛敎と社會生活』
（岩波書店・昭和三九年）。在印度、中國、日本流通的書籍，則有芳村
修基著的『佛敎敎團の研究』（百華苑・昭和四三年）發行於世。尤其
後者，對於緬甸上座部佛敎僧團的構成與現狀叙述甚詳，確實地報導了
比丘修道生活的實際狀態。此外，石井米雄著『戒律の救い・小乘佛
敎』（世界の宗敎 8・淡交社・昭和四四年），是描述泰國上座部佛敎的
實況，透過體驗所撰著，平易而且有魅力。同屬報導緬甸實況，並有生
野善應所著的『ビルマ佛敎—その實態と修行』（大藏出版社・昭和五
十年）。另就整個東南亞佛敎所趨向的態勢，加以透視所求得的結論，則
有藤吉慈海撰寫的『南方佛敎，その過去と現在』（平樂寺書店・一九
七七）頗具參考價值。另有比較高層次論著，則有石井米雄的『上座部
佛敎の政治社會學』（創文社・昭和五〇年）。此外，就初期佛敎僧伽的
用語方面，爲了尋求理解，則有 C. S.『Upasak: Dictionary of Early
Buddhist Monastic Terms, Varanasi, 1975』，望能善予利用。
　　關於根本說一切有部的佛敎，有義淨的『南海寄歸內法傳』四卷

（大正五四、二〇四下～二三四上），而作爲其解說書行世的，則有筆者的『南海寄歸傳講要』（東本願寺出版部、昭和四三年），流通問世。

確如本文最初所說，波羅提木叉對於志求道業者來說，確實應該是大師。而我們僅站在學術的立場，必須澈頭澈尾以科學方式來作嚴密的對照研究。在這方面有赤沼智善論著的『戒律の研究』（『佛教聖典史論』列載）可資參考。另外亦有於評價持具異論的: W. Pachow: 『A Comparative study of the Prātimokṣa, Santiniketan, India, 1955』以及 Charles S. Prebish: 『Buddhist Monastic Discipline, The Sanskrit Prātimokṣa sūtras of the Mahāsāṃghikas and Mūlasarva- stivādins, New York, 1975』也是這一類型書籍的代表性成果。更有於諸律的犍度部做比較研究的 E. Frauwallner: 『The earliest Vinaya and the beginning of Buddhist literature, Roma 1956, pp. 68-129』，尤應注意其著作的成效。

但是，佛教是以人類爲課題，而牽涉到各民族，乃至整個世間的宗教。因此，佛教對於人類的發展與調和，乃至對整個世間的福祉，應該如何去致力從事？而且，於其從事的過程中，其與人類的未來，佛教所扮演的角色應如何擔當？基於這項意義，耶魯大學所出版的 Manning Nash etc.: 『Anthropological Studies in Theravada Buddhism, (Cultural Report Series No. 13) Southeast Asia Studies, Yale University 1966』論集，可以說是頗具現代意義的獨特（unigue）書刊。讀者可以從這項觀點，去求得佛陀教義眞髓的戒定慧三學，並且可以戒學爲中心，在社會中憑着個人的自覺，以在家道的立場持論的 H. Sad- dhatissa: 『Buddhist Ethics, Essence of Buddhism, London, 1970』，也是應該寄以關切的研究之一。

第四章 阿毘達磨佛教

一、所謂阿毘達磨佛教

這裏所謂的阿毘達磨佛教，係指「部派佛教」或「小乘佛教」的意思。何以如此呢？

阿毘達磨是梵文 Abhidharma 的音譯，漢文寫作「阿毘達磨」，發音應該是「阿必達廍」。所謂阿毘達磨者，亦即指達磨——法、教法、教，指將釋尊所說的真理教誡加以註釋、研究、考證的意思。用現代語直截了當地說，就是「佛教學研究」尤其貼切實際。漢譯家並亦將之直譯為「對法」。因而，我於此「對法」一辭，尤其喜好。談到「對法」就等於是我個人的生命，因之我死之後，希望能取名「對法院」的院號。

所謂阿毘達磨，不管大乘或小乘，凡是對於佛教學的研究，都必須是阿毘達磨。當談到經律論三藏的論時，就是這阿毘達磨的意譯。大乘的論，當然也是阿毘達磨。如今，我們在大乘論中，也可以看到附有「阿毘達磨」一語，一般所謂，「大乘阿毘達磨集論」或「大乘阿毘達磨雜集論」等都是。儘管如此，但今天所謂的「阿毘達磨佛教」，原則上並不包括大乘論以及中觀和唯識佛教。這又是什麼道理呢？

阿毘達磨的舊譯，稱為「阿毘曇」，略稱「毘曇」。在中國曾有毘曇宗

的一派，此一毘曇宗，後來被俱舍宗所取代。亦卽，俱舍宗的前身，就是毘曇宗。毘曇宗是研究舊譯小乘有部宗敎義的學術宗派。準此，毘曇語，也是表示小乘論藏的語彙。如今的大正藏經中，稱小乘論部爲「毘曇部」。毘曇就是阿毘曇的略稱；阿毘曇則是阿毘達磨的舊譯，如果以爲阿毘達磨必須包涵大乘的論藏的話，那麼，毘曇亦應包括大乘的論藏在裏面。因此，所謂毘曇是專指小乘論典而言，可能就是依此。因爲毘曇，卽是小乘論義的立論。這且不提，在此所謂的阿毘達磨佛敎，則是指小乘佛敎或部派佛敎。

二、俱 舍 學

在阿毘達磨佛敎學的研究上，占有最大比重的就是俱舍論。自古以來，俱舍學一向被視爲佛敎的基礎學，素有佛敎基礎學的稱號；究竟其含意爲何？那是因爲大乘佛敎是一門非常殊勝的佛學。今天已被很多遺忘了的佛敎——小乘，它的小並非大小的小，是含有「遺棄了的」、「下劣的」意義的 hina 字意。那樣以來，又何以必須學習呢？於此，我將作如下的設想：小乘佛敎是吻合於型式的佛敎；大乘佛敎則是突破型式的佛敎。宗敎的事體，如果過於墨守型式，一切行事將會涸竭，而失去其朝氣活潑的生命力。一部佛敎將近三千年的歷史，主要是把卽將淪入型式的佛敎，不斷地去突破其歷史，我們應這樣地去構想。這不妨以學寫書法來作譬喩，小乘佛敎就像楷書；而大乘佛敎則是草書，這是必須依照順序去進行的。卽使工匠的技術再高超，蓋樓房也不能從二樓開始興工的。服務再好的女傭，盛飯也不能從第二碗開始盛起。學書法的時候，從草書開始練習，那是左道旁門。正當的順序是先學楷書，然後再學習草書。先從小乘佛敎著手學起，及至把佛敎學的型式都有了概念，

那麼，大乘佛教的特異性，自然也就浮現出來。恰如下圍棋的棋譜，如果經常都被棋譜所拘限，那是下沒有勝算的棋子，話雖然這麼說，如果一開始就無視於棋譜的存在，那也就不成其棋譜。必須：既然了解棋譜的存在，又能超越於棋譜。這是下圍棋所必具的取勝信念。對於佛教學術的研究，俱舍學所擔當的職務，就是圍棋中的棋譜。

三、俱舍論的研究

俱舍學的研究，近年以來有了明顯的進展，以二次大戰的前後來比較，觀感上有着隔世的體會，但這又只限於文獻上的領域而已。就俱舍教義，予以體系化叙述的適當書籍，依然相當稀少。高木俊一寫的『俱舍教義』，雖然是六十年前出版的老書，及至今天，仍須把它推到這門學術的最前端（Top）。這本書並未混入奇妙的私見，就既有的事實，平舖直叙，是其特色。學人於此，可以剔除其時代變了色的部分，不宜用現代的解釋去對待它。初學之士想要了解佛教學術的法則，我鄭重推荐這本『俱舍教義』。此外，較爲簡捷的，儘管了解到俱舍的義理是生澀的，但又想嘗試一下生澀的味道，那就是『俱舍宗大義』比較適當（雖然也有其同名的書籍，但此書是大正年間眞宗京都中學所編輯，用作教科書，其撰著者爲隅部慈明，隅部氏素有秀才的稱譽，衡諸此書的撰著，當之無愧！）。

俱舍論文獻學方面的研究，資料雖然很豐富，就現階段來說，其成果尚不够明顯。正是因爲資料過多，對研究人士來說，反而會有迷惑的感覺。俱舍論原典，在四十餘年以前由拉弗拉・桑利托亞那在西藏所發見，早在印度即有兩種版本在刊行。另外也有平川彰教授的梵、藏、漢詳細的索引。並且在西藏大藏經中，也有此俱舍論，也有稱友、安慧、

滿增等的註釋，如果這些註釋全部加以漢譯，將有五、六十卷的大部頭。其所以具有這麼大的份量，因為是包括寂靜天、陳那、調伏賢等的註在裏面。其中寂靜天(Samatha-deva)的註，就俱舍論引用的阿含經各點，就當時的藏經指出其經典的所在，而且於其經典從頭至尾，一無遺漏地加以記載，這種一改以往作風的註釋，櫻部建於此即有所介紹（山口博士還曆紀念論叢，印度學佛敎學研究四·二）。稱友 (Yasomitra) 的註，是梵本遺留下來唯一的俱舍論註，由大谷派的笠原研壽在明治年間從英國携返國內。但直到昭和時代，才由淨土宗的荻原雲來加以校訂出版，而其日譯本的界、根兩品，以三册的型式出版。但在荻原死後，即告中斷。後來由山口益及舟橋，繼其遺志，把其次的世間品，以共著的型式問世（『俱舍論の原典解明·世間品』，法藏館）。此時，不但稱友的註釋已被日譯成書，俱舍論又增添了譯自西藏文的日譯本。至此，本論的文句與註釋文章，才能呈現在讀者面前一目瞭然。關於俱舍論最後的破我品，論文與註釋兩方面都分別予以排版（本論是櫻部譯，刊載於大谷文學研究報第十二集；註釋由舟橋譯，刊載於同年報第十五集）。

四、俱舍敎義入門

或許有人並非志在研究俱舍論的文獻學，只是想了解俱舍論是如何寫成？便略事瀏覽一下俱舍論，而能當下即可閱讀會意，這又應該採取什麼方式呢？首先，就使用的原典問題，我認為不宜直接利用大正藏經或縮印的藏經，應該採用冠導本或校訂本，都是日文本（冠導本最近有洋裝書出現），並附註訓點送假名，有冠註與行註。冠導本比校訂本較晚才完成，所以仍以冠導本為殊勝，如今使用冠導本的人亦較多，這是泉涌寺的佐伯旭雅所編集。旭雅氏是俱舍、唯識（合稱性相學）的專家，

正如俱舍、唯識這樣繁複的學術，也許會被人想像成朴念仁類型的人物，其實並非如此，在旭雅氏所寫的『俱舍論名所雜記』中，他把異常複雜的俱舍敎義，綴述成七、五調的排韻文，其中有：

「……………………

　名相高成一十六，

　一部始終惟艱難，

　三度四度雖聞見，

　如不獲解不休止。」

的描述。譬如：「得‧非得之薄霞」、「六因四緣之亂絲」、「滅緣滅行之金甲」等名言佳句，都是由這裏面所摘出。旭雅氏是一位對人情機微頗爲致意的人。

　對於閱讀漢文感覺困難的人，請儘量利用國譯一切經或國譯大藏經。國譯大藏經雖有兩種，仍以國民文庫刊行會版較宜，在譯者方面，前者是西義雄；後者則是荻原雲來和木村泰賢所共譯。但這兩種國譯本，幾乎都是相同的內容，想用任何一種版本都悉聽尊便。這兩種國譯本的價值，都不在於其譯筆如何，主要是在於豐富的註釋。其實際價值都在於嚴謹精密的註釋。我們於其註中，可以發現很多引用稱友的註解。木村的思想，是善以掌握大綱而不迷失研究方向的學者；荻原的作風一向志在解析原典，是位吹毛求疵的人，這樣兩種典型人物所共同從事的事體，確實值得佩服，對於從事學術研究來說，應該是無與倫比。

　以冠導本，作原典來閱讀俱舍論時，尙不能離開這國譯本。我們雖然於此俱舍論，親近了將近四十年，但於此『國譯』本仍然猶有尙未畢業的感覺。說起來雖然很慚愧，當我正想閱讀俱舍論時，剛好有『國譯』幫了我的忙；與其說是『國譯』，其實主要是『國譯』的詮註。

　其次尙有普桑所執譯的法譯本。此書主要是譯自西藏文的譯本，同

時也參照漢譯本，並記載有冠導本的頁數。依據藏譯本或稱友的註，把重點的文句都逐一用梵文記錄下來，其梵文索引另外加印附在裏面。懂梵文的人，用這部索引非常方便。

　　早年，準備攻讀俱舍論時，雖然曾就俱舍論頌疏及七十五法的名相習讀一過。後來，我自己在想：如果一味地閱讀這些，還不如直接閱讀俱舍本論爲宜。因爲頌疏等，其在有部與經部所論爭的艱難處，不斷地湧現出來，其實這些艱難處正是俱舍論中的俱舍論的眞面目，耐着性子，也必須讀下去。我自己竊思，這對頭腦的訓練來說，將有很大的功效，卽如我們在學習幾何或代數等一樣，不是也想要它們直接在現實生活中起作用嗎？早年所學習的幾何與代數，如今雖然已經忘得淨光，但也沒有什麼不自在的感受。但是話雖這麼說，早年所學習的數學，到現在却不覺得是一無用處，其於理論上的嚴密思考，雖然眼睛看不見，但與構思上却大有作用。靜心閱讀俱舍論中有部與經部所激烈論爭的個題，忽然有了如此地想法。

五、南傳阿毘達磨的研究

　　大約與世親寫作俱舍論的同時，稍後在南傳佛教中，出現佛音（Buddha-ghosa），他撰著了集南傳阿毘達磨教義大成的『清淨道論』（Visuddhi-magga）。「佛音」的名字，一度曾被譯爲「覺音」（佐藤密雄・佐藤良智譯）甚至也有「佛鳴」之譯（赤沼智善譯），及至現今，似乎已被「佛音」所統一。像這麼重要的固有名詞，在日譯方面有必要使其統一。赤沼將大品（Mahā-vagga 乃南傳佛教律藏的一部，向稱犍度分）譯作「大會部」，就此「大會」的譯語，却並未被一般所應用。

　　關於南傳阿毘達磨的研究，還是到近年以來，才有了一新耳目的感

覺。 在南傳佛教稱論藏者， 有法集論 （Dhammasaṁgani）、 分別論 （Vibhaṅga） 等， 只有七部論包括在論藏之中， 清淨道論或攝阿毘達磨義論 （Abhidhammattha-saṁgaha） 從三藏中分離出來， 被作爲藏外來處理。在南傳佛教，是守持「論藏亦佛說」的立場。因此於南傳的阿毘達磨教義可以看出來， 也把重點放在七論上， 確曾具此想法， 可是事實上却並不爲然。在七論中的論事論(Kathā-vatthu)， 一般只稱「論事」，而不稱「論事論」，但若稱「法集論」或「分別論」時， 即應稱「論事論」，是以部派教義來處理的。 因此，在北傳佛教來說， 是相當於異部宗輪論的。除此論事論之外的其他六論， 在北傳佛教而言， 大體上是相當於六足論。兩方面雖然都出現過「六」的數字， 這也是偶然的一致，並不是南傳的哪一項就相當於北傳的哪一項， 沒有這個意義在裏面。只是所涵攝的教義內容， 從佛教教義的發達開展階段上而言， 有其相應的地位， 祇此而已。所以北傳的阿毘達磨中心， 如果放在大毘婆沙論和俱舍論上， 那麼南傳的阿毘曇磨中心， 則必須以清淨道論爲中心的佛音教學上。像如此簡單的事態， 直到昭和初年仍未明朗化。

在北傳方面， 阿毘達磨教義 （在此稱有部教義）， 最初集大成的是大毘婆沙論，編輯上更好的該是俱舍論。在南傳佛教方面， 規模顯然很小， 是依佛音的清淨道論， 作爲初期教義的大成； 集錄上更好的就是阿那律 （Anuruddha） 的攝阿毘達磨義論。佛音在清淨道論以外， 並且著有詳細的三藏註釋， 此書在阿毘達磨教義關連上來說， 應該提到法集論的註釋——阿他‧撒里尼與分別論的註釋——桑毛哈‧毘諾達尼，這兩種註釋， 雖然說是註釋， 只不過是文句的解釋而已。清淨道論的叙述，雖有相當份量的比重， 還只是開展獨自的教義論而已， 份量約與清淨道場是相若的。及至到了佛音的時代， 南傳阿毘達磨的教義， 才算得以把握住其體系的所在， 爲此才以清淨道論爲中心， 更須參考這兩種註釋書。

此外，有關法集論的註釋方面，佐佐木現順有日譯本問世。(『佛教心理學の研究』)

六、南北兩傳阿毘達磨的比較

木村泰賢的『小乘佛教思教論』，在他去世之後，由其門人整理出版的遺稿，就是生前在東京大學所講授的內容，其體系結構非常嚴密而深入，確實值得佩服，但只限於和南傳阿毘達磨有關而已，却不能說是充分。雖不能視作是由佛音教學的南傳阿毘達磨，却可說是較其稍後的攝阿毘達磨義論所專用，對出版這本書的當時來說，固然很好，但時至今日，却不能通用，那是因爲於南傳的教義似有誤解的樣子。

水野弘元的『パーリ佛教を中心とした佛教の心識論』其所論述涵括了南北兩傳的阿毘達磨，却把重點放在南傳方面。其於南傳的部分，則是以佛音的教學爲中心。以此型式，期望於南北兩傳的阿毘達磨教義的體系與組織，做有比較的研究。水野所寫的書籍此外尚有『南方上座部論書解說』。因爲這是「佛教大學講座」的一部分而予出版者，所以可能得以閱讀的人不多。經常以：「竟有這本書！」而置疑，可見很多人尚未預聞。儘管如此，因爲這本書甚爲方便，不止所謂南傳七論，就是對其後來論書的重點，逐一就書的內容予以詳細解說，其『清淨道論』所費的篇幅最多，亦是理所當然。

想要閱讀清淨道論者，宜先參考『南傳大藏經』，因爲這是由水野弘元執筆，請儘量放懷閱讀。但若只是閱讀一過，對一向習慣於北傳佛教教義的我們來說，恐怕不易有何心得。以之與北傳的教義做比較研究，則非常重要。反而南傳的想法，較爲接近原始佛教思想，也有人具此意想。但是，整個南北傳佛教思想的開展，從大的立場來着眼時，

對於南傳阿毘達磨敎義的研究，却不如北傳之具有重要意義。何以故？
因爲南傳的阿毘達磨與大乘佛敎，是完全沒有交往的。我們致力於阿毘
達磨的研究，一者，是以此作爲研究大乘佛敎的階梯，卽如「知汝之敵」
的語句所說，想要闡明大乘佛敎，當然必須了解依大乘佛敎所批判的小
乘佛敎。但是，作爲大乘佛敎批判的對象，並不是南傳的阿毘達磨，而
是北傳的阿毘達磨，尤其是有部的敎學。準此，卽使研究南傳的阿毘達
磨，而這項研究也不能稱爲對於闡明大乘佛敎的直接貢獻。研究南傳佛
敎的界限，到此卽告一段落。

　　研究阿毘達磨敎學，對梵文、巴利文、西藏文究有多大的需要？談
到這裏，我們必須了解於南傳阿毘達磨的研究。西藏文是無何必要的；
是以巴利文爲主觀，但巴利文必與梵文有其關聯，所以必須懂得（此點
已於第一章中詳述），基於這項因素，梵文確有其必要，尤其於『清淨
道論』的研究，更不能忽視它與『解脫道論』的關係。

　　於北傳阿毘達磨的研究，雖然不需要巴利文，但梵文與藏文却是必
需的。一如前節所述，在藏文大藏經中，就收錄有很豐富的資料。

第五章 大乘經典

一、大乘經典的概觀

　　一般通稱大乘經典，其數量實在是非常龐大。稱爲大乘經典者究竟有多少？其大的分類又將如何？而且現存的狀況又是怎樣，於此稍作概述。

　　(1)總部數　有關現存大乘經典究有若干的狀況，以原文及漢譯或藏譯本存在的來考量卽已足夠，因爲蒙古譯、西夏譯、及依維吾爾文字的土耳其譯本等，乃至一些斷簡的和闐文、索古道文等經典，雖也有其實物的存在，但其大部分都是由藏譯本或漢譯本所重譯或轉譯所成立而已。

　　大乘經典現存數量最多的是漢文譯本。網羅漢文經典最爲集成的『大正新修大藏經』八十五卷中，自卷五至卷二十一都爲大乘經典所占據。在此所收錄的經典總數爲一二〇一部，其中最後的四卷（卷十八～二十一）因爲收錄的是密敎經典，暫且把它作別類來看待，狹義的大乘經典，亦卽所謂顯敎經典有六二八部。當然這中間自亦不乏同一經典的重譯（二譯、三譯、多者甚至六、七譯者亦有）部分也都各自列入其數。準此，其實際部數，必須把重複部分扣除來計算。在重譯方面也有

部份經典，相當於他經一部分的異譯。此外，有一些到底是否爲相互的異譯？依然尙不能確定，因此想要加以整理或計算其總數量，實在很難把握其確切數字。大體而言，漢譯本現存的大乘經典（廣義的），其實際部數在九百部上下，把將近四百部的密敎經典扣除，以這項數量作目標，應該不致於有大的差錯。

與漢譯大藏經並稱的大乘經典，另外也有一部集大成的西藏大藏經，就其北平版（此外，如所週知亦有迺里蓋版、那爾坦版、拉薩版等版本）看來，經典的總部數是一○二九部，其中包括了相當的重複部分；相對地，譬如像『寶積經』等，雖然也算作一部，但其內容却是集錄了四十九部經而成立。諸如此類，把它加減起來，其實際部數是八四二部。在這中間，再把屬於秘密部的密敎經典作別類除外，實際屬於顯敎的經典，該是三四二部。但是，這還不能稱之爲大乘經典，卽在大正藏來說，因爲也把屬於阿含部或本緣部包括在裏面，因此若把這些經除外，那麼，西藏文譯的大乘（顯敎）經典，現存的總數可以說有三百餘部。

這些經典很多都是漢、藏兩譯共通而存在的，但與藏譯經典相對的漢譯本，約有三成已不存在；同樣情形與漢譯經典相對的藏譯本，不存在的部分亦占三成有餘。從而，彼此互算起來，漢、藏兩譯大藏經中所收錄的狹義大乘經典總數，將近五百部的數量，倂合密敎經典一起算來，當在一千一百部左右。其中互相對應的原文，現存者有大小之分或完整與否，乃至斷簡等，算起來總共不滿百部；但另一方面，部數雖然很少，但均不曾見漢、藏兩譯的版本，而却只有原文的存在，所以如把它加在上述漢、藏文譯的經典數中，將之作爲現存的大乘經典總數，亦未嘗不可。

　(2)類別　如此繁多現存的大乘經典，把它試作幾種分類，已由中國

或西藏的佛教學家所完成。

由唐朝的智昇所編撰的『開元釋教錄』,是截至開元十八年(七三○)的漢譯佛典目錄。於此,他是把大乘經典的般若、寶積、大集、華嚴、涅槃等「五大部」,與此外的諸經加以分開。在十三世紀末葉,奉元世祖命所編纂的『至元法寶勘同總錄』,以「菩薩契經藏」把顯教大乘經與密教大乘經加以大的分類,前者分之爲:般若、寶積、大集、華嚴、涅槃及諸大乘經;後者又分爲:(1)秘密陀羅尼、(2)儀軌等經。明朝智旭(一五九九~一六五五)著『閱藏知津』,把大乘經分之爲:華嚴、方等、般若、法華、涅槃;方等之中又別立顯說部與密咒部,其密咒部中又另立經部與儀軌部的分別。繼承這些系統,大正新修大藏經的分類,是以:般若、華嚴、寶積、涅槃、大集、經集、秘密等八部的分類方式。此外,在西藏大藏經是分爲:秘密、般若、寶積、華嚴、諸經等五部的類別(在迪里蓋版等,除秘密部外,又細別爲四部)。

上述的分類,是把爲數繁多的經典予以分類,在檢閱上堪稱方便,但在原理上依然不能一以貫之,同時也不够澈底。開元錄和至元錄所擧列的五部,固然是依據漢文大藏經中所標擧出來的五大經典的集成。但是大般若經、大華嚴經、大般涅槃經都各自有其集成的方式,而且其成立的經緯亦不一致、及至大寶積經和大集經,其集成的一貫基準和原理究竟如何?依然不得而知。至於『閱藏知津』中所謂的五部,雖然是依自智顗(五三八~五九七)以來的五時教判,但其「方等部」所包括的部是各色各樣都有,反而使得分類意義不够明確。大正大藏經的「經集部」和西藏大藏經的「諸經部」等,事實上,只不過是 miscellany 而已。

因此,近代日本學者嘗試於適應經典的內容,而從思想系統去建立其類別。宇井博士(『印度哲學史』、『佛教經典史』)則分成:般若、華

嚴、法華、淨土、三昧、秘密等六個系統; 中村博士的 『A Critical Survey of Mahāyāna and Esoteric Buddhism, Acta Asiatica. VI, VII, 1964』更加以發揮，將整個大乘經典分成爲十三類。但這顯然與原本的學者之間，在見解上也互相有異，大體上可以說從來還沒有出現過這麼多的分類。

(3)啓蒙書、入門書、辭典　近年來在日本,爲了適應初發心人士,由學者專家出版了一些平易而略說佛教經典的啓蒙書，對於概觀經典的大要，頗有益處。其於大乘經典的叙述亦很廣泛。約有: 渡邊照宏的『お經の話』（岩波新書， 昭43）， 金岡秀友的 『佛典の讀み方』（『大法輪閣』， 昭45）以及雲井昭善寫的『インド佛教─思想與經典を語る』（平河出版社， 昭54）等書， 此外， 稍有專門性和研究性質的有文提魯尼玆著， 由中野義照譯的『佛教文獻─印度文獻史第三卷』（日本印度學會，昭和53）， 此書的原著是五十年前的出書， 中野的翻譯是以補訂者 （有關大乘經典部分在第七章、第九章）詳細加以補註而增添了一些新的資料， 使得此書很有充實感。其他如龍山章眞著， 由櫻部建補訂的『印度佛教史』（法藏館， 昭和52）， 以及平川彰著的『インド佛教史上卷』（春秋社， 昭49）， 此書雖是歷史書籍， 同時其中於諸大乘經典的內容，都有扼要的解說 （尤其前者的第三篇第二章及第四章; 後者的第三章第二節、第四節）就每一經典均有扼要的解說。戰前的『佛書解說大辭典』以及戰後出版的『新・佛典解題事典』在導向研究的過程中， 都大有裨益。 此外，『國譯大藏經』的各個原典所做的解題， 也同樣於很多場合都有用處。

二、文獻學的研究

在近代大乘經典的文獻學研究，先須就既訂的研究計畫去蒐集原典，然後再就其原文加以校刊及翻譯，在這方面須以藏文譯的原典解讀，以及梵、藏、漢文的辭彙集錄、研究等爲中心去進行，尤應依據這些來究明各種版本的譯文加以比較，來追尋其經典歷史的發達迹向。

(1)原典的蒐集　　大乘佛典的原文，於今已經散佚了很多，誠然遺憾！但部分熱心人士又把埋沒在各地的原典，分別予以發見、收集、復原。前世紀中葉，由 B.H 郝基頌開始，接着並有 D. 賴特、S. 累毘、河口慧海、高楠順次郎、榊亮三郎等分別在尼泊爾等地蒐集，前世紀末葉在龜玆 (Kucha)（今新疆庫車），開始是由巴瓦上尉所發現，後來由蘇俄（貝托羅夫斯基）、德國（顧林維迶爾、魯寇克）、法國（伯希和）、英國（斯坦因）、日本（大谷）等調查隊的活動繼續在中央一帶蒐集；又在第二次大戰以前，由義大利的陶其、印度的拉夫拉，桑庫里托亞亞那等亦在西藏有所發見，其後一九三一年繼續斯坦因的發見又有 J・阿肯等西特勞勇探險隊有很好的成績，在喀什米爾邊境的基爾基特蒐集所得，亦爲舉世所知。這些成果的概要，由山田龍城簡略加以彙總而編成『梵語佛典の諸文獻』（平樂寺書店，昭和34）pp. 3-8 出刊。所蒐集的梵文抄本目錄在該書 pp. 27-29 或金岡秀友的『佛典の讀み方』pp. 32-33 均可得見。

(2)原文的校刊及翻譯　　一八三七年由郝基頌從加得滿都寄出來的各種梵文佛典抄本中，先行選出法華經開始誦讀的曠世天才 E 鳩魯奴夫，早在一八三九年卽已完成法國譯本（於一九四一年付印，在巴黎出版，是在他死後的五二年）這是他最初的成績。自此以後直到今天，於諸大乘

經典原文的校刊或歷經傳譯的歷史，有： 渡邊海旭的名著 『歐美の佛教』（丙午出版社，大7收錄在 『壺月全集』上卷）以及泉芳璟的 『梵文佛教經典概觀』（『宗教研究』特輯號，昭和三年六月）、與山口益的 『フランス佛教學の五十年』（平樂寺書店，昭和29，尤其是 pp. 100-177），乃至中村元的『いまの世界と東洋思想』（『山喜房佛書林，昭和30，尤其是 pp. 11-91），和山田龍城的前舉書，以及鐸、勇格的『佛教研究的歷史』（平川彰譯，春秋社，昭和50）等書，由之當能了解得很多。我們如今得以擁有：八千頌般若、金剛般若、善勇猛般若、以及般若心經等般若部諸經典，乃至華嚴部的十地經及入法界品、法華經、無量壽經、阿彌陀經、三昧王經（月燈三昧經）、楞伽經、金光明經等重要經典的梵文全文，而且除了法界品以外，都已全部完成了日譯。

其中，譬如法華經，卽有： 凱倫、南條的版本 (St. Petersburg, 1908-12)、荻原、土田的版本 (Tokyo, 1934-5)、達托的刊本 (Calcutta, 1952-3)、 外廸亞的版本 (Darbhanga, 1960)、渡邊的版本 (Narita, 1976)、比優魯奴夫的法譯本、凱侖的英譯本 (Oxford, 1909)、南泉、泉的日譯本（大正2年初版。平樂寺書店，昭和34第四版）、 岡的日譯本（大阪屋書店，大12）、岩本的日譯本（岩波文庫，昭37-42初版）、松濤、長尾、丹治、桂的日譯本（中央公論社，昭和50-50）等之外，近年來並有戶田宏文從中亞得來的各種斷簡殘片，對各經本文的研究，也貢獻了心力。譬如無量壽經，卽有馬庫司妙拉、南條的版本 (Oxford, 1883)、足利的版本 (Kyoto, 1965)、 馬庫司妙拉的英譯本 (Oxford, 1894)、南條的日譯本（無我山房，明41）、荻原的日譯本（收於『梵藏和英合璧淨土三部經』、「淨土宗全書」別卷，昭6）、紀野、中村的日譯本（岩波文庫，昭28）、岩本的日譯本（「橘女子大學書叢1」，昭43）、藤田的日譯本（法藏館，昭50）、 山口、櫻部的日譯本（收於「大乘佛典

6」，昭51）等、荻原（本收於「梵文無量壽經刪修」，以及上列「淨土宗全書」別卷）、泉的（『梵文無量壽經の研究』，昭14）等原文，均有精心的研究。

　　這兩部經，都比其他經典有爲數很多的研究成績發表出來，而且無論哪一方面，都是盡可能利用其可以用得上的抄本，務期能成就接近原文的完璧成果，各種翻譯也是巨細無遺的，必令其保有毫無問題的成果。大凡大乘經典的梵文，特別是其韻文部分，在研究路途上來說，猶屬遙遠，其於語形，語義乃至用法上都存有很多的疑問。自從F. 耶迦彤的『Buddhist Hybrid Sanskrit Grammar and Dictionary, 1953』出書，可以看出來於研究方面，有很大的進展。中央公論社刊『大乘佛典』全十五卷（其十二卷是大乘經典的翻譯，其中包括十部經是譯自梵文的翻譯）其所顯示的意義，是近年來日本學者在翻譯活動上的顯著表現。從這些累積的成績上，必能補足於前述大乘經典梵文傳譯上的不够充分的所在，但我們必須向前開展新的里程。就這一方面在「佛教學セミナー」第二十一號所登載的拙稿「佛教經典現作語譯の諸問題」請多參考。

　　(3)西藏譯原典的解讀　　在梵文原典很多已經喪失的現況之下，有見於藏譯大藏經中收錄有大量的大乘經典，這與漢文大藏經是別有意趣的,這都可以說是我們的幸運。因爲藏譯佛典特別有其原文直譯的態勢，我們就譯文也能推測到相當程度的原梵文的意境可資循按。固然，當閱讀藏譯佛典，如果於其原梵文型態因爲缺乏認識，可以說幾乎無法得到正確的理解。（可是，其與梵文經典相對應的藏譯佛典共同存在時，爲了於前者能正確讀解，則以之與後者對照來閱讀，實有其必要。）

　　由於藏譯佛典「準梵語資料」性的驅使，另一方面，使與漢文佛典中所保持的古形或傳統的理解方式相對比，以經論的「原典解題」爲目

標的研究方法，已由 S. 累維或道．拉．乏累普桑二人開啓了序端，吸取這兩位碩學的研究方法來處理大乘諸論點的故山口博士，就有非常卓越的成果發表，此爲眾所週知的事實。另外，就大乘經典這方面，拉蒙特教授就有示範性的成果，此卽其先有『解深密經』的譯註（一九三五）；後來又有『維摩經』（一九六二）及『首楞嚴三昧經』（一九六五）等的發表。現在我們以『維摩經』爲例，根據所謂 comparative study 作爲瞭解原典分析的線索。

　　由拉蒙特所翻譯的『維摩經』法國譯本，是依據藏譯本和玄奘的漢譯本爲基礎。亦卽以西藏譯文的法國譯文作基本，在藏譯和玄奘譯本之間，若有顯著差異時，以兩段的方式處理：左欄是出自藏文譯本的法國譯文；右欄是把玄奘的譯文，以小字體表現出來作對照。就此四種譯文，以拉蒙特的見解是：「經的本文，在時間的演變中，可以看得出來是有相當的修正與增廣，其最古型式當是支謙的譯文：中間型式可以羅什譯文爲代表。羅什譯文猶頗爲近似九世紀才形成的藏文譯本，進而再發展下去的型式，雖難謂爲適宜，但却比較近代的該是玄奘的譯本。」在經文中所出現的術語、慣用語、常套語等是以梵文型式，而穿挿在法文譯本中，到處可見。其梵文型式，絕非譯者所隨意設想的，一切都是採自確實的資料所得來，這也是拉蒙特一向所主張如此。像上述這種方式，實在可以說是在「誇示語言學上（Philologial）的知識」，有些「看來像是在衒耀學術或熱門（Mania）」的譯文，或許有「不能順利地讀下去」的感受。但對閱讀經典想要「直達其源泉」的人們來說，「勿寧說是具有與印度原典直接相接觸的感受」。維摩經的羅什譯本，是一部震爍古今的名譯，在第五世紀不知風靡了多少中國人，其後亦廣爲世界名地人士所知悉。但是，這誠然可以說是「中國化的維摩經」，或多或少地剝蝕了印度的本質，拉蒙特卽曾計畫想把這本經，「恢復其原初的

土著境界」。

(4)梵藏漢的語彙集錄　　一如第(2)節所述，爲了正確地理解梵文經典的嚴密性，今後應予解決的主要課題：第一是，可作藍本的書，在刊印時其所存在的不够確實問題；第二是，重要用語在轉譯所存在的語義不明確問題。關於前者，如果是已遠離古典梵文型態的韻文時，問題將更繁多。把可能搜集到的抄本（Manuscript）反覆予以嚴正地分析其解讀及言語型態，亦須於埃加頓文典的補正也必須從事。關於後者，製作出一部各種經典用語的精細索引或重要語詞索引，（Concordance）應該是非常重要的基礎作業。近年來，在論書方面，有關梵、藏、漢文相當精細的索引，已有幾部業經問世（例如針對長尾教授的『大乘莊嚴經論』或平川教授等的『俱舍論等』），對於語文的用法或語義的確認，都有嶄新而很大的進展。有關經典方面，在『楞伽經』方面有鈴木、『般若經』方面有孔哉、『寶積經迦葉品』方面有費拉、『金光明經』方面有諸貝爾、『維摩經』方面有大鹿、『無量壽經』方面則有稻垣等的成績發表，雖然不見得就是多麼精細與充實，希望與其他諸經，也能有比這更好更精的作品出現。長谷岡一也經過長年的辛勞，蒐集了龐大的『華嚴入法界品』辭彙，即將於近日問世，學界亦甚爲期盼。埃加賴辭典或羅凱修，强多拉的藏梵『辭典』的問世，將是劃時代的創作，但上述各種辭彙的蒐集以及轉譯現代語過程中的嘗試，必須進行補訂的工作，如果現在不做，待至將來勢將增加補訂工作上更多的繁複。

三、歷史的研究

大乘經典，究係怎樣成立？於此問題，顯然與大乘佛敎是怎樣所興起，頗有關聯。這是長久以來，即爲很多學人所集中關切的問題。雖然直

到今天依然有很多未詳之處留下來,但近年以來,日本學者在這方面的成果, 誠然很大。溯自戰後, 此一問題首先由宮本正尊在他編的『大乘佛教の成立史的研究』(三省堂, 昭29)中最先被提出, 其第五章卽有水野弘元博士論述大乘佛典與部派佛教的關係, 與前田慧雲叙論『大乘佛教史論』(明36)以來, 幾乎視大衆部爲大乘中心的見地已成通說, 以及重新析論法藏、化地兩部與大乘經典的思想關聯 (後面列有山田博士及平川博士的著作, 更進一步指出說一切有部教理, 多爲大乘佛教所攝取), 卽在同一時期出版的干潟龍洋著的 『本生經類の思想史的研究』(東洋文庫, 昭29), 是站在「本生經類的發展經緯, 才是大乘佛教思想開展中心的大動脈」的立場, 尤其第三章, 詳論「菩薩思想的起源與發達, 以及其與本生經類的關係」乃至第五章「大乘經典的成立與本生經類的關係」, 都有詳盡的論述。山田龍城的大著『大乘佛教成立論序說』(平樂寺書店, 昭34)書中也從種種觀點, 爲「大乘經典的成立與發達路程的一端」設置了指標。蓋卽, 很注意阿瓦達那文字於大乘經典成立的過程中所扮演的角色, 就般若部與華嚴部諸經, 以著者所謂「型態學的研究方法」來考證其成立經過。對於成立經典背景的歷史社會狀況亦曾致意及之 (於這一點, 上列先驅者的中村博士也在其『大乘佛教の成立史的研究』第六章曾作論考)。此外, 廣泛地探究阿含, 阿毘達磨與大乘經說的關聯, 也注意到法救和世友的存在。另外, 具有劃時代見解的就是平川彰的『初期大乘佛教の研究』(春秋社, 昭43), 以及靜谷正雄的『初期大乘佛教の成立過程』(百華苑, 昭49)。平川博士提出佛塔與菩薩教團的關係 (這是他在『大乘佛教の成立史的研究』第七章所提的創見) 以及古譯漢文經典的重要性, 乃至菩薩思想 (承上述干潟博士之說更加發揮) 以及菩薩實踐道的發展過程, 乃至菩薩戒的原始型態等論其大旨, 都爲歷來內外學者們在研究上, 向前跨越了一大步。靜谷正雄追

隨其後，並不名「大乘」而直稱「原始大乘」而且與『小品般若』以後的「初期大乘」加以區分而提倡新說，綿密地考證古譯漢文經典，因而發見「原始大乘」經典的存在。

多數的大乘經典成立史，其區分問題，在戰前曾由宇井博士大致把龍樹以前（當然，應該說是『智度論』、『十住論』以前）劃分爲第一期大乘經典，直到無著、世親劃分爲第二期，從此以後，則劃爲第三期，自此籠統的見地建立以來，迄今仍無進一步的進展。上述靜谷說於其第一期中，屬於初期的又另立原始與初期來分別加以區劃。其第一期的經典，主要列有般若經（大品、小品、金剛），華嚴經（十地、入法界品）、法華經、淨土經典（阿閦佛國經、無量壽經等）、維摩經、三昧經典（般舟、首楞嚴等）等。其第二期經典，主要列舉有：涅槃經、勝鬘經、解深密經等，關於這一點，諸家雖有一致的論說，但尚有待將來的學者作更精細的研究。

關於各部的經典或經典群，欲作剖明其歷史發達迹向的研究這方面，般若部有關的諸經典，當是最有進展的。在日本，先前有渡邊海旭的『大般若經概觀』（收於壺月全集，上卷）、于潟龍祥的『般若經の諸問題』（「宗教研究」新二一四）、椎尾弁匡的『佛教經典概說』（甲子社書房，昭8，一〇四～二〇四頁）、梶芳光運的『原始般若經の研究』（山喜房佛書林，昭19）等書。到了戰後，又有山田龍城的『大乘佛教成立論序說』（一八七～二二八頁）、三枝充惪的『般若經の眞理』（現代人の佛教、佛典5，春秋社，昭46)，此外也有 R. Hikata: 的『Suvikr-āntavikrāmi-paripr̥cchā-prajñāpāramitā-sūtra, Fukuoka, 1958（pp.IX-LI)』。關於這些問題，總而言之，依然猶須回顧一下，致力於佛教研究垂三十年以上，大部分時間都貫注於般若經的孔哉博士，其成績是非常輝煌。於其新版的 Edward Conze:『The Prajñāpāramitā Literature,

Tokyo, 1978,』所提示的結論: 一、基本原文（『八千頌般若』＝『小品般若』）的成立（紀元前一〇〇一後一〇〇年間）；二、其增廣（『十萬頌』、『二萬五千頌』、『一萬八千頌』≒放光』、『光讚』、『大品』（紀元後一〇〇一三〇〇年間）；三、比較趨向短本型態而濃縮的（『金剛』、『心經』、『善勇猛』、『七百頌』≒『文殊般若』、『五十頌』等）。韻文的概要:於『二萬五千頌』有 Maitreyanātha 的 Abhisamayālaṃkāra, 於『金剛般若』有無著的『論頌』；於『八千頌』有陳那 Diṅnāge 的 Prajñāpāramitāpiṇḍārtha＝『般若波羅蜜多圓集要義論』等的成立（紀元三〇〇～五〇〇年代）；四、適應於怛特羅敎（Tantrism）（『般若理趣經』等）（六〇〇年以後）等立有這四個階段。另一方面，比『八千頌』在先的『金剛般若』，亦須注意尚有其他學者的見解（中村、岩波文庫，『金剛般若經、般若心經』解題，靜谷正雄，上開書）。

　　『大方廣佛華嚴經』在成立以前，即有部分單位的存在，此已甚爲明確，其各個單經的成立乃至構成大華嚴經的經過，尚不能謂爲已經充分明顯。就這一方面，最爲古老的漢文譯經中的『兜沙經』、『菩薩本業經』或梵文本的『十地經』、『入法界品』等已然引起了學者們的注意。關於大華嚴經的成立，一向即有龍樹以前說和難以認爲是在印度成立說等種種見解。在「佛華嚴 buddhāvataṃsaka」的原義，認爲於大華嚴經的理念與構成，是有關聯的（櫻部『佛敎語の研究』，昭50，八八～九八頁）。

　　有關法華經，早年即有布施浩岳的『法華經成立史』（昭９），近年來也有金倉圓照編的『法華經の成立と展開』（昭45），當可查考其發展的迹向。關於『無量壽經』，在梵文、藏文、漢文等五種譯本之間，各有其相異的型態。大體上於大乘經典的成立與開展迹相，提供了極爲深遠興趣的資料，成爲長久以來學者們所論究的課題。依據藤田宏達的

『原始淨土思想の研究』（岩波書店，昭45），其第二章第一節以及色井秀讓的『淨土念佛源流考』（百華苑，昭53）第二章等所述，可以了解眼前的諸家之說。含容了形形色色內容的各種單經的『大寶積經』不認爲是在印度集成的這件事，老早以來就有斯提爾・豪爾修坦以及櫻部文鏡之說，近年來並有長尾雅人的「迦葉品」諸版本與『大寶積經』成立問題（「鈴木學術團研究年報」一九七三年）。只有漢文大藏經所涵攝『大方等大集經』的各種經典其成立，新舊都有，很難認定謂此經是以叢書方式在印度卽已集成。但與『大寶積經』的情形相比較，至少比早期卽已集成的「（原）大集經」內容等質性以及型式統一上較爲高超。學者們認爲：現今的『大方等大集經』中，其第一一第八品、第十一、十二品的十品可以推想就是『（原）大集經』，把它作爲「從最初就是相互的同類的經典群」所成立（高崎直道『如來藏思想の形成』春秋社，昭49，六七三頁以下）。

　　關於後期的大乘經典，亦卽密教經典的成立，近年來的研究也有大幅度的進展。已有「前密教」律藏中的護咒（帕里它）、法藏部的所謂「咒藏」、大乘（顯教）經典中散說的密教要素等。稍後，從所謂「雜密」經典的發展，及至七世紀中葉『中日經』、『（初期的）金剛頂經（類）』爲支柱的「純密」經典出現，更有 Guhyasamājatantra 或 Hevajratantra 所代表的無上瑜伽部諸經的形成，直到最後期（十一世紀以後）的時論坦特羅（Kala cakra tantra）的成立，其悠長的密教典籍歷史，已分別在戰前由 B 巴塔恰里亞・栂尾、神林等學者；以及戰後 D. L. 司涅爾古勞夫、渡邊、伊原、宮坂、松長等學者，漸次加以闡明。

四、思想的研究

　　這方面的進展也很顯著，如今我們已經得到了很多的研究成果。理解般若經主題的「空」、「般若波羅蜜」思想介紹方面有：山口益的『空の世界』（理想社，昭23）、鈴木大拙的『佛敎の大意』（法藏館，昭22）都是極好的作品。梶山雄一的『般若經一空の世界』（中公新書，昭51）是從般若思想誕生背景說起的，介紹般若思想史的一部好書。鈴木大拙著，杉平顗智譯的『般若經の哲學と宗敎』（法藏館，昭25），孔哉博士對之表示：「爲整個思考上，帶來了一大革命」亦使今後的博士，得以獻身於般若經的研究（E. Conze: Thirty Years of Buddhist Studies, 1967. p. 123）。

　　關於華嚴經，也有鈴木著，由杉平譯的 『華嚴の研究』（法藏館，昭30），也是一部富有思想魅力的介紹書。另有中村、川田編的『華嚴思想』（法藏館・昭35），收錄在華嚴經思想史意義方面有 （中村）、在華嚴哲學根本立場方面有（鎌田茂雄）等，並且又附有關於典籍及研究文獻的圖書解題（Bibliogrophy）堪稱便利。金子大榮的『華嚴經概說』（全人社，昭23），是一部深思考，富有啓示性的好書。

　　在法華經方面，有坂本幸男編的 『法華經の思想與文化』（東京，昭40）、橫超慧日的『法華經序說』（法藏館，昭37）、橫起慧日編的『法華思想』（平樂寺書店，昭44）等佳作。有關淨土敎方面，上述藤田、色井的兩種著作外，應該是近年以來最出色的。關於楞伽經，在 D. T. Suzuki『Studies in the Laṅkāvatāra Sūtra, 1930』以後，卽很少再有卓越的研究出現，但菅沼晃、柏木弘雄也有成果發表（譯作方面有南條、泉的日譯、加上鈴木的英譯，有安井廣濟『梵文和譯入楞伽

經』（法藏館・昭51）的出版）。上述高崎『如來藏思想の形成』，誠然把關於說示如來藏經典的『如來藏經』、『不增不滅經』、『勝鬘經』、以及說如來藏思想源泉的『般若經』、『法華經』，乃至說佛性的『涅槃經』等諸經典，甚至與「種性（gotra）」有關聯的諸經，作一系列的把它們分別置於獨特（unigue）的思想理解之下。關於涅槃經，橫超慧日的『涅槃經』（東洋思想叢書，昭17），即有所舉示。關於『維摩經』，譯自鳩摩羅什譯本的有中村譯、石田譯；譯自西藏譯本的有長尾譯和大鹿譯等很多譯本出版。但於思想上的探究，仍以拉蒙特譯的序論第三章「維摩經の哲學」（pp. 37-60），就思想史的跡象去追尋理趣。

　　印度大乘佛教諸學派及構成其思想基礎的大乘經典的關聯，與其依據近代學者的考證與論究，不如直接向諸論師詮譯經論的述作去追求，比較能確認其真髓。

五、大乘諸論師的——釋經論

　　(1)般若經的釋論　因爲在印度述作的般若經釋論爲數很多，在西藏大藏經丹殊爾部，則於經疏部之外，另立般若部以資收納，但漢譯本現存上述（76頁）無著的『金剛般若論頌』（以及由世親的釋論）、陳那的『圓集要義論』（及其釋論）等不出數部而已。

　　可是，在漢文大藏經方面，既非原典，亦非藏譯，甚至在印度和西藏都完全沒有跡象可循的『大智度論』一百卷（拉蒙特已譯出其三十一卷），這部『大品般若』註論書的作者——龍樹，與中觀派的始祖是另有其人，可能是與說一切有部的中觀派有聯繫的一位論師。孔哉博士評判其論述說：『contains a staggering wealth of useful information, and reflects the attitude of the Mādhyamika school, which was in its tenets more akin to the Prajñāpāramitā than any other』。 這部論述，對於中國或日本都提供了很大的佛教知識來源。

此外，在瑜伽行派的釋論方面， 針對上述的『金剛般若』， 尚有無著的『論頌』（有梵、藏、 漢譯及G陶奇的英譯），（對此， 尚有世親的『論釋』）（藏、漢）與世親（藏譯是無著）的『論』（藏、漢譯、 陶奇的概要），在『八千頌』方面，有陳那的『要義論（頌）』（梵、藏、漢及陶奇的英譯），（對此尚有三寶尊的『釋論』）（藏、 漢譯） 等都很重要。

站在中觀派與瑜伽行派的中間立場而寫的， 當歸屬於麥托賴、亞納的它 Abhisamayālaṃkāra-nāma-prajñāpāramitopadeśa-śāstra(有梵、藏及孔哉的英譯)。於此， 在將近四十年的註釋書 （大部分祇有藏譯存在） 以外，對『八千頌』有哈里巴道拉的『註』（藏、漢譯），也是遵從此論的方軌而成立。

(2)於其他諸經的釋論　華嚴經注釋論的『十地經』，此有世親的『論』（藏、漢譯），以此形成了在中國傳行的地論宗學派。屬於龍樹的『十住毘婆沙論』，只有在漢文大藏中流通。此外，『普賢行願讚』（渡邊、泉、足利的原文研究，泉日譯、S.鈴木英譯）的註釋，在藏譯本大藏經中，有數篇可以見到。

『大寶積經論』（藏、漢譯）其於「迦葉品」的註釋， 在西藏的傳記中， 雖然歸屬於安慧， 但他顯然與著名的瑜伽派論師是另一人。『稻芉經』的註釋有兩本、『楞伽經』的註釋有一本， 現存的部分只有藏譯本。『佛地經』漢譯本現存的『論』屬親光所著， 此外也在藏譯大藏經中， 有屬於奚拉巴道拉的『釋』。

(3)世親的釋經論　上述譯本 『十地經論』 或 『金剛般若經論』 以外，也有很多屬於世親的註釋經論。其原文部分，除了『緣起經論』的

斷簡以外，一無所存。但其主要部分，可在漢譯大藏經中找到。有：『勝
思惟梵天所問經論』、『文殊師利菩薩菩提問經論』（也有藏譯本）、『無量
壽經優波提舍』、『妙法蓮華經夏波提舍』等等。這些經典，都各自有其
不同性格的釋論，若依漢文譯本去追尋其跡向，幾乎可以肯定是集中在
北魏時代；而其譯者，也只限於菩提流支、毘目智仙（眞諦譯『涅槃經
本有今無偈論』、『遺教經論』除外）。此一事實究竟代表何種意義？如
果也把『釋軌論』的著者由世親所作的註釋經論所具備的意義合併來衡
量，也許將構成未來考證的主要課題。

第六章 中觀佛教

一、所謂中觀

中觀佛教也與原始佛教或阿毘達磨佛教同樣都是佛教的基礎學。構成佛教思想的根本基礎，就是：無常、無我、空的思想。但中觀佛教於此項佛教思想的正確成立，從理論上加以探究，而其中心課題特別是佛教義理方面的。中觀佛教之祖的龍樹（Nāgārjuna）有「第二釋尊」的稱號；也具有「八宗之祖」的尊稱，由之可知，其中觀佛教對於大乘佛教的發展，有其極大的影響。大乘佛教後來的發展，在意義上所顯示，其教義都是由龍樹的中觀佛教所負擔了起來。中觀佛教之所以構成佛教思想根本的基礎，對於整個佛教來說，也占有很大的比重。就此意義，可以說中觀佛教於佛教的哲學基礎以及宗教方面的深厚程度，都顯示了它的優越性。因此，立志想廣泛地去學習佛教學術人士，不但可依據「原始佛教」去接觸釋尊的教說，以「阿毘達磨佛教」去窺探廣範的佛教研究領域；同時進一步，亦可依此中觀佛教，爲佛教思想的根本而集中深思，我認爲這就是學習佛教的基本態度。

中觀一詞，是梵文中 madhyama 的漢譯語，從而依文字來說，所謂「中觀佛教」就是「中佛教」的意思。「觀」這個字是被附加的；而

「中」是被看作「中道」的意思。但是，卽使是專攻中觀佛教學的人士，亦與初學者一樣，同被空思想的理念所眩惑。口中雖只說中觀、中觀，腦海中却依然於中觀抱持着空泛的遐想。在初學者之中，於中觀佛教也不乏持否定主義者，但對中觀卽是中道的此一意義，依然不能忽略了中觀佛教就是中道；顯示離開有無兩邊而絕對肯定的眞實，就是中觀佛教。由龍樹創始的中觀佛教，被稱爲中觀學派（Mādhyamika中學派、中道學派），以中道爲學派的名稱，自佛陀以來，卽很重視於中道的闡述。對於這一點，吾人尤須認識清楚。根據龍樹所說：「空性與緣起及中道，皆是同一義。」中觀佛教依「緣起」卽「空」的理論，而顯示「中道」。假若除開中道思想，那麼，中觀佛教就變得毫無意義。只要是依據中觀佛教，佛教思想的根本雖然是空，其實這就是「中道」，也就是中觀。想要學習中觀的人，務須先行置意於此。

二、原典與研究文獻

但是，或許有人想要志學中觀佛教，却茫然不知該從何處着手，該如何起步？雖有所謂「緣起」、所謂「空」、所謂的「中道」，這都是一些很難理解的概念，學者們於此，也是言人人殊的。因此我於本文先就有關中觀佛教的諸文獻，介紹一些文獻學上的研究，嚮導大家走向「中觀佛教」。當然存心想深究此學，僅憑文獻學上的資料，還是不够充分，重要的還是必須了解其思想內涵。卽使在佛教中，尤其是中觀佛教，因爲它具備了思想方面和哲學方面的性質，我們必須依據各種的研究，去思考其思想內涵。因此我在本文的第三節，亦曾指出有關的參考書。但在近年以來，於中觀佛教的研究，大多都是以梵文和西藏文來就文獻學做研究。在近半世紀的期間，有了顯著的進步。我們於此，暫就文獻學

的研究領域，必須先行了解，至少對於專攻中觀佛教人士，先能有個概略的印象。

　　有關中觀佛教的文獻，首要必須列舉出來的，當然是龍樹的著作。一般被認爲是他的著作者爲數很多，我們必須注意，其中有一些是眞僞未決的作品，大體上列示如次：

(1)「中論」（Madhyamaka-kārikā）

　　亦稱「根本中論」，根本是形容詞，是表示格外尊敬的意思。這部書雖被認爲是龍樹的初期作品，但有關龍樹的中觀哲學理論，在這部書裏就各方面來盡全力列述無遺。全部共分二十七章，由四四七個偈頌所組成，若把梵、藏、漢三種譯本加以對照，偈頌的數目，多少各有異同。偈頌的讀法，尤多相異之處。就這些原典的整理方面，目前雖然尚未做得充分完備，但時下已經有宇井伯壽的『國譯中論』（『國譯大藏經』論部五）、羽溪了諦的『中論』（『國譯一切經』中觀部一）、宇井伯壽的『中論』（收錄於『東洋の論理』）、平川彰的『中論』（收錄在『世界古典文學全集』佛典Ⅱ等書出刊，對初學人士來說，堪稱方便。此外，並有：三枝充悳・久我順『中論梵漢藏對照語彙』（『大乘佛敎の成立史的研究』附錄），這本書對研究人士來說也很方便。中論這部書，另有下列七種註釋書存世：

(a)無畏註（Aktobhaya）

　　這本註，雖亦被稱作是龍樹的自註，但池田澄達和奧巴米拉敎授，却持具異見。目前只有藏譯本存在，於此馬克司・瓦累匣敎授有德文譯本行世。此外，池田澄達和寺本婉雅都有日譯本在流通。

(b)青目（Piṅgala）的註

　　此註只有漢譯本存世，這本註是自古以來在中國或日本，都以之作爲學習中觀佛教的典範註釋。馬克司・瓦累匣敎授有德文譯本行世。

(c)佛護（Buddhapālita）的註

只有藏文譯本存世。其第一章有日文譯本（大竹照眞,『密敎研究』四二、四五、五九），但其全譯本，尚未發表。這本書的註釋文體，頗具（歸謬論證派（Prasangika）的學風，傳承了月稱的註釋。

(d)清辯（Bhāvaviveka）的註

此註有漢譯本和藏文譯本存世。漢譯名爲『般若燈論釋』，藏文譯本的一部分有日譯本（梶山雄一，第十八章之譯。收錄於『世界の名著，大乘佛典』（安井廣濟，的第二十五章後半譯本，收錄於『中觀思想の研究』）但並非完整的譯本。本書的註釋文體是司瓦坦特利卡學風，與普拉桑基卡是對立的。此外，本書有阿乏婁契它拉它（Avalokitavrata）詳細的註釋，有藏文譯本的存世。

(e)安慧（Sthiramati）的註

此註只有漢譯本『大乘中觀釋論』存世。大正藏所收錄的只到第九卷，後面的九卷收錄在『卍字藏經』中，這本註似乎並未有人來做研究。

(f)月稱（Candrakīrti）的註

此註是唯一的梵文原典，有藏譯本存世。漢譯本已經不存，梵文原典稱爲『淨名句論』（Prasannapadā），由道拉乏累普桑敎授校訂而出版。這部註是促進中觀思想發達的貴重文獻。在歐譯方面有：司且魯巴契（第一，二十五章的英譯）、夏夷耶魯（第五、第十二－第十六的德譯，以及第十章的德文譯本）、拉蒙特（第十七章法文譯本）、道勇格（第十八－第二十二章的法文譯本）、賈克眉（第二－第四、第六－第九、第十一、第二十三、第二十四、第二十六、第二十七章的法文譯本）等部分譯本。在日譯方面有：荻原雲來博士（第十二章－第十七章，收錄於『荻原雲來文集』）、山口益博士（第一章－第十一

章「中論釋」Ⅰ、Ⅱ）、金倉圓照博士（第十九章，收錄在福井博士頌壽紀念，「東洋思想論集」、長尾雅人博士（第十五章，收錄於「世界の名著，大乘佛典」等譯本。此外就上述歐譯本的出版，三枝充惪有很詳細的介紹（「理想」一九六五，七）。

(g)『順中論』

此論是無著（Asaṅga）的作品，是依中論的思想來闡明般若經思想的作品，嚴格說來，稱不上是「中論」的註釋書，但却引用了中論裏的八不等「中論偈」來作部分的解釋。只有漢譯本存世。

(2)『六十頌如理論』（Yukti-saṣṭikā）

這部論，與其說是像『中論』那樣的理論哲學書，不如說是坦率地叙述龍樹對佛教的理解。此論的梵文原典一直未曾發見，有藏文譯文和漢譯本行世；月稱的註釋有藏譯本存世。Phil. Schaeffer 氏將漢文本翻譯爲德文譯本。山口益博士有其註釋方面的研究（『中觀佛教論考』三一～一〇九頁）。

(3)『七十空性論』（Śūnyatā-saptati）

此論是把「中論」思想作部分的開展而成。梵文原典及漢譯本已經不存，只有藏文譯本存世。另外也有龍樹的自註以及月稱和帕拉西他（Prahita）論師註的藏譯本存世。在研究方面，有山口益博士的『龍樹論師の七十六空性偈』（「佛教研究」第五卷、一、三、四、第六卷）發表。

(4)『廻諍論』（Vigrahavyāvartaṇī）

此論是把『中論』思想作部分的開展而成立，但對說一切有部或涅雅亞學派，以對論的型式所構成的論書，是站在探究中觀思想理論的立場，作圓滿彙整的作品。本論的梵文原典和藏文譯本與漢譯本均有存世。梵文原典載在 Mélanges chinois et bouddhiques, 1951, 由約

翰司頓和坤司托的校訂而出版的是新本。『密教文化』(第七～十,
第十二) 所刊載的山口益博士的研究, 一時尚未完結, 但在昭和十九
年於真宗大谷派安居, 以油印本發表了日譯本的全文。此外, 最近在
『世界の名著』(大乘佛典) 中, 有梶山雄一的日譯本發行問世。

(5)『廣破論』(Vaidalya-prakaraṇa)

此論是特意針對涅雅亞學派所寫的論駁書,目前只有藏文譯本存世。
在研究方面, 有山口益博士的『「正理學派にたいする龍樹の論書』
(中觀佛教論攷一一一頁～一六五頁)。

(6)『寶行王正論』(Ratnāvalī)

此論是闡述國王或國民應實踐的正法, 在龍樹的著作中, 是頗具特
色的作品。有梵文原典和藏譯本與漢譯本存世。附有英譯本由陶奇教
授的校訂梵文而發表的 (JRAS, 1934, 1936) 不是完整的版本。其第
一章有弗拉瓦爾那教授的德文譯本。最近由瓜生津隆真把梵文的缺欠
部分, 依藏譯本予以補足, 發表了全文的日譯本(『世界古典文學全
集』佛典Ⅰ、三四九～三七二頁)。 另外, 此論也有阿吉塔米查
(Ajicamitra) 的註釋, 以藏譯本流傳於世。在研究方面, 有和田秀
夫的『寶鬘論 (Ratnāvalī) の內容概觀』(大谷學報, 二三、五),『
佛教の政道論』(日本佛教學會年報, 第十八號)、中村元『佛教徒の
政治思想』『大乘佛教の成立史的研究』三八一～四四六頁)。

(7)『因緣心論頌』(Pratītyasamutpāda-hṛidaya)

時下只有漢譯本與藏文譯本存世, 這是一部有關十二緣起的小論,
有烏蘭哿 (Ullangha) 註釋的漢譯本存世。 有普桑教授的法文譯本
(Théorie des douze cause, Appendix IV)、烏蘭哿教授的註釋由高
卡賴予以德文的翻譯。

(8)『四讚』(Catuḥstava)

這是包括無譬、超世間、心金剛、勝義等四首格調很高的宗教詩，月稱的普拉桑那帕達等經常都予引用。依據藏譯本，雖有普桑教授的法文譯本（Muséon 1913）， 但後來由陶奇教授發見了勝義讚和無譬讚的梵文原本，於是附以藏譯本和英譯本而予發表（JRAS, 1932）。此外， 也有以超世間、 無譬、不可思議、 勝義作四讚來予以傳承。陶奇教授於此四讚發見梵文的阿木里它卡拉（Amṛitākara）的要義（Samāsārtha）而予公開『Minor Buddhist Texts, Part 1, Serie Oriental Roma IX, 1956』。另有酒井眞典博士， 據此而把四讚的本文與要義翻譯爲日文『（日本佛教學會年報』第二十四號）。

(9)『菩提資糧論』（Budhisaṃbhāra - śāstra）

此論是說示菩薩獲得菩提的資糧，與『十住毘婆沙論』的關係頗爲深厚。全文都是用偈頌寫成，目前有自在比丘的註釋存世。本論的偈頌與註釋，其梵文原典與藏譯本都已不存於世。此論截至目前爲止，很少有人做研究， 但在 『國譯一切經』 論集部五， 有大野法道的日譯。

(10)『十住毘婆沙論』（Daśabhūmika - vibhāṣa - śāstra）

這是華嚴經十地品的解釋論， 尤其是「易行品」， 爲淨土教帶來很大的影響， 時下只有漢譯本存世。於原典批判方面的研究，有平川彰『十住毘婆沙論の著者について』（印佛研 5、 2），以及長谷岡一也『龍樹の淨土教思想』等著述。

(11)『大智度論』（Mahāprajñāpāramitopadeśa）

此論是『大般若經』的註釋書，因曾引用原始經典來做解釋，是其特色的大部頭作品，只有漢譯本存世。此論給中國和日本的佛教帶來很大的影響，有人對此論是龍樹的眞撰說，持具疑問的態度；於此干潟龍祥有『智度論の作者について』（印佛研 7、 1） 發表。 此外，

本論至四十八卷爲止，有拉蒙特教授的法文翻譯。

⑿『十二門論』(Dvādaśamukha-śāstra)

這是『中論』的綱要書，在中國或日本都爲佛教界所重視，如謂係龍樹的眞撰，尚有疑問，於此安井廣濟有『十二門論は果たして龍樹の著作か』(『中觀思想の研究』三七四～三八三頁) 發表。

⒀『大乘二十頌論』(Mahāyānaviṁśikā)

這雖是一部小論，但一向是被視作唯心論思想的作品。目前存在的有：梵文原典、藏文譯本、漢譯本等。其梵文原典由陶奇教授附以英文譯本而予發表『(Minor Buddhist Texts, Part 1』)，對屬於龍樹眞撰說，有人持疑。

一向都認爲龍樹有很多弟子，但眞正繼述其志而揚名於後世的首席弟子，仍屬聖提婆 (Ārya-Deva)。聖提婆述有下列各項著作：

(1)『四百論』(Catuḥśataka)

此論是聖提婆的主要著作，分爲十六章，前八章着重於中觀學派的精神訓練；後八章則側重於針對散怡或外秀西卡非佛教徒的反駁。在梵文原典方面，月稱所註釋的片斷，乃由哈拉普拉薩‧夏斯特里教授所發見而予出版『Memories of the Asiatic Society of Bengal, Vol. III, Calcutta, 1931』。但月稱的註釋翻譯藏文的完整本，因爲已在流傳，於此，由外島亞教授和巴它恰魯亞教授等將之做查對的研究，並且把一部分做了梵文的翻譯。本論的註釋書方面，除了月稱的註釋以外，並有護法 (Dharmapāla) 的『廣百論釋論』，這是針對本論的後半所做的註釋，而且到現在也只有漢譯本存世。在研究方面，有山口益博士的『聖提婆造四百觀論に於ける說法百義の要項』(收錄在『中觀佛教論攷』)。這是依月稱的註釋，彙輯四百論前半的要義，另外最近有山口益博士在鈴木學術財團的研究年報 (一九六四) 上發

表了『月稱造四百論註釋破常品の解讀』。

(2)『百論』（Śata-śāstra）

此論很像是四百論的後半作品，被看作是四百論的入門書，目前只有漢譯本存世。另有陶奇教授的英譯本『Pre-Diṅnāga Buddhist Logic, Śataśāstra. Gaekwart Oriental Series XLIX』。此外，有關四百論、廣百論、百論各點，請參閱宇井伯壽博士的『印度哲學研究』第一。

(3)『百字論』（Akṣara-śataka）

這是針對散恰或外秀西卡加以論破爲主的小論，現今存有藏譯本和漢譯本。在研究方面，有山口益博士『漢藏對照百字論及び譯註』（大谷學報，第十一卷，二）的發表。

(4)『心障清淨論』（Cittaviśuddhiprakaraṇa）

此論是否爲聖提婆的作品，仍有疑問。由山田龍城博士以梵文原典，與藏譯本加以校訂而予日譯（『文化』、第三號、第四號、第八號）發表。

(5)『智心髓集』（Jñānasārasamuccaya）

此論究竟是否爲眞撰？學界一向存疑。在研究方面，有山口益博士的『聖提婆に歸せられた中觀論書』（收錄在『中觀佛教論攷』）。

聖提婆以後大約有兩百年，中觀學派的歷史完全處於不明朗的時期，但在這段期間，有婆藪（Vasu）者，曾註釋『百論』；青目（Piṅgala）註釋『中論』，這兩部書都有漢譯本的存在。青目釋的漢譯本『中論』，不論在中國或日本都是中觀佛教的典範，事如前述。另外於此時代，據說有拉弗拉巴道拉（Rāhulabhadra）者，作了中論的註釋。但是這些事蹟，在以下所述的佛護以後，其與中觀學派的繼承關係上，尚不夠明確。

中觀學派，自從佛護（Buddhapālita, 470-540）與清辯（Bhāvav-iveka, 490-570）的時代開始，學說有了組織化，學派也有新的發展。但佛護與清辯他們二人的學風迥異，佛護的系統稱爲普拉桑基卡（Prā-saṅgika）；清辯稱爲司瓦坦翠卡（Svātantrika）。就這兩派的差異性，野澤靜證博士著有『中觀兩學派の對立とその眞理觀』（收錄於『佛教の根本眞理』）撰述甚詳。如今有關佛護的著作，即如先前所介紹有『中論註』一書，只有藏文譯本存世。

但是，有關清辯的著作方面，舉列如次：

(1)『中觀心論』（Madhyamaka-hṛidaya-kārikā & vṛitti, Tarkaj-vālā）

這是清辯的主要著作，也是一部很有系統的著作。全文是由十一章所構成，其中清辯各以一章的篇幅，就散恰、外秀西卡、米漫沙、韋旦它的學說做了批判，一向被視爲非常重要，此論沒有漢譯本。梵文原典只存有斷簡。但是因有完整的藏文譯本，其第三章由野澤靜證博士（『密教文化』第二十八號─第三十一號、第三十四號、第四十三、四十四號）、其第五章由山口益博士以『佛教における無と有との對論』的題目，其第七章由宮坂宥勝博士（『高野山大學論叢』第一號）、其第八章由中村元博士以「初期のヴェーダーンタ哲學」爲題，分別加以日譯或做研究。此外雖亦另有研究，但於此一命題在水野弘元博士還曆紀念『新・佛典解題事典』（一五二頁，春秋社）錄有頗爲詳盡的叙述。

(2)『異部分別釋』（Nikāya-bheda-vibhaṅga-vyākhyāna）

這是彙集小乘諸部派的各家學說，但此書的本文可在『中觀心論』的第四章「聲聞眞實決擇章」看得到。

(3)『般若燈論釋』（Prajñāpradipa-mūla-madhhyamaka-vṛitti）

有關本書的種種，已於先前『中論』註中介紹一過。

(4)『掌珍論』(Karalatantra)

此論可以明顯地看出是清辯的中觀學說所彙輯，只有漢譯本存世。於此有普桑教授的法文譯本『(Mélanges chinois et bouddhiques II)』。

(5)『中觀義集』(Madhyamaka-artha-saṁgraha)

(6)『中觀緣起論』(Madhyamaka-pratītyasamutpāda)

(7)『中觀寶燈論』(Madhyamaka-ratna-pradīpa)

以上三種集論，究係清辯的眞撰與否？學界存疑。當然我們尤應注意到這些書都是後期中觀學派的作品，這些書只有藏譯本存世。『中觀義集』和『中觀緣起論』都是很短的小論書。『中觀寶燈論』，山口益博士曾做過研究（『中觀派における中觀說の綱要書』大谷大學研究年報，第二輯）；此外荷葉堅正也有研究論文（『佛教學セミナー』，第四號）發表。

比清辯稍後的時代裏，出現月稱 (Candrakīrti, 600-650)。他是宣揚佛護的普拉桑基卡學風的，一如先前所介紹，他曾於龍樹和聖提婆的著作作了註釋，給中觀學派的體系，加以正統派 (Orthodox) 的型態。他的著作，當如左列所舉：

(1)『入中論』(Madhyamakāvatāra)

此論是月稱的主著，也是其代表作。全文是由十二章所構成，尤其第六章所費的篇幅最多，在這裏月稱不但批評：散恰、外秀西卡、魏旦它、勞卡亞它等外教和唯識學派，而論述中觀學派的二諦說、無我說等重要教義。時下只有藏文譯本存世，這是經普桑教授所校訂而出版的(Bibliotheca Buddhica IX.)；一部分已經有法文的翻譯(Muséon 1907, 1910, 1911)。此外，分別由笠松單傳日譯第一章（收錄於『佛教研究』四—三以及，『印度哲學と佛教の諸問題』），由北畠利親日

譯第二章（『佛教學研究』，十八、十九），第四章、第五章（龍谷大學論集，三七四）。另於『入中論』的研究方面，有瓜生津隆眞的『中觀佛教におけるボサツ道の展開』（『鈴木學術財團研究年報』一九六四）等。

(2)『中論註』（Prasannapadā nāma Madhyamaka-vṛitti）

這本註已在『中論』的註中介紹一過。

(3)『六十頌如理論註』（Yuktiṣaṣṭikā-vṛitti）

(4)『七十空性論註』（śūnyatāsaptati-vṛitti）

(5)『四百論釋』（Catuḥśataka-ṭīkā）

以上三書，龍樹及聖提婆處均曾有一言道及。

(6)『五蘊論』（Pañcaskandhaprakaraṇa）

此論就法相的分別，是與瑜珈唯識學派的解說，有着相當的差異，於此尤應注意。時下只有英譯本存世。在研究方面，有山口益博士的『月稱造五蘊論における慧の心所の解釋』（『金倉博士古稀紀念印度學佛教學論集』），頗受學界的注意。

(7)『入中觀智惠』（Madhyamakaprajñāvatāra）

(8)『三歸依七十論』（Tṛiśaraṇa-saprati）

以上二書，時下只有藏文譯本存世，是兩本極短的小論。

繼月稱稍後的時代，出現的中觀學派著名學者是寂天（Śāntideva, 650-750）。寂天是屬於月稱的普拉山基卡派的學者。據西藏佛教史學家普同指出，他有下列三部著作：

(1)『入菩提行論』（Bodhicaryāvatāra）

這是寂天的主著，全文是由九一七首偈頌所構成，分爲五十章。是說示實踐菩薩行趣向悟道的書，但其第九章是陳述中觀學派的二諦說，用以論破小乘佛教或外教，並以唯識說加以批判，是一部極有學

術價值的作品。梵文原典、藏文譯本、漢文譯本均皆存在於世。但漢譯本則缺少原典的第三、第四章。普拉究涅卡拉麻堤(Prajñākaramati)的梵文註釋存世，此外，並有其他八種藏譯本的註釋書。有關梵文原典的出版或歐譯方面，於金倉圓照博士的『悟りへの道』(『サーラ叢書』9、本論偈頌の日譯)中有詳細的陳述。此外，由河口惠海師以『入菩薩行』爲題加以日譯。

(2)『大乘集菩薩學論』(Śikṣā-samuccaya)

(3)『大乘寶要義論』(Sūtra-samuccaya)

　以上二書，是引用很多經典的教說所集成，從而了解中觀思想的背景或實踐的立場問題，是很寶貴的資料。『大乘集菩薩學論』的梵文原典及藏文譯本與漢文譯本皆存世。梵文原典是由卡道魯教授以 Bibliotheca Buddhica 1 (1897-1902) 予以校訂出版。此外本書的英譯本有『W. H. D. Rouse 〈Siksāsamuccaya〉Indian Text Series, Calcutta, 1922』。但『大乘寶要義論』的梵文原典，却已散佚。另於本書是寂天的親著一事，學界也有人存疑。

　談到印度的中觀學派，誠須介紹寂護 (Śāntarakṣita 700—760) 與蓮華戒 (Kamalaśila, 730-800) 兩位的事蹟，但於寂天生平只敘述至爲止。致力於研究印度中觀學派者，於上述的介紹姑且不論，但於中觀佛教的研究，應以何種程度的領域去進行研究？又該如何去進行？於此種種大致在心理上須做相當的準備。

三、研究方法

　立志於研習中觀佛教者，了解到這種程度以來，利用以上所介紹的文獻，一方面參考文獻研究；另外卽須自己去盡致心力。通常有謂：

「不入虎穴，焉得虎子？」因此必須熟悉梵文和藏文。其實，豈止是中觀佛教，卽是大乘佛教文獻，都是用梵文或藏文寫的，尤其是梵文的文獻很多都已散佚，而藏文却以大藏經的型式予以流傳下來，所以學習西藏文也是非常重要。研究中觀佛教，如能學習這兩種語文，自己可以直接去接觸原典，相信這是最好的方法。

這時候，如能再利用梵文、藏文、漢文索引的『翻譯名義大集』，將是更爲切要。這部索引所收錄的辭彙，在了解佛教意義方面是非常方便。當然，如果只想憑此索引，去查求佛教漢文而將之轉換成梵文或藏文那是行不通的。因爲在求得文字的意義方面，當然是必須憑辭典來了解其正確的涵義。在這一方面芳村修基編的『チベド語字典』（油印章稿本），其收錄的字彙遠較『翻譯名義大集』爲多，甚爲方便，不過現在恐怕很難羅致。最近由鈴木學術財團出版，由平野隆所編輯的『入菩提行』其第九章梵文和藏文索引，應該是研究中觀所不可缺欠的貴重索引。此外，在上述財團所出版的梵文、藏文索引，也有中村瑞隆博士的『寶性論』索引（收錄在『究竟一乘寶性論』），以及孔哉博士的『般若經』索引，而這些索引都是研究人員應該置於座右的貴重工具書。此外鈴木大拙博士的『入楞伽經』索引，以及長尾雅人博士的『大乘莊嚴論』索引等，都甚有裨益。致力於研究的人士，學習梵文和藏文利用辭典或各種索引，自可直接與原典相接觸。

當然，在實際面對原典時，一開始會有些困難，譬如卽使參照翻譯，對初發心者來說，也是無法輕易地去閱讀原典，而且理解上也沒有那麼容易。因此在初發心人士的立場，依然須以翻譯爲中心，閱讀先進學者種種研究，來推動研究工作的進行。這雖然也是一種權宜方便，但至少也可以算是將來接觸原典的一種心理準備。

在處理中觀思想方面的種種研究，恕難在此一一列舉。所幸『印度

學佛教學研究』、『日本佛教學會年報』以及大學的研究雜誌，經常都刊
載有關中觀佛教方面的論文，而且收錄在單行本的論文也很多，致力於
學習中觀佛教者，當然須於這些研究論文多加注意。

　　在研究書方面，首先須注意於山口益博士的文獻學研究。山口博士
的『佛教におけ無と有との對論』（山喜房），是中觀學派與唯識學派論
爭方面的研究，也是站在佛教中觀思想教義的立場，作客觀的探究，是
一部非常有價值的傑作。他的『中觀佛教論攷』（山喜房），雖然也是中
觀諸論書的文獻學研究，但對初學者來說，也是饒有裨益的好書。『中
論釋』（清水弘文堂），是此一學科的學人所共同完成的偉業。此外宮本
正尊博士的『中道思想及びその發達』（法藏館）和『根本中と空』（第
一書房）等書中所見到的中觀研究，都涵括了很多應該全神去領會的論
文，誠然裨益良多。最近出版的山宮本、梶芳、泰本等所譯的『中觀論
疏上』（『國譯一切經，』和漢撰述部二六），雖然是中國佛教的論書，那
是把印度和中國的中觀佛教做比較方面的研究，是研究人士所必備的好
書。

　　此外，長尾雅人博士的『西藏佛教研究』（岩波書店），是西藏高僧
宗喀巴所寫的『拉木里木』的中觀論書的翻譯作品，但『拉木里木』則
完全是以印度中觀論書的型態流傳的，而且長尾博士的日譯，也是推敲
深刻的名作，免除了讀者的艱澀感覺。由本書探知中觀佛教的全貌，是
很傑出的概說書，特地向初學者推薦。另一方面，方向也許有一點轉變，
以中村元博士的『宗教の社會理論』（岩波書店）爲首，有關佛教倫理
方面的著作，對研究人士來說，是必讀的書。一位中觀研究者，經常很
容易會陷入一些難解的教義裏面，但中觀教義，究應如何與社會倫理相
結合，這是一項重大的問題。容或亦應於平川彰博士的『八千頌よりな
る般若波羅蜜經』（收錄在筑摩書房、『世界古典文學全集』佛典Ⅱ）多作

涉獵。因為般若經畢竟是中觀思想的源泉或其發展成長的母體。

此外，稻津紀三的『龍樹空觀の研究』（大東出版社）、上田義文的『大乘佛教思想の根本構造』（百華苑）、田中順照的『空觀と唯識觀』（永田文昌堂）、增田英男的『佛教思想の求道的研究』（創文社）等都應多加注意。然後非常抱歉，我寫的『中觀思想の研究』（法藏館）亦請稍加留意及之。雖然由於學者之間有不同的見地，但亦各自有其特色。研究人士可憑着上述這些書籍來培養他們能自具批判的眼力，進而走向學術的領域。而且在歐文方面，有穆爾提（T. R. V. Murti）的『The Central Philosophy of Buddhism (London, George Allen and Unwin, 1955』，這是一部中觀思想於哲學方面的研究，深具啓示之處很多。有關中觀佛教方面的歐文書籍，現在已加整理，相信尚不止此書而已，雖然認為難解之處仍多，但亦不失為一本義趣很高的著述。

此外，於鈴木大拙博士的作品亦須熟讀，他的著作充分顯示了般若中觀思想的風格。另於空思想問題，有西谷啓治博士的『宗教とは何か』（創文社）之類的哲學書或唐木順三的『無常』（筑摩書房）之類的書籍，是針對佛教思想的評論或隨筆等書，都有值得一讀的價值。

補　遺

關於中觀佛教，近來的翻譯與研究，在德里哥版西藏大藏經·中觀部一～十七』（世界聖典刊行會，一九七七～一九七九）因為已有很詳細的載錄,在此省略。但是有幾位專家的卓越論述,必須鄭重特別報導：由梶山雄一與瓜生津隆眞在中央公論社發表的『大乘佛典』14『龍樹論集』（『六十頌如理論、』『廻諍論、』『空七十論、』『寶行王正論、』『外達魯亞論、』『勸誠王頌、』『大乘二十頌論、』『因緣心論』等以及小川一乘

的『空性思想の研究——入中論第六章の解讀』（文榮堂書店），乃至山口益博士的普拉桑那巴達的『梵藏、藏梵索引』二冊（平樂寺書店）以及江島惠教的『Bhāvaviveka　研究』（東京大學東洋文化研究所紀要，五一號、五二號）等都是精心的傑作。 至於其他的部分，約如左列所示：

Ven. hozang Jamspl, *Nāgārjuna's Letter to King Gautamīputra*, Delhi, 1978

H. Chatterjee, *The Philosophy of Nāgārjuna as contained in the Ratnāvalī*, Calcutta, 1977.

K. Venkata Ramanan, *Nāgārjuna's Philosophy*, Tokyo, 1966.

F. G. Streng, *Emptiness.* New York, 1967.

R. H. Robinson, *Early Mādhyamika in India and China*, 2nd ed., Delhi, 1976.

K. Bhattacharya, *The Dialectical Method, of Nāgārjuna* Delhi, 1978.

M. Sprung, ed., *The Problem of Two Truths in Buddhism and Vedānta*, Dordrecht, 1973.

Gaideva Singh, *An Introduction to Madhyamaka Philosophy*, Delhi, 1978.

M. C. Matics, *Entering the Path of Enlightenment——The Bodhicaryāvatāra of Buddhist Poet Sāntideva*, NewYork, 1972.

M. Sprung, *Candrakīrti Lucid Exposition of the Middle Way*, London, 1979.

安井廣濟的『中觀學說における業の理解——中論十七章《業と果の考察》の研究』（佛教學セミナー，第二十號）

安井廣濟的『佛陀の敎說と空の思想——中論第二十四章《四聖諦の考察》の硏究』（佛敎學セミナー，第二十六號）

本多惠的『プラサンナパダー，第十八章～第二十五章の和譯』（同朋大學論叢，第三十七～第三十九號）

第七章 唯識佛教

一、所謂唯識

印度的大乘佛教本質，可以說就是中觀與唯識。這是就教義上的大體分別而言。事實既然如此，而唯識佛教和中觀佛教同在大乘佛教的領域中，占有很大的比重。在中觀佛教，審視一切的存在是謂因緣所生，而「空」無自性；在唯識佛教，則視一切存在為自我的內心所現，謂之「唯識」。大乘佛教雖然是以空思想為其特色，但必須反觀自我心中不停地活動所形成流轉的有，這種自我心意反觀的教學，就是唯識佛教。從印度歷史事實的顯示上看來，是由中觀佛教走向唯識佛教的；到了後期，才產生了中觀瑜伽的學派。因此，中觀佛教與唯識佛教，在大乘佛教思想來說，可以稱得上是兩根支柱。所以立志學習印度大乘佛教思想者，必須與中觀佛教一起來學習唯識佛教，這是有其必要的。

中觀佛教，是要當下體驗到空的真實，而連教學亦須否定的；但相反地，唯識佛教則是有關傳統的阿毘達磨心識學說或業習學說，在大乘方面的發展，而這種學說是阿毘達磨方式的，是解說方式的。因此唯識學說很容易被認為像是心象學說。在印度的唯識學派名稱，雖有唯識論者（Vijñāna-mātra-vādin）的稱號，但正式上是稱作瑜伽行派（Yogācārin)，在此所謂的 Yogācārin 是觀一切存在都是唯識的，而修持瑜伽（Yoga）行的意思。總之唯識學說，就像是人類心理分析的學術，澈始澈終都具有促成唯識反觀實踐的意義在裏面。唯識學說在這項意義上，又可以說是大乘佛教空思想的傾向。這是一種當然的事實，所以有志於學習唯識者，應該經常置念於此，不應或忘。

二、原典與研究文獻

學習印度的唯識佛教者，究應怎樣去進行？其嚮導又將如何？這是當下賦與我們的課題。在這方面，目前相信一定有很多的方法，在此姑且摹仿簡介中觀佛教的方式，先將有關唯識佛教的諸文獻，以及就這些文獻學上的各種研究，略作介紹，以作嚮導的一端。近代的唯識佛教研究，亦與中觀佛教同樣是由梵文或藏文的文獻學上去進行研究的。尤其半世紀以來，達成了甚為顯著的進步。有關這項文獻學研究的領域，必須具備相當程度的知識，進而將之作探求學術來進行，這是學人所必須的第一要務。

A

當我們閱覽瑜伽行派諸論書，發現引用很多的大乘經典，其中構成唯識思想典據的文獻，尤須特別予以留意的，約為下列三種經典：

(1)『解深密經』（Saṁdhinirmocana-sūtra）

這部經，可以稱為唯識思想的源流，是最為受人重視的根本經典。是說示依阿賴耶識說、三性說、三無性說、止觀行唯識說、十波羅蜜、佛身等重要教義，根據推定可能是西元二○○～三○○年間所成立的經典。截至目前為止，雖然尚未發現梵文原典，但其藏譯本和漢譯本，時下均存於世。漢譯本方面，其全譯有菩提流支譯本和玄奘譯本

的流通世間; 其部分譯本, 有求那跋陀羅譯本和眞諦譯本在傳行。藏
文譯本方面, 其全譯本已由拉蒙特（Lamotte）敎授予以出版, 另外
也有法文譯本。這部拉蒙特敎授的刊行本, 因爲有很多處還原梵文的
註記, 在解讀上堪稱方便 (Saṁdhinirmocanasūtra, L'explication
des Mystères, Texte Tibétan édité et traduit par Étienne Lamotte,
1935), 而且此藏文譯本並具有: (1)無著（Asaṅga）的註釋、(2)智藏
（Jñānagarbha）的只有〔慈氏章〕的註釋、(3)覺通（Bodhyṛiddhi）
的註釋等三種註釋書在世間流傳, 其中的: (1)已由西尾京雄敎授將之
日譯成（『佛地經論の研究』,（破塵閣、昭和十五年, 以及大谷學報、
第二十二卷、第一、三號）, 其(2)與(3)的〔慈氏章〕, 已由野澤靜證博
士予以日譯成（『大乘佛敎瑜伽行の研究』法藏館）。此外, 也有長澤
實導博士的 『解深密經分別瑜伽品の研究』（大正大學研究紀要, 第
四十三輯）。

(2)『大乘阿毘達磨經』(Abhidharma-sūtra)

　這部經典, 雖然現已無存, 但這是一部說示阿賴耶識思想的, 此尤
須注意。經常都被『攝大乘論』等於唯識學有關的論書所引用。請參
閱宇井伯壽博士的『攝大乘論研究』（二八頁以下）、『大乘阿毘達磨
經と攝大乘論』（宗敎研究、新一〇卷、四）、『再び攝大乘論と大乘
阿毘達磨經とについて』（駒澤佛敎年報、五卷、一）等書。

(3)『入楞伽經』(Laṅkāvatāra-sūtra)

　這部經, 紀錄着大乘佛敎很多種的重要敎義, 像是一大集要的經
典, 不能說是像解深密經那樣是專說唯識思想的經典, 但是經中却記
述着八識、三性、熏習等敎義, 而是以阿賴耶識與如來藏相結合等,
涵括了唯識思想研究應留意的問題的經典。在其成立上, 因爲包含大
乘敎義的很多種敎義, 所以大約是與解深密經相同時代或許較爲稍後

亦不一定。其梵文原典、藏譯本、漢譯本均存於世。在漢譯方面，有
求那跋陀羅譯（四卷）、菩提流支譯（十卷）、實叉難陀譯（七卷）等
三種。而其梵文原典，由南條文雄博士刊行於世（大谷大學發行，一
九二三年）。對於本經的研究，具有規模的成績當是：鈴木大拙博士
的英文本：「翻譯」、「研究」、「索引」等三部大作（The Laṅkāvatāra
Sūtra; Studies in the Laṅkāvartāra Sūtra; An Index to the Laṅ-
kāvatāra aūtra）。其日譯本方面，雖有泉芳璟教授的『邦譯梵文入楞
伽經』，但那是相當杜撰的翻譯。筆者於此最近曾試做梵文的日譯，
現在已從「無常品」開始發表，直到「食肉品」（pp. 136-259）『大谷
大學研究年報』第二十集。「大谷學報」第四十八卷、二。第四十三
卷、二）。此外，於本經的藏文譯本，有智吉祥賢（Jñānaśrībhadra）
的註釋書，由山口益博士予以介紹其內容（『智吉祥賢の入楞伽經註
について』日本佛教學會年報、八）。

B

印度的唯識佛教學，是以『解深密經』等經典為所依，而由無著
（Asaṅga, 310-390）、世親（Vasubandhu, 320-400）兄弟所集大成者
（關於世親的年代，曾有議論，多視作四〇〇～四八〇），此有櫻部建的
『フラウワルナーの世親年代論について』（印佛研一、一）和服部正
明的『ディグナーガ及びその周邊の年代』（塚本善隆博士頌壽記念論
集）發表，如依瑜伽行派的傳說，據說乃兄無著是從兜率天的彌勒菩薩
受教化的。以下所介紹的『大乘莊嚴經論』、『中邊分別論』、『法法性
分別論』、『現觀莊嚴論』、『究竟一乘寶性論』等，依據西藏的傳承，釋
論雖是由世親或無著所作，但本偈却全部都是彌勒的作品，稱之為彌勒
的五部論。另據漢譯本，其最初所列舉的『瑜伽師地論』則是彌勒的作
品。這雖是一種神秘傳說，但却顯示在無著以前的歷史上，先輩論師即

已存在。但在無著心中認爲，確是反映着彌勒菩薩的啓示存在。有關彌勒與無著之間的關係，也有異論，玆就於此的有關論書及文獻研究，介紹如次：

(1)『瑜伽師地論』(Yogācārabhūmi)

　　根據漢譯本，這是彌勒的作品，但依藏譯本，却作無著的作品。這是集成：阿賴耶識說、三性三無性說、唯識說、阿毘達磨學說、菩薩教義等種種問題的一部龐大的論書，被視作構成瑜伽行派學說發展基礎的最初期論書。在漢譯方面，除了玄奘所譯百卷本的全論之外，尚有部分的譯品，相當於菩薩地的『菩薩地持經』(曇無讖譯)、『菩薩善戒經』(求那跋摩譯) 或相當於決擇分的『決定藏論』(眞諦譯)等。此外藏文譯本，雖然有完整本，但梵文原典却沒有完整本。現在已經公開發刊的完整本，有： 荻原雲來博士校定出版的菩薩地梵本『(Bodhisattvabhūmi,2 vols. Tokyo, 1930-1936)』和最近由巴達恰魯亞教授， 依據拉弗拉‧桑庫里提亞那在西藏所發現的梵文抄本，以第一分册加以校訂出版的本地分， 從五識身相應地直到無尋無伺地(漢譯第一卷——第十卷)(『The Yogācāryabhūmi of Ācārya Asaṅga' ed. by Vidhushekhara Bhattacharya, part 1, University of Calcutta, 1957』) 只此而已。本書的研究方面，有宇井伯壽博士的『瑜伽論研究』(岩波書店) 和『梵漢對照，菩薩地索引』(西藏大藏經研究會)。此外，宇井博士曾於「攝決擇分」和「決定藏論」也做了詳細的對照研究 (印度哲學研究第六)。 而且本書在註釋方面， 漢譯部分有： 最勝子 (Jinaputra) 的『瑜伽師地論釋』(只有第一卷)。藏譯部分有德光 (Guṇaprabha) 的『菩薩地註』，以及同屬德光的『菩薩戒品疏』與最勝子的『菩薩戒品廣疏』海雲 (Sāgaramegha) 的『瑜伽行地中菩薩地解說』等。

(2)『大乘莊嚴經論』(Mahāyāna-sūtrālaṃkāra)

是就佛菩薩的實踐論，從各方面以阿毘達磨方式來說明或予以莊嚴的論書。梵文原典，藏文譯本、漢譯本均存於世。在梵文本雖未記載著者的名字，但據藏文譯本所述，本偈是彌勒所作；釋論則是世親的作品。但據漢譯本所述，不論本偈或釋論，都是無著的作品。有關著者問題，學界之間曾有異論。梵文本是由奚魯宛·賴韋在一九〇七年於尼泊爾所發現，並加以校訂出版『Asaṅga, Mahāyāna-sūtrālaṃkāra, Paris, 1907』，於一九一一年譯成法文本。宇井伯壽博士的日譯，有『大乘莊嚴經論の研究』(岩波書店)，另外長尾雅人博士也有本書的「梵藏漢索引」和「藏梵、漢梵索引」兩册，予以出版『Index to the Mahāyāna Sūtrālaṃkāra. Part I and II.』(日本學術振興會)。上述這些書都是於本論做基礎研究所不可疏忽的傑作。此外，對於奚魯宛·賴韋本的缺頁填補上所做的研究，有武田紹晃教授的『大谷探檢隊招來の〈大乘莊嚴經論〉について』(『龍谷大學論集』No. 352, pp. 72-87)。本論在藏文譯本方面，有安慧 (Sthiramati)、無性 (Asvabhāva)、智吉祥 (Jñānaśrī) 等的三種註釋書流傳於世。此外，尚有利他賢 (Parahitabhadra) 的『莊嚴經論初二偈解說』。以及野澤靜證博士的『利他賢造〈莊嚴經論初二偈解說〉について』(『宗教研究』二、二)，與「智吉祥造『莊嚴經論總義について』」(『佛教研究』二、二) 等論述請參閱。

(3)『中邊分別論』(Madhyāntavibhāga)

此論是就大乘佛教根本思想的中道，予以明確的辯別，依三性說來論述唯識說的立場或其實踐的中道。梵文原典、藏文譯本、漢文譯本 (眞諦譯、玄奘譯) 均存於世。一向都認為本偈是彌勒；釋論是世親的作品。安惠所註釋的梵文本，由奚魯宛·累韋所發現，山口益博士

將之校訂而出版『Sthiramati, Madhyāntavibhāgaṭīkā, Nagoya, 1934』，接着並加以日譯，更把此論的漢文兩種譯本與藏文譯本的對照本也予出版，（鈴木學術財團予以再版）。此外也有巴它恰魯亞教授和祖奇教授所出版的梵文本，更由長尾雅人博士也把世親釋本論的梵文本，加以校訂出版『Madhyāntavibhāga-Bhāṣya, Tokyo. 1964』。另就此論的部分翻譯方面，有司且魯巴奇的英譯『Bibliotheca Buddhica XXX, 1938』、弗利得曼的英譯『Utrecht, 1937』、歐布賴因的英譯『(Monumenta Nipponica IX, 1953)』等譯本。

(4)『法法性分別論』(Dharmadharmatāvibhāga)

　此論是探究並辨明由法（雜染）轉向法性（清淨）理論的小論，本論是彌勒造，釋論是世親所作。梵文的斷簡與藏文譯本存在於世，漢譯本已無存。梵文的斷簡由河合英男發現附於奚魯宛・賴韋刊行的大乘莊嚴經論梵本的末尾，後經山口益博士仔細加以考證而向學界公開發表（山口益『法法性分別論の梵文斷片』大谷學報一七、四）。以此爲先導，藏文譯的世親釋和本論，由山口益博士予以日譯（收錄在『常盤博士還曆紀念論叢』）。而且其梵文斷簡在『山口博士還曆紀念論叢』中由野澤靜證博士將藏譯本一起加以再錄。在研究方面，有金倉圓照博士的『彌勒の法法性辨別論について』（叙說、第二輯 pp. 99-148）向來爲學界所重視。

(5)『現觀莊嚴論』(Abhisamayālaṁkāra)

　這是彌勒的著作，由二七二偈構成。是依據般若經的內容以八章的組織來辨明佛道修行的層次，因而也是對般若經顯示其瑜伽行派理解的論書。在印度很少有像大智度論般的般若經註釋，其八千頌、二萬五千頌等的般若經解釋都適用於現觀莊嚴論的方法。梵文原典和藏文譯本存世流通，沒有漢譯本。歐巴米拉與司且魯巴奇共同發行了梵文

本；又有祖奇教授也出刊了梵文本，荻原雲來博士出版的哈里巴道拉
(Haribhadra) 的 『八千頌般若經にたいする註釋』(Abhisamayāla-
ṁkārālokā prajñāpāramitāvyākhyā) 引用其偈頌全文。另有歐巴米
拉的研究 『(Acta Orientalia, 1932, pp. 1-133)』、孔哉博士的英譯
『(Serié Oriental Roma VI, 1954)』，亦在 『荻原雲來文集』 收 「現
觀莊嚴論玄談」、「現觀莊嚴論和譯」（詳情請參閱山田龍城著 『梵語
佛典諸文獻』 一二八頁）。 近年以來有人於哈里得巴拉的註釋進行研
究，計有：天野宏英的 『現觀莊嚴論の著作目的について』（印佛研、
一九，二），以及他的另一篇論文 「ハリバドラの二諦說」（印佛研、
一三、二）與眞野龍海的 『ハリバドラ小註の研究』（淨土宗教學院、
佛教論叢、八號、九號。大正大學研究紀要、五二）等作品發表。

(6)『究竟一乘、寶性論』(Ratnagotravibhāga-mahāyānottaratantraś-
āstra）

此論是於集成如來藏思想，予以有組織地解說的代表性論書。梵文
原典、藏文譯本、漢文譯本均存於世。梵文原典雖未記明作者，其漢文
譯本則是堅慧 (Sāramati) 的作品。但藏文譯本却作：本偈是彌勒所
作；釋論則是無著的作品。此論在研究方面，歐巴米拉教授據藏文譯
本，發表了他的英譯本 『(Sublime Science of the Great Vehicle to
Salvation, Acta Orientalia IX, 1931)』、將司頓 E. H. Johnston 教
授也出刊梵文本 『(E. H. Johnston & T. Chowdhury, The Ratna-
gotravibhāga Mahāyānottaratantraśāstra, Patna, 1950)』。爾後研究
成果便有了急速的發展，宇井伯壽博士發表 「寶性論研究」（梵文日譯・
岩波書店）、中村瑞隆博士校訂將司頓的版本，予以羅馬字化，而把它
與漢譯本加以對照後發表（山喜房）。此外，近年來中村博士又發表 『藏
和譯對譯・究竟一乘寶性論研究』（附含梵藏漢對照索引・鈴木學術財

團)。另有高崎直道也發表梵文本的英譯『(Serie Oriental Roma XXXIII Roma, 1966)』。

C

以上都是被視作彌勒的作品，以及彌勒之作而由無著或世親加以註釋者，但無著本人也有其獨特體系的著作，約如左示:

(1)『攝大乘論』(Mahāyānasaṁgraha)

此論也可以說是含攝大乘佛教思想的佛教概論的論書。設有阿賴識、三性、唯識、菩薩、佛等項目，對於瑜伽唯識思想的組織相當整備。其梵文原典雖然尚未發現，目前有藏文本和漢譯本流通，另有『世親釋論』和『無性釋論』都有藏文譯本和漢譯本流傳在世間。另有一部不明其著者的『秘義分別攝疏』註釋，有藏文譯本在流傳，這是只有所知依分的註釋。歷來在日本，於攝大乘論的研究，都是以漢譯本資料所做的，刻意地在分別其屬於舊譯的眞諦譯和屬於新譯的玄奘譯本的相異之處，大有於新舊兩譯的優劣而致意其研究重點之感。宇井博士的大作『攝大乘論研究』（昭和十年）中，顯示舊譯比新譯殊多優勝的長處。但是因爲藏文譯本就是準梵文原典，拉蒙特教授把藏譯本的許多法文翻譯，予以還原成梵文，經過註記之後發表『(La Somme du Grand Véhicule, Tome 2, Louvain, 1938-39)』。此外佐佐木月樵教授於昭和六年與山口益博士共同把附有藏譯的漢譯四本對照的『攝大乘論』發行出版。其後在此論原典的研究方面，尤須留意於長尾雅人的『攝大乘論世親釋の漢藏本對照』（東方學報、京都第十三册第二分、昭和十八年）和武內紹晃教授的『攝大乘論世親釋所知依分の組織と內容』（所知依分的日譯、油印本、1952）。此外在論說方面，尚有高田仁覺教授的「攝大乘論における阿賴耶識設定の密意」（『密敎文化』、第二十一號）等論文。

(2)『阿毘達磨集論』（Abhidharmasamuccaya）

此論是就種種法相加以分類、說明的阿毘達磨論書，但與小乘的阿毘達磨法相不同，似與瑜伽師地論有若干的關係。梵文原典、藏譯本、漢譯本均存世流通。梵文原典是由拉弗拉·桑庫利特亞亞那在西藏所發現，而高卡累教授將之公開發表『(Fragment from the Abhidharmasamuccaya of Asaṅga, Journal of the Bombay Branch, Royal Asiatic Society n. s., vol. 23 (1947)』 pp. 13-38)；再由普拉旦把高卡累版本的殘缺部分，依漢譯本將之還原並予補正後出版『(Prahlad Pradhan: Abhidharmasamuccaya of Asaṅga, Visva-Bharati Studies 12, Santiniketan, 1950)』。此外，亦曾發現此論的註釋書（Bhāsya）的大乘阿毘達磨雜集論（漢譯本安慧以 Sthiramati 作糅；但藏譯最勝子作 Jinaputra）的梵文原典。及至最近才由印度予以出版發行。此論其藏譯最勝子（Jinaputra）的解說書（Vyākhyā）亦流傳於世。請參閱高崎正芳的『阿毘達磨集論について』（『大谷學報』三六、二）及「大乘阿毘達磨集論及び雜集論と三十頌安慧釋の關連について」（『印佛研』四——一）等書（書評、井ノ口泰淳〈阿毘達磨集論〉斷簡、『佛教學研究』NO.6 服部正明氏〈Abhidharmasamuccaya〉、『佛教文化研究』No. 2）。

(3)『顯揚聖教論』

此論只有漢譯（玄奘譯）本存世。本偈與釋論均為無著作品，但此論「成無性品」的別譯本，則與真諦譯的「三無性論」相當。宇井博士曾就此兩者做了詳細的對照研究，以為本頌是無著；釋論是世親的作品『(印度哲學研究)』第六）。此外，結城令聞博士也認為釋論是世親之作，參閱（『世親唯識の研究』五〇頁）。此論的研究一向殊少有人致意，但中觀學派的清辯（Bhāvaviveka）當其破斥瑜伽行派的三性

說，曾列舉此論「成無性品」第一偈、第二偈、第十偈等的三性說，可見此論頗受人注目（安井廣濟著『中觀思想の研究』二三〇、二五九、三〇六頁）。

(4)『六門教授習定論』

此論只有漢譯本義淨譯本存世。本偈是無著所作；釋論是世親的作品。一向很少有人做研究，但宇井博士於此論做過日譯與詳細的註記發表於世『（古代學』二、二 pp. 117-137）。此外，安慧的「唯識三十頌釋論」其最後部分，曾引用此論的第三偈，須予留意。

(5)『能斷金剛般若波羅蜜多經論頌』（Triśatikāyāḥ prajñāpāram-itāyāḥ Kārikāsaptatiḥ）

此頌由祖奇教授將梵文原典英譯後出版『（Minor Buddhist Texts, Part 1, Roma, 1956』。此論另有「世親釋論」（義淨譯），此外也有達磨笈多譯的『金剛般若論』（無著菩薩造）的單行本；另有菩提流支譯的『金剛般若波羅蜜經論』（天親菩薩造），祖奇教授所發表的是新作。有關此論，請參閱宇井博士「金剛般若經及び論の翻譯並に註記」）『唯心の實踐』以及『名古屋大學文學部研究論集』Ⅻ（哲學4）」等書。

(6)『順中論』

此論只有漢譯本存世。部分是引用中論作解釋的小論。

D

世親早年曾習學小乘佛教，研讀阿毘達磨學而造作『俱舍論』，後來受到乃兄無著的教誡，而轉學大乘的唯識教學，素有千部論主的稱譽，著作甚豐，既有體系化的論書，也有註釋書，更有論破的著書，可謂層面很廣。但是於此特為介紹，有關唯識方面的論書。

(1)『大乘成業論』（Karmasiddhi-prakarana）

此論是批判部派佛教的各種業論，正確地辯正佛教有關業的教誡，顯示由俱舍論轉入大乘唯識說的世親，其改向過程的重要論書。梵文原典尚未被發現，但有藏文和漢文兩種譯本（玄奘譯、毘目智仙譯）存世流通。在藏譯本方面，有善慧戒（Sumatiśīla）的註釋書流傳世間。對此論的研究方面，在『Mélanges chinois et bouddhi ques, IV (1936)』刊載拉蒙特教授的有『Le traité de l'acte de Vasubandhu, Karmasiddhi-prakaraṇa』（法譯本與研究）的論述。此外，尚有向田永靜的論文「成業論の註釋的研究」（『宗教研究』第六年、第一輯）以及結城令聞博士的研究（收錄於『世親唯識の研究』靑山書院）等論述。另有山口博士於昭和二十六年把司馬堤拉的註釋加以日譯，並附以梵文還原後發行出版『世親の成業論』法藏館）。（書評、安井廣濟〈大谷學報〉三一、二。pp. 85-89 勝呂信勝〈古代學〉二、二。pp. 185-188）

(2)『唯識二十論』（Viṃśatikā Vijñaptimātratāsiddhi）

此論是破斥外教或小乘實在論所持的立場，顯示唯識無境立場的批判書。雖是一部小論，但在唯識理論的理解方面，却是務須措意及之的論書。此論不講八識轉變的相狀，也不見阿賴耶識的辭彙，也沒有詳細的心所說明，是學習唯識思考根本態度的論書。此論是由本偈與釋論構成，都是世親所作。梵文原典由奚魯宛・賴韋在尼泊爾與安慧的『唯識三十頌釋論』同時所發現，然後經過校訂出版『(Vijñapti-mātratāsiddhi, Paris, 1925)』。其藏譯本與漢譯本均傳存於世。在漢譯本方面，有瞿曇般若流支譯、眞諦譯、玄奘譯等三種譯本。並有護法（Dharmapāla）的註釋書，由義淨譯的『成唯識寶生論』（只有漢譯本存世）。藏譯本方面，有調伏天（Vinītadeva）的註釋傳流於世。近年以來於此論的研究，有：道拉瓦累・普桑、佐佐木月樵、寺

本婉雅、明石惠達諸敎授均曾各盡心力，自奚魯宛・累韋的梵文本出版以來，於一九三二年由奚魯宛・累韋做了法文的翻譯印行『(Matériaux pour l'etude du systeme Vijñaptimātra, traduction de la Viṃśatikā et de la Triṃśikā, Paris, 1932),』(在日本也有荻原雲來、稻津紀三、鈴木宗忠等敎授各自發表日譯本及研究報告；近來又有宇井伯壽的「四譯對照唯識二十論研究」(岩波書店) 與山口益的『唯識二十論の原典解明』(收錄於「世親唯識の原典解明」)、安井廣濟的『唯識二十論講義』(眞宗大谷派安居、昭和二十九年) 等論述發表。上述各書中，山口博士的原典解明是此論傳行藏譯本的調伏天 (Vinītadeva) 註釋的日譯本。護法的註釋書「成唯識寶生論」、宇井博士對之有較詳細的研究 (『名古屋大學文學部研究論集』VI, 1953)。而且於此論的研究，富貴原章信博士的「二十論の唯識義」(『大谷大學研究年報』第七集)、結城令聞博士的「唯識二十論の研究」(收錄在『世親唯識の研究』青山書院)，雖然不是針對原典所做的研究，但却是非常傑出的佳作，務須加以參考。

(3)『唯識三十頌』(TriṃśikāVijñaptimātratā-kārikā)

此頌是彙總由解深密經開始，經彌勒、無著所完成的唯識學說大綱而整理的三十頌，特別是以識轉變 (vijñānapariṇāma) 的思想而構成其唯識學說，爲其特色的論書。梵文原典、藏譯本、漢譯本均傳存於世。在漢譯方面，有玄奘與眞諦『轉識論』的兩種譯本。梵文原典附有安慧的釋論 (Bhāṣya) 與唯識二十論一起由奚魯宛・累韋加以校訂出版，並由高楠和荻原兩博士分別予以日譯成書。這是歷來三十頌的唯一釋論而經由護法所證義的漢譯本「成唯識論」，在講學上重新加以批判的論書。其後，於此頌曾有間接、直接等種種的研究發表。在海外方面，則有奚魯宛・累韋的法文譯本、亞扣比的德文譯本

(Stuttgart, 1932)、以及弗勞瓦魯那的德文譯本（『Berlin, 1959』）等
書的發表。在日本也有稻津紀三教授的『世親唯識の根本的研究』
（大東出版社）、鈴木宗忠教授的『世親における唯識哲學の展開』
（『佛教研究』六、一）、寺本婉雅教授的『梵藏漢和四譯對照・安慧
造・唯識三十論疏』（大谷大學、昭和八年）、明石惠達教授的『梵藏
對校・安慧造・唯識三十頌釋』（『龍谷學報』323—328, 330, 333）
都頗具參考價值。此外，於二次大戰後，宇井博士則出版了『安慧護
法・唯識三十頌釋論』（岩波、昭和二十七年），接着，野澤靜證博士
也出版『唯識三十論の原典解明』（收錄在『世親唯識の原典解明』）。
野澤博士的原典解明，不止安慧的註釋，連在西藏傳行的調伏天復
註，也都予以日文的翻譯。此外長澤實導博士的「梵藏對照・唯識三
十頌語彙」（『大正大學紀要』四〇），亦須加以留意參考。另有結城
令聞博士的「唯識三十頌の背景思想と造頌についての梗概」（收錄
在『世親唯識の研究』），是舉出許多關係文獻的考證研究，於研究工
作裨益之處正多。另就三十頌的研究，當然尤其須於自古以來的「成
唯識論」講學更應格外地致意及之。深浦正文博士的『唯識學研究』
（上下、永田文昌堂），以及富貴原章信博士的『護法宗唯識考』（法
藏館）等名著，都應置諸座右備考。

(4)『大乘五蘊論』（Pañcaskandha-prakaraṇa）

此論是就色受想行識五蘊一一加以簡潔的定義，雖是一部小論，但
於唯識說在說明心所法方面，是一部必讀的論書。梵文原典迄今仍無
發現，但有藏文譯本和漢文譯本存世流通。就此論的註釋書，有安慧
的『大乘廣五蘊論』（有漢譯本及藏譯本），此外更於藏譯本方面，有
德光（Guṇaprabha）、地親（Bhūmibandhu）的註釋書存世流通。此
論於研究方面，有清井義雄的『藏文五蘊論和譯』（マユーラ三、大

谷大學聖典語學會、昭和十年)、『V. V. Gokhale, The Pañcaskandha by Vasubandhu and its commentary by Sthiramati, Bhandarkar Oriental Research Institute, vol. XVIII, part III, 1937』，尤其值得參考。

(5)『三性論偈』(Trisvabhāva-nirdeśa)

此書是叙述遍計所執、依他起、圓成實等三性的學說，由三十三個偈子而成立的小論，是一部了解世親三性說必讀的論書。漢譯本已經不存於世，但奚魯宛・累韋於一九二八年在尼泊爾發現了梵文本，由山口益博士把它與藏譯本加以對照之後翻譯成日文（「世親造三性論偈の梵藏本及びその註釋的研究」『宗教研究』、新八、三）。但藏文譯本，更有屬於龍樹的單譯本（北京影印 5243），這當然是很接近梵文原本的，因此普桑教授把這兩種藏譯本經過對照，而加校正的梵文本與法文譯本一起發表『Mélanges chinois et bouddhiques, II, 1932-1933』，而且此書也有出版 Mukhopadhyaya 的英譯本，並附有索引 (Visva-Bharati Series, No. 4, Calcutta, 1939)，詳情請參閱山田龍城著的『梵語佛典の諸文獻』p. 136。此外本書也有寺本婉雅教授譯自藏譯本的日譯本（收錄在『安慧造，唯識三十論疏』）。

(6)『中邊分別論釋』

(7)『大乘莊嚴經論釋』

(8)『法法性分別論釋』

(9)『攝大乘論釋』

(10)『六門教授習定論釋』

(11)『金剛般若波羅蜜經論釋』

上述七種論書，先前已曾分別介紹，於此不再贅述。

(12)『釋軌論』(Vyākhyāyukti)

此論是說示解釋經典的法軌，是一部相當龐大的論書。梵文原典及漢譯本，均不傳存於世。只有藏譯本及由德慧（Guṇamati）所作藏譯本的註釋書『釋軌論註疏（Vyākhyāyukti-ṭīkā）』傳行世間。這是一部自古以來卽不太明瞭的論書，而由山口博士介紹其內容（「世親の釋軌論について」『日本佛教學會年報』二五號。以及「大乘非佛說論に對する世親の論破──釋軌論第四章に對する一解題」收於『東方學報』第二十五周年紀念論文集）。

(13)『緣起經釋』（Pratītyasamutpāda-vyākhyā）

此書是就「緣起經」（大正一二四）所作的註釋。由祖奇教授從僅存的梵文斷簡公開發表『JRAS, 1930, pp. 611-623』，漢譯本已不存在。但有藏文譯本，於此則有很詳細的德慧的復釋「緣起初分分別廣疏」傳世。高田仁覺教授曾加以研究（「緣起の初分〈pratītyasamutpādādi 緣起初義〉に關する世親と德慧との解釋」『印度學佛教學研究』七、一）。此外弗勞瓦魯那教授曾將此書譯成德文『Aus Vasubandhu "Kommentar zum Sūtra vom abhängigen Entstehen," Die philosophie des Buddhismus, Berlin, 1956, pp. 43-49』。

此外，世親曾有『大乘百法明門論』（漢）、『十地經論』（漢藏）、『無盡意所說廣註』（藏）、『普賢行願註』（藏）、『無量壽經優波提舍』（漢）、『文殊師利菩薩問菩提經論』（漢藏）、『聖四法解說』（藏）、『勝思惟梵天所問經論』（漢）、『法華經論』（漢）、『佛性論』（漢）、『止觀門論頌』（漢）、『如實論』（漢）、『戒譚』Śīlaparikathā（藏）、『攝頌』Gāthāsaṁgraha（藏）、『佛隨念廣註』（藏），另外也有像『阿毘達磨俱舍論』這樣的名著。

E

唯識學說到了世親時代，可謂已經集其大成。世親以後，又有很多論師輩出，於無著、世親的各種論書，均曾加以註釋，或組織其學說，以瑜伽行派廣事發展。其中頗負盛名而且其著作亦現存於世，頗受重視的論師，有陳那（Dignāga）、德慧（Guṇamati）、無性（Asvabhāva）、安慧（Sthiramati）、德光（Guṇaprabha）、護法（Dharmapāla）、戒賢（Śilabhadra）、最勝子（Jinaputra）、調伏天（Vinītadeva）等人。但瑜伽行派却演變成為：有相唯識派（Sākāravādin）和無相唯識派（Nirākāravādin）兩大流派。陳那、無性、護法、戒賢、最勝子屬於前者；德慧、安慧、德光（？）、調伏天等屬於後者。有關這兩大流派的種種，請參閱山口博士的『中觀派における中觀說の綱要書』（大谷大學研究年報、第二輯）以及菅沼光的『寂護の識論』（東洋大學紀要、文學部篇、第十八集）。

組成有相唯識派的陳那（Dignāga, 400-480，服部正明對之考證作（470-530），是印度論理學史上集新因明說大成的學匠。著有『集量論』（Pramānasamuccaya-vṛitti）等論理學方面的著作，此外也集錄八千頌般若的要義，有如『圓集要義論』（Prajñāpāramitā piṇḍārtha）的著作是。關於唯識說，尤其像『觀所緣緣論』（Ālambanaparīkṣā）等書更應多所措意。另有『掌中論』（Hastavālaprakaraṇavṛitti 解捲論），漢譯本作為陳那的著作，但藏文譯本却將之歸為聖提婆（Ārya-Deva）的著作。關於此論有陶廠斯教授和宇井博士的研究（JRAS, 1918）、也有長澤實導博士的「漢譯二本對照チベット譯手量論註和譯」（『智山學報』第四輯）。有關陳那的著作，宇井博士的『陳那著作の研究』（岩波書店）最為詳盡。其次，以『集量論』為首的佛教論理學，時下已有武邑尙邦、北川秀則、梶山雄一、服部正明、戶崎宏正等人正從事研究。

『觀所緣緣論』是論破由極微所造成的認識對象（所緣），因為所緣本來是唯識執論的，所以這可以說是探究唯識說構造的重要論書。梵文原典雖然迄無發現，但有藏文譯本和漢文譯本存世（真諦譯與玄奘譯）。此外，藏文譯本有調伏天的註釋；漢譯本有護法的註釋書——『觀所緣緣論釋』存世。於此論的研究方面，將此論與調伏天的註釋一起加以日譯並註以梵文，有山口益博士的「觀所緣論の原典解明」（收錄在『世親唯識の原典解明』）甚為新穎。研究所用參考書目錄（Bibliography）在同書裏也很詳細。

屬於陳那系統的無性（Asvabhāva），已如先前所述，其著有『大乘莊嚴論』的註釋和『攝大乘論』的註釋。此外，另就此一系統的護法（Dharmapāla 530-561）也有：『成唯識寶生論』、『成唯識論』、『觀所緣緣論釋』三書，已如前述。護法於此以外，尚有註釋聖提婆的『四百論』的『廣百論釋論』的著作。但護法的這些著作，都只有漢譯本存世，而梵文原典、藏文譯本均付闕如，究屬為何？尚不悉其究底，但確是非常遺憾！於護法的教理學，由玄奘以法相宗的名義在中國推展。戒賢（Śilabhadra 520-645）是護法的弟子，作有『佛地經論』（Buddhabhūmi vyākhyāna）。此論有藏譯本和漢譯本存世。西尾京雄教授加以日譯並作研究（『佛地經論の研究』破塵閣，昭和十五年）。此外，註釋『瑜伽師地論』和『阿毘達磨經論』的最勝子（Jinaputra），傳說也是護法的弟子。

無相唯識派始祖的德慧（Guṇamati），傳有『釋軌論註疏』和『緣起初分分別廣疏』的藏譯本，已如先前所述。他另外也著有註釋『俱舍論』的『隨相論』（漢文本）。安慧（Sthiramati, 470-550, 510-570）是德慧的弟子，著有『大乘莊嚴經論』、『中邊分別論』、『阿毘達磨集論』、『唯識三十頌』、『五蘊論』等的註釋，已如先前所述。此外也著有：『大

寶積經論』（漢、藏本）和『俱舍論實義疏』（藏文本）。他是一位無相唯識派著作豐富的重要論師。德光（Guṇaprabha）著有『五蘊論釋』、『菩薩地註』、『菩薩戒品疏』等作品，已如前述。有關他的種種，請參閱豐原大成的「德光論師の教學に就て」（『印佛研』一〇、二）。調伏天（Vinītadeva, 630-700）繼承安慧的系統，並於世親的『唯識二十論』，以及安慧的『唯識三十頌論釋』分別作了註釋，事如前述。除此之外，他也有因明方面的釋論。

其外，註釋『大乘莊嚴經論』的智吉祥（Jñānaśrī）、註釋利他賢（Parahitabhadra）、『五蘊論』的地親（Bhūmibandhu），以及註釋『成業論』的善慧戒（Sumatiśīla）等人，都是瑜伽行派的後期學匠。

三、研究方法

有關印度唯識學文獻，以及研究文獻應行注意事項，相信概如上述。但於唯識佛教教義的內容，究應如何去理解和探究？或如何去方便地利用參考書？經常都有人提出質問。時下，直截了當地說來，於印度唯識佛教，不論就文獻上，或思想上的意義，迄無充分明確的解答，所以很難求得一項很完整的資料。惟如最近，講座佛教Ⅲ『インドの佛教』（大藏出版）、『講座東洋思想5』、『佛教思想Ⅰ』（東京大學出版會）所收錄的勝呂信靜的論文或上田義文博士的『唯識思想入門』（永田文昌堂）等，都是很好的介紹書。戰前曾有福井威麿著『世親唯識の根本義』（東京，昭和十年）堪稱是一本好書。其次結城令聞博士的『唯識の思想と歷史』（大法輪閣）也令人很容易了解。

在專門書方面，先須列舉結城令聞博士的「心意識論より見たる唯識思想史」（東方文化學院，昭和十年）和水野弘元博士的「心識論と

唯識說の發達」（收錄在『佛教の根本眞理』宮本正尊編），志在研究此項學術的人士，先須依照此書去探尋唯識思想的源流。在這方面，勝又俊敎博士的『佛敎における心識說の研究』（山喜房），是一部善能彙總思緒的好書。其次，赤沼智善敎授的「佛敎に於ける物と心」（收錄在『佛敎敎理之研究』），也是務須一讀的好書。接下去，再於由世親、無著所集大成的唯識說，卽如先前所提，有宇井博士的「攝大乘論研究」、『印度哲學研究』第六」，以及結城博士的『世親唯識の研究』。結城博士的研究，是較爲偏向漢譯方面的，故須注意於客觀方法的技巧。此外稻津紀三敎授的『世親唯識の根本的研究』（大東出版社）和田中順照博士的『空觀と唯識觀』（永田文昌堂），顯示是經過相當思考之後的傑出著作。另外先前亦曾指出，宇井博士的『安慧護法唯識三十頌釋論』以及山口、野澤兩位博士的『世親唯識の原典解明』（書評 安井廣濟〈古代學5、2〉），是於原典的翻譯或研究方面不可疏忽的貴重參考書。

　　唯識思想的研究，以阿賴耶識爲中心的心識說或業說的研究，其初學人士，固然須把說示唯識無境的『唯識二十論』或以三性說爲中心的『中邊分別論』等論書的研讀，擺在前端；惟於阿賴耶識的研究，當然是以唯識思想爲重要主題。可是稍一不加體察，很容易陷入八識轉變的心理分析領域。故而認爲，初學人士先須依唯識二十論或中邊分別論去探究唯識思想哲學的立場或其思想史立場。此外，於『究竟一乘寶性論』所顯示的如來藏思想，亦須注意其於唯識思想的開展。

　　唯識佛敎的研究，其與中觀佛敎相比較，牽涉的層面較爲廣泛，研究的論文亦較多。致志於研究的人士，當然必須廣事搜閱各種研究雜誌。同時旣然志在研究印度唯識佛敎，亦必須學習梵文和藏文。研究人員必須具有能自行閱讀梵文與藏文原典的自覺。對於研究印度唯識佛敎，今後更應致意於文獻研究和思想研究去不斷地從事，方可奏功。

補　遺

單行本

服部正明・上山春平『佛教の思想 4・認識と超越』（角川書店、
　1970)

横山紘一『唯識思想入門』（第三文明社、1976)

同『唯識の哲學』（平樂寺書店、1979)

舟橋尚哉『初期唯識思想の研究』（國書刊行會、1976)

葉阿月『唯識思想の研究』（國書刊行會、1975)

片野道雄『唯識思想の研究—無性造「攝大乘論註」所知相章の解讀
　—』（文榮堂、1975)

安井廣濟『梵文和譯入楞伽經』（法藏館、1976)

『大乘佛典、世親論集』（中央公論社、1976)

佐藤密雄『大乘成業論，佛典講座四十一』（大藏出版、1978)

武內紹晃『瑜伽行唯識學の研究』（百華苑、1979)

A. K. Chatterjee, *The Yogācāra Idealism*, (Vāraṇasī, 1962)

N. Dutt, *Bodhisattvabhūmi*, Tibetan Sanskrit Works Series (T.
　S. W. S.), vol. 7 (Patna, 1966)

K. Shukla, *Srāvakabhūmi of Acārya Asaṅga*, T. S. W. S., vol.
　14 (1973)

N. Tatia *Madhyānta-Vibhāga-Bhāṣya*, T. S. W. S., vol. 10(1967)

N. Tatia, *Abhidharmasamuccaya-Bhāṣyam*, T. S. W. S., vol. 17
　(1976)

A. Wayman, *Analysis of the Śrāvakabhūmi Manuscript* (Berkeley, 1961)

L. Schmithausen, *Der Nirbāṇa-Abschnitt in der Viniścayasamgrahaṇī der Yogācārbhūmīḥ* (Wien, 1969)

S. Baggchi, *Mahāyānasūtrālamikāra*, B. S. T. No. 13 (Darbhanga, 1970)

R. C. Pandeya, *Madhyānta-Vibhāga-Śāstra* (Delhi, 1971)

論　説

Jacques May, "*La Philosophie Bouddhique Idéaliste*," Études Asiatiques/Asiatische Stu-dien, XXV.

伊藤秀憲「解深密經ヴィシャーラ＝マティの章」(『駒澤大學大學院佛教學研究會年報』五號)

同「和譯・チベット譯解深密經㈠～㈣」(同六～九號)

E. Conze and Iida Shotaro, "Maitreya's Question in the Prajñā-pāramitā," *Melanges d'indianisme à la mémoire de Louis Renou* (Paris, 1968), pp. 229-242.

袴谷憲昭「彌勒請問章和譯」(『駒澤大學佛教學部論集』六號)

同 "A Consideration on the Byams ṣus kyi leḥu" (『印佛研』二十四――一)

A. Wayman, "The Sacittikā and Acittikā Bhūmi and the Pratyekabuddhabhūmi" (『印佛研』八――一)

舟橋尚哉「大乘莊嚴經論の原典考――求法品を中心として―」(『佛教學セミナー』二十七號)

同「大乘莊嚴經論原典の考察」(『印佛研』二十七――一)

早島　理"Chos Yoṅs Su Tshol Baḥi Skabs or Dharmaparyeṣṭy Adhikāra,"（『長崎大學教育學部人文科學研究報告』二十六號以降）

海野孝憲「彌勒の唯識思想について⑴」（『名古屋大學文學部研究論集（哲學）』四十五號）

『西藏文獻による佛教思想研究第一號・安慧造『大乘莊嚴經論釋疏』——菩提品⑴——』（西藏文典研究會、1979）

資延恭敏「Sūtrālaṁkāra-Piṇḍārtha（莊嚴經論總義）の和譯と研究」（『密教文化』百七號）

長尾雅人「中邊分別論安慧釋の梵寫本との照合—その第一章相品について—」（『鈴木木學術財團研究年報』十五號）

J. W. de Jong, "Notes on the Second Chapter of the Madhyān-ta-vibhāgaṭīkā," *Central Asiatic Journal*, XXI-2

片野道雄「無住涅槃としての轉依—無性造『攝大乘論註』第九章の解讀—」（『大谷學報』五十六—二號）

同「無性造『攝大乘論註』序章の解讀」（『佛教學セミナー』二十七號）

岩田良三「攝大乘論漢藏和三譯對照—釋應知勝相品—その㈠」「『鈴木學術財團研究年報』十四號）

袴谷憲昭「Mahāyānasaṁgrahaにおける心意識說」（『東洋文化研究所紀要』七十六册）

同「アーラヤ識存在の八論證に關する諸文獻」（『駒澤大學佛教學部紀要』三十六號）

同「初期唯識文獻研究に關する方法論的覺え書」（『三藏』百四十七號）

同「唯識說における法と法性」(『駒澤大學佛教學部論集』五號)

同「唯識說における佛の世界」(同六號)

同「清淨法界考」(『南都佛教』三十七號)

同「三種轉依考」(『佛教學』二號)

勝呂信靜「瑜伽論の成立にかんする私見」(『大崎學報』百二十九號)

橫山紘一「五思想よりみた彌勒の著作—特に『瑜伽論』の著者について—」(『宗教研究』二百八號)

向井　亮「アサンガにおける大乘思想の形成と空觀—ヨーガーチャーラ派の始祖の問題として—」(『宗教研究』二百二十七號)

同「瑜伽論の空性說」(『印佛研』二十二——二)

同「ヨーガーチャーラ派の學派名の由來」(『三藏』百五十三號)

荒牧典俊「三性說ノート(1)(2)」(『東洋學術研究』十五卷一・二號)

L. Schmithausen, "Zur Literaturgeschichte der ältem Yogācāra-Schule, "*ZDMG-Supplementband* (1968)

　　最後，再就山口博士・長尾雅人博士有關中觀和唯識教學的很多重要論文的單行本，稍作列舉：

山口　益『山口益佛教學文集(上)(下)』(春秋社、1972～3)

長尾雅人『中觀と唯識』(岩波書店、1978)

　　以上所列舉的補遺部分，承大谷大學研究生松田和信的盡心竭力，謹此附記致謝。

第八章　印度佛教史

一、印度的人文主義（Humanism）與佛教

　　印度佛教史學，在紀元前六世紀後半（L'Inde classique Tome 1, 1947, p. 267 喬達摩、佛陀的年代是在西元前五五八～四七八年）於印度馬迦它地方出現的佛教，據研究調查所顯示，其後來的發展，便向整個印度半島作歷史性的開展，記述這項事蹟的學問，直截了當地說，就是佛教史學亦卽由佛教精神所顯示的種種文化現象，然後據以從事研究，卽使在印度有其地域上的限制，且又極為複雜，但仍各具其多種的範圍蓋卽稱宗教史、精神史、思想史等亦可稱為經典成立史或敎團史，更有文學史及美術史的稱號均係指此。而這些範圍又各有其相互交涉的關係，因此，如果從某一種範圍去着眼，則不能忽視其餘各種單項的範圍，所以必須彙總其整體，把一切現象從文化的立場去把握，將佛的文化歸攏在佛教文化史的名義之下，去叙述其所經歷的種種。在這方面，以中野義照著的『佛教文化史概說』（上下二冊，高野山出版社，昭和二四年）最為適宜，尤其以初階性為對象當更為適合。但是往往使用一些難解的佛教術語，而未曾加以解說，所以準備一本適當的佛教辭典在身邊，相信則很有必要。

　　但是，這部『佛教文化史概說』於佛教的開展，是以印度爲主，雖亦注意到亞洲各地區的發展情況，但那不僅是列舉地域性，而是把我們一向疏忽的世界史方面的見地或以現代史的眼光來加以應對處理。相信，這是學習歷史應該具備的態度。從而於印度佛教史一向持具關切者，希望能在世界思想史視野中，去理解印度，去接觸印度人的心靈深處。相信不久卽將爲人類了解其眞象。就此一觀點上，奚魯宛·賴韋的『佛教人文主義』(Sylvain Lévi: L'Inde et Le Monde，山田龍城譯，大雄閣書房，昭和三年)。此書於昭和四十八年由高楠順次郎博士以「シルヴァン·レヴィ博士のおもいで」一文，並對本文附以詳細的註解（九〇頁）及索引，交由人間科學社再版，以及『インド文化史』(L'Inde civilisatrice aperçu historique. 山口益·佐佐木敎悟譯註，平樂寺書店，昭和三三年)，而其講演的日譯『新人文主義』(René Grousset: Riem d'humain ne nous et étranger, II est à nous tous notre commun partimoine，宮本正清譯，弘文堂アテネ文庫94，昭和二五年) 也非常值得一讀。其中對於佛教與婆羅門敎，以其母地——印度作舞臺，更須留意於和平中的共同之點，於此我們在把握印度的人文主義的同時，於其賦予亞洲文化的層面上，佛敎所擔任的使命，更須予以正當的評價。

二、印度史的入門書

　　當我們以佛敎史做研究對象時，必須對於印度的風土、國家、政治、經濟、社會、言語、民族等，寄以相當的關切。於一般歷史有關的知識與理解也必須具備。因此對於這方面意義的參考書，特爲舉出辻直四郎編的『印度』(南方民族叢書，偕成社，昭和一八年)，這本書雖然

古老一些，但於印度的種族、語言、社會習俗、宗教、文學等概觀，提供了足以信賴的學識。

一般印度史的入門書，以及概說書、時代史、地方誌等有關的，有岩本裕著的『インド史』（修道社現代選書，昭和三一），其於卷末所附錄的印度史研究筆記以及由江口朴郎、蠟山芳郎、岡倉古志郎監修的『亞洲・非洲研究入門』（青木書店，一九六二年），以之作爲印度與巴基斯坦研究入門附錄的參考文獻，亦無不可。如果進而更需要含有專門性的解說書籍，那麼，請參閱『東洋史料集成』（平凡社，昭和三一年）的第六篇印度之部（三六九頁以下）將更具效果。只是初學之士，一經打開書本，便毫無意外地，勢將引起研究上的意願，而銘記在心的感受，這方面的書將是帕尼卡（K. M. Panikkar）的『印度的歷史』（K. M. Panikkar: A Survey of Indian History. 坂本德松・三木亘譯，東洋經濟新報社，昭和三四年），和尼魯（J. Nehru）的『印度的發現』（J. Nehru: The Discovery of India, New Delhi 1946，辻直四郎、飯塚浩三、蠟山芳郎譯上卷一九五三年，下卷五六年岩波書店）。這兩本書的作者都是印度政治家，也是外交官，並且也是傑出的學者的論作。前者是基於歷史觀，以極爲豐富的事實作實證來加以整理，把印度人一向所行走的途徑，予以指明的同時，再來透視現在的印度情況，並申述其未來的發展趨向；後者的本意，本來不是作歷史書，但於印度歷史却有廣大幅度的概觀，對於印度多彩性與統一性的考證爲主題，從世界史的立場，來確定印度的位置。兩者都是從開展其優越的知識性的中間，來了解其民族精神。

三、印度佛教史的性質

從事於研究的準備工作，大致略如上述。面對這廣泛的印度佛教史，所採行的應對方法，究竟從何處下手？首先將介紹一本稱便的書，就是水野弘元著的『印度佛教史の性格』（佛教標準叢書，鹿野苑，昭和二七年）。這雖是一本小冊子，但作「指南」書來說，確是相當適宜。蓋卽一開始的㈠是提供了印度佛教史大略的展望，並且展現其輪廓；其次㈡是論述印度佛教的性質，於此特別提叙印度一般共通的性質以及單從佛教的立場來指出其特殊性質，解釋佛教的特色，究竟爲何而作叙述。㈢是就佛法的整頓與部派的分裂作研論，在此特別對佛陀教法之能維繫於不墜爲着眼點而立論。其第㈣是論及佛教的外護諸王與東西文化的交涉，從地區性的發展，隨後卽登上國際舞臺而叙述其過程。從而就各項因素來論述其政治動向及文化交流。其第㈤是列舉大乘佛教的興起問題，來討論部派佛教的傾向以及部派小乘與大乘的異同之點。其第㈥是就哲學的佛教於阿毘達磨佛教或大乘中觀思想、唯識思想等提出概論，從而於大小乘整個佛教的詳盡而謹密的哲學理論，論述其得以開展的理由。最後第㈦是就眞言密教的興起與佛教的滅亡，廣作考證。其與學術性的理論佛教相異，在接受佛教的深遠哲學之餘，不須透過其難解的理論，只想憑藉其具體象徵，用以表現眞言密教的宗教性，直接論述到如此的佛教，其所以趨向墮落、滅亡的理由。

以上就是這本小冊子的大略內容，姑且以㈠至㈦的區分，來介紹其所發表的參考文獻的中心所在。

四、佛陀的生平及其活動的背景

第一，剛開始，爲了明瞭地域與環境，先須準備一張地圖，容易羅致的該是奧克斯佛得（Oxford）的（The Oxford School Atlas for India, Pakistan, Burma & Ceylon by John Bartholomew, Oxford University press）以及『アジア歷史地圖』（松田壽男・森鹿三編，平凡社，昭和四一年）。

其次，爲了瞭解喬達摩佛陀的生涯，必須熟讀與佛傳有關係的文獻。就這方面，若依阿含、律藏等漢譯及巴利文的古老資料，有赤沼智善著的『阿含乃佛教』（丁子屋，大正一〇年）；以及心目中只認定以梵文、巴利文與漢譯的原始聖典資料而構成的佛傳，是由中村元寫作的『〔釋尊傳〕喬達摩佛陀』（法藏館，昭和三三年），另有頗具學術性且也值得信賴，而注重諸種傳說，且又通俗平易的佛傳，是水野弘元著的『釋尊の生涯』（春秋社，昭和三五年）。另就多數的歐文當中，依據原文考古學的資料，當以弗恰（A. Foucher）的『佛陀的生涯』（A. Foucher: La Vie du Bouddha d'aprés les Textes et les Monuments de l'Inde, Paris 1949）爲最具特色。其他較爲古老，但却附有七十五張挿圖，每一挿圖都列有圖解與典據及參考文獻，而構成的佛傳。則有堀謙德著的『美術上の釋迦』（博文館，明治四三年）、岩波的『佛陀の生涯』（岩波寫眞文庫一八一，一九五六年）、平凡社的中村元序文、田枝幹宏的照片、肥塚隆解說的『美術に見る釋尊の生涯』（昭和五四年四月），都是值得一讀的。迨至最近，譯自與佛傳有關經籍的原典，其日譯本已收錄於『南傳大藏經』者之外，曾有較新而易讀的書籍提供出來（『佛典Ⅰ世界古典文學全集6』，筑摩書房，昭和四一年，佛教聖典選第二卷，

岩本裕譯佛傳文學・佛教說話，讀賣新聞社，昭和四九年），希望能直接閱讀經文。於此當於後述的佛教思想或學習教義時，亦屬同樣情形。

五、概論書

其次，當接觸整個印度佛教史時，以龍山章眞著的『印度佛教史』（法藏館，昭和一九年，此書已於昭和五二年由櫻部建教授加以增補後出版），以及佐佐木教悟、高崎直道、井ノ口泰淳、塚本啓祥著的『佛教史概說印度篇』（平樂寺書店，一九六六年）等書。此外，中村元著的『印度思想史』（岩波全書二一三，岩波書店，一九五六年），以及金倉圓照著的『インド哲學史』（平樂寺書店，一九六五年，第三版）等書，不止是佛教學人才專門研究的書，即使初學之士或對佛教以外其他宗教或哲學方面在發展的過程中，亦可從而了解佛教是如何在開展其作爲。最近也有並非以專攻佛教學術之士而是以一般學生爲對象，推出一種入門的介紹書，那是塚本啓祥著的『佛教史入門』レグルス文庫62，第三文明社，一九七六年）流通於世。

但若再進一步尋求更詳盡的書籍，則必將介紹拉蒙特(E. Lamotte)教授的『印度佛教史』(E. Lamotte: Histoir du Bouddhisme indien, Louvain 1958)，這本書雖然叙述得尚未完結，即如筆者曾所介紹的「ラモートのインド佛教史に關する業績」（アジア・アフリカ文獻調查報告第8册〔言語・宗教2〕，アジア・アフリカ文獻調查委員會，一九六四年），不論從其資料的整理與分析，或做嚴密地考證乃至透澈的史觀，於現今之世而言堪稱尚無出其右者的好書。此外在日本，最近由平川彰所著的『印度佛教史』（上卷一九七四年下卷七九年，春秋社），也是一本很傑出的佛教史書。

　　其他，雖然並未正式以印度佛教史命名，但由菲寥札（J. Filliozat）教授所執筆的『Chapitre XI, Le bouddhisme（§ 1929-2386), L'Inde classique Tome II pp. 315-608, Paris-Hanoi 1953』，則是一本概括考古、貨幣、碑銘、語文等各種資料的巴利、梵文、漢文的佛典，凡有關佛陀生涯、佛教史輪廓、教義概要、教團、儀式等均曾述及，因之足以顯示已是彙集了歐洲學者所研究的成果。由於具此意義，務須一讀為是。另外請參閱範圍廣及三國的通史——平川彰著『印度、中國、日本佛教通史』（春秋社，昭和五二年）。

　　其次再當介紹一部既非通史，亦非專述佛教，而是着重於佛教社會性質的，則有中村元著作的『印度的古代社會』（アテネ文庫二六三，弘文堂，昭和三〇年）。這雖是一本小册子，是一直敘述到古布塔朝時代的一種社會史。因而可以說是一門極為獨特的研究，使得此項研究愈益充實，當是同一著者所寫的『インド古代史』（上、下，春秋社，昭和三八、四一年）。凡屬佛教歷史，當然不能忽視於其社會的背景或民眾的經濟生活，這些事實可以從教團歷史去獲得了解。以此觀點着眼，由柯山比（D. D. Ko sambi）寫的『印度古代史』（D. D. Ko sambi: The Culture and Civilization of Ancient India in Historical Outline, London 1965）山崎利男譯，岩波書店，昭和四一年），可以說是開拓了新的研究領域（『佛教學セミナー』請參閱刊載於第5號書評）。雖是站在唯物史觀立場所做的研究，由此一立場如果遽下斷言，謂卽此當可代表一切，誠然未免輕率。何況就佛教史學來說，就此立場在研究上，不過是剛剛找到頭緒而已，初學者允宜以前述的「インド古代社會」作為研究的線索，進而去探尋其問題的所在，於此早年卽有增谷文雄著的『佛陀時代』第二輯，關於經濟、社會、政治等各項資料（春秋社，昭和七年）；近年來則有雲井昭善著作的『佛教興起時代の思想研究』其

第四章有關佛教興起的社會基礎（平樂寺書店，一九六七年）去探求其
眞相，應該一步步地實事求是去做其研究。

哲學史方面，有金倉圓照著作的『印度哲學史要』（弘文堂，昭和
二三年），及其改訂版的『インド哲學史』（平樂寺書店，一九六五年），
這雖然都是初步的導向書，但於印度古代思想一切學派都曾網羅在內。
此外，金岡秀友寫作的『印度哲學史概說』（佼成出版社，一九七九年
五月），此書一向被用做教育課程方面的教科書，且亦最爲適宜。歷來，
每當談到印度哲學史，大家都異口同音地推擧宇井伯壽著的『印度哲學
史』（岩波書店，昭和七年，昭和四〇年再版）堪稱最標準的概要書。
但其書中的專門術語却恰似一座銅牆鐵壁，令人望而生畏，難以接近。
因此若以精神史或思想史的名義來表達，顯然頗具魅力而予人以親切的
感覺。在精神史方面，有金倉圓照著的『印度古代精神史』（岩波書店，
昭和一四年）；他的另一本書『印度中世精神史』（上、昭和二四年，
中、昭和三七年，岩波書店），此書於上述的㈡、㈢、㈣等的研究，是
不可或缺的。在思想史方面，有中村元著的『インド思想史』（岩波書
店，昭和三五年），這是一本簡潔扼要的好書，在瞭解其整體輪廓上，
非常適用。

在文學史方面，當以溫特尼茲（M. Winternitz）寫的『印度佛教
文學史』（M. Winternitz: Geschichte der indischen Litterattur,
Zweiter Band. Die buddhistische Litteratur, Leipzig 中野義照・大
佛衞共譯，丙午出版社，大正一二年），以及泉芳璟著的『佛教文學史』
（上下、佛教大學講座、佛教年鑑社，昭和八年）等書爲宜；如與田中
於菟彌著的『印度的文學』（世界の文學史 9、明治書院，昭和四二年）
合讀，將更有實益。

此外，在美術史方面，則有逸見梅榮著的『佛敎美術史』（上中、

佛教大學講座、佛教年鑑社，昭和八年）、高田修著『印度，南海の佛教美術』（創藝社，昭和一八年），高田修著『佛像的起源』（岩波書店，昭和四二年），高田修著『佛教美術史論考』（中央公論美術出版，昭和四四年），佐和隆研『佛像の流傳，印度東南亞洲篇』（法藏館，昭和四六年）等書。另外，亦須列擧逸見與高田合著的『印度美術史』（創藝社，昭和一九年）及上野照夫著『印度的美術』（中央公論美術出版，昭和三九年）乃至上野照夫著『印度美術論考』（平凡社，昭和四八年）等均屬研讀上不可或缺的。

六、各種開展層面

㈡以原始佛教教義爲中心，而叙述佛教特色，當爲介紹水野弘元著『原始佛教』（サーラ叢書4，平樂寺書店，昭和三一年）；另以叙述佛陀的出家，以及修行狀況爲其主旨的有增永靈鳳著『根本佛教的研究』（風間書房，昭和二三年）。此外描述有關初期教團的組織與運作方面，有渡邊楳雄的『釋尊とその教團』（載於講座佛教Ⅲ印度的佛教，大藏出版社，昭和三四年），以及宇井伯壽的『僧伽』（刊載於岩波講座倫理學第四册，岩波書店，昭和一五年）等書，而於教團歷史方面的研究，最近則異常活潑。平川彰著的『原始佛教的研究』（山喜房書林，昭和三九年）等，都是不可或缺的參考書。致力於這方面的人士，請務須閱讀中村元的『形成途上的教團』（收錄於芳村修基編『佛教教團の研究』百華苑，昭和四三年），以及佐藤密雄著「原始佛教的教團理念──律藏於僧伽──」（同上）爲是。在外國學者方面，以『Sukumar Dutt: Buddhist Monks and Monasteries of India, their History and their Contribution to Indian Culture. London 1962』最爲

方便。

　㈢其次有關經典的結集，以及部派分裂的分派史方面，有水野弘元著『佛教的分派及其系統』（講座佛教Ⅲ印度佛教），若想更進一步去研究，則請參考上列金倉圓照著『印度中世精神史』的中段第九章以下至第十三章所論述。最近充分使用碑銘等資料作爲實證而加以論述的則有靜谷正雄著『小乘佛教的研究——部派佛教的成立與變遷——』（百華苑，昭和五三年）亦已出書。外國的學者，於這方面的研究也很多，其中當以弗勞瓦那（E. Frauwallner）的『(E. Frauwallner: The Earliest Vinaya and the Beginning of Buddhist Literature. Serie Orientale Roma VIII, Roma 1955)』，以及巴樓（A. Bareau）的『(A. Bareau: Les premiers conciles bouddhiques. Annales du Musée Guimet, Bibliothèque d'Études, LX, Paris 1955)』，乃至達特（Dutt）的『(Nalinaksha Dutt: Buddhist Sects in India, Delhi 1972)』等的研究成果，更須特別留意。此外，與第㈡和第㈢有關聯，以什麼是「佛教」的論文集（Symposium）的型式去從事探究的，有金岡秀友編的『根本佛教』『部派佛教』（佼成出版社，一九七六，七七年），都是新穎的設計，頗具引導讀者走向佛教史研究領域的魅力。

　㈣具備阿輸迦（Ashoka）王法詔的歷史意義，在這方面有宇井伯壽的『阿育王刻文』（印度哲學研究第四，甲子社書房，昭和二年，岩波書店，昭和四〇年再版），以及上述金倉圓照著的『印度中世精神史』上册第六章，另外亦請參閱塚本啓祥著『阿輸迦王碑文』（レグルス（Regulus）文庫54，第三文明社，昭和五一年），但在論叙其時代資料所在或資料上的價值方面，則可以舉列中村元著的『古代インドの社會的現實——マウリヤ王朝時代研究資料——』（佛教學研究四、五、一〇、一一，昭和二五，二六，三一，三二）。此項論考，並非單指碑銘

方面，亦就貨幣、考古學的美術藝品等，且於西方的古代紀錄均曾涉及。最近並亦有人提及王者的傳說，而論及歷史資料及研究方法等，則有山崎元一著的『阿輸迦王傳說的研究』（春秋社，昭和五四年二月），這可以說是非常獨特的研究。此外，論述孔雀王朝時代的佛教與國家權力乃至政治理念等問題，則以上述中村元著『印度古代史』上冊，第三編以及他的另一著作『宗教與社會倫理』（岩波書店，昭和三四年），都是值得一讀的好書。

　　關於擔當佛教外護王者之一的迦膩色迦王的研究，就其在歷史上的種種，實際上還是未知之數。從而，對這一部門的前途，可能猶是汪洋浩瀚。但近來又有所謂「絲路」問題的小冊子，是由伊瀨仙太郎著的『東西文化的交流』（アテネ文庫二三九，弘文堂，昭和三〇年），由之可以得到若干的知識，然後再就印度與歐洲以及印度與中國之間的文化交流方面，有長澤和俊著的『絲路增補版』（校倉書房，一九七六年），如能置諸座右以備用，將獲得最高的實益。其次，尚有伊瀨教授的『東西文化の交流』（清水弘文堂，昭和四四年），以及「新版世界文化交流史』（金星堂，昭和五一年第六版）。在文獻方面，長澤的書中把先前所述奚魯宛，賴韋的『印度文化史』第三章印度，希臘時代、第四章中國向塞西亞（Scythae）世界的進迫、第五章印度，帕魯提河與印度，塞西亞各章末的註記，均曾有所記載。在此未提到的則有中村元著『東西文化的交流』（中村元選集第9卷，春秋社，昭和四〇年）、中村元著『印度與希臘思想交流』（中村元選集第16卷，春秋社，昭和四三年）、中村元、早島鏡正譯『奚凌達王之問』１２３（東洋文庫７、15、28平凡社，昭和三八年—三九年）等書，尤其是最後第一冊與第二冊的末尾，都曾附加很懇切的解說，對初學人士來說，堪稱方便。

　　㈤有關大乘佛教的興起方面，則有宮本正尊著的『大乘與小乘』

（八雲書店，昭和一八年），與宮本正尊編的『大乘佛敎の成立史的研究』（三省堂，昭和二九年）等書。若想更進一步再詳盡的或包括一切問題的考證方面，則有山田龍城著的『大乘佛敎成立論序說』（平樂寺書店，昭和三四年）。此外，主要是以經典爲中心，考證其成立經過，則有靜谷正雄著的『初期大乘佛敎の成立過程』（百華苑・昭和四九年），另以敎團史的研究而成立的書，則有平川彰著『初期大乘佛敎の研究』（春秋社，昭和四三年）。此外，更以大乘佛敎興起時代的社會作考證對象的，則有中村元的『大乘佛敎興起時代之社會構成』（『印度古代史』下，第四編第五章、第五篇第七章）。

㈥有關阿毘達磨佛敎方面，雖然有佐佐木現順著『佛敎における有の形而上學』（弘文堂、昭和二四年），以及奚且爾巴司口著的『小乘佛敎槪論』（『The Central Conception of Buddhism and the Meaning of the Word Dharma, Royal Asiatic Society, London 1923』，由金岡秀友日譯，理想社，昭和三八年）等書。最近以『存在的分析（阿毘達磨）』爲題，在佛敎哲學體系之中，於此作思想來論述（櫻部建，上山春平著，角川書店，昭和四四年）。

有關大乘中心思想的中觀或唯識及如來藏說各方面，則有山口益著的『般若思想史』（法藏館，昭和二六年），最能提示稱心如意的指導方針。山口益的另一著論『大乘の佛道體系』（山口益、橫超慧日、安藤俊雄、舟橋一哉合著「佛敎學序說」平樂寺書店、昭和三六年的第四章），務須能一讀，將獲益非淺。其他，從初期佛敎直趨大乘佛敎的一貫系統，則有早島鏡正、紀野一義合著的『無我思想の系譜』（講座東洋思想5、佛敎思想—東京大學出版會——一九六七年第3章），以及水野弘元、山田義文、勝呂信靜、柏木弘雄等的『緣起思想の發展』（前同書第四章），亦須能多加參考。

㈦有關密敎方面，則有栂尾祥雲著的『秘密佛敎史』(改訂版，高野山大學出版部，昭和三二年)，此外於密敎思想發生的社會基礎，亦須留意及之的則是『印度的密敎』(前述講座佛敎Ⅲ)。但最近於初學之士，則由松長有慶著的『密敎の歷史』(サーラ叢書19平樂寺書店，一九六九年)公開發行。另有金岡秀友著的『密敎の哲學』(サーラ叢書18，平樂寺書店，一九六九年) 很能掌握其要旨。另就與印度 (Iindu) 敎諸神崇拜的關連，則有巴它恰里亞 (B. Bhattacharya) 的『印度密敎學序說』『(B. Bhattacharya: An Introduction to Buddhist Esoterism, Calcutta 1932,)』神代峻通日譯‧密敎文化研究所‧昭和三七年) 也是不可或缺的研究文獻之一。

七、適用於研究的各種文獻

當研究印度佛敎史時，其不可或忘的就是於印度周邊諸地區的學僧，其與印度佛敎有關的記錄，乃至記錄各地區接納佛敎的經過，一些貴重而有價值的文獻。蓋卽，首先必須列舉出包括法顯的『高僧法顯傳』一卷、玄奘的『大唐西域記』十二卷、義淨的『南海寄歸內法傳』四卷等的中國文獻。其次，尚可列舉布司頓 (Buston) 的『佛敎史』『(Buston, History of Buddhism, tr. E. Obermiller, 2 vol. Heidelberg, 1931-32),』以及塔拉那它 (Tāranātha) 的 『印度佛敎史』『(Tāranātha, Geschichte des Buddhism, tr. A. Schiefnet, st. Petersburg, 1869』由寺本婉雅譯註，丙午出版社，昭和三年)、乃至和闐史『(Lihi yul luṇ-bstan-pa)』由寺本婉雅譯註，丁子書店，大正一〇年) 等成群的西藏史料。另一方面也必須舉列一些斯里蘭卡的歷史書的『廸帕梵莎(Dipa-vaṁsa) 島王統史』，南傳大藏經第六〇卷，以及『麻哈梵莎 (Mahāvaṁsa）大王統史』（同前）等巴利文的歷史資料，更有緬甸的『薩散那梵莎（Sāsanavaṁsa）教史』，以及泰國的『散吉提梵莎（Saṅgītivaṁsa）結集史』，雖然都不出乎有關印度兩王統治史的記述，但那也自然具備相當的文獻學價值。

最後，將列舉於研究史頗為適用的辭典與事典，以及年表等，首先應須留意的是赤沼智善編的『印度佛教固有名詞辭典』（增訂版、法藏館、昭和四二年）。在印度這麼廣大的土地上，把它的地名與國名來加以比對，自是相當的不勝其煩，而且就人名來說，在不同的時代裏，卽有幾個人用的是同一名字。以稱馬鳴者（Aśvaghoṣa）來說就有六位之多，因此面對這樣亟待考證的問題，以漢、巴、梵佛典為本而編的赤沼辭典，則非常適用。另有斯里蘭卡學者馬拉拉西克拉的『G. P. Malalasekera:Dictionary of Pāli proper Names(2 vols, London 1937-38)』，亦請務必能購置座右，以應所需。

其次，當舉列近年來印度學者出版的『印度史辭典』(Sachchidananda Bhattacharya: A Dictionary of Indian History. New York 1967) 同類的情形，亦請於平凡社出版的『アジア歷史事典』（全一〇卷、一九五九～一九六二年）多所留意。上述各書都是關聯到一般歷史，對於考證佛教的時代地區發展，以及各民族的接納方式，都做了廣泛幅度的研究，非常適用於學人。蓋卽把佛教史學地位，不僅置於印度史範疇中，更須在亞洲史甚至亞洲、非洲史的範疇中建立其地位，這是適應現今的時代所必須做的事體。

其次，再就年表問題略置一言，在像印度這樣不具正史的國家，處於現今的時代，想要正確地去比對其年代，將是極為困難，從而也不可能得到完璧的希望。三枝充惪編的『佛教小年表』（大藏出版社，一九七三年），以及山崎宏・笠原一男監修的『佛教史年表』（法藏館，一九

七九年一月）都很方便。

　　在海外，最近學界的情況，依據報告（『佛教史學』第一四卷第二號、五五頁）所示，佛教史學當前所面臨的問題，依然還是阿輸迦時代和迦膩色迦時代，大家所關切都集中在其週邊的諸般問題上。在文獻學方面，列舉出斯里蘭卡的年代記、西藏、蒙古乃至中國的資料或中國求法僧的記錄，以及緬甸的年代等的重要性。甚至經常都有一些新的問題，把焦點置於佛教的近代化爲主題，相信這也是我們於佛教史學，致以關切的課題。

第九章 西藏文獻

一、研究佛教學與利用西藏文獻

近代佛教學術的研究發展過程，由於『西藏譯大藏經』的出現，愈益顯得成效輝煌。可是藏譯大藏經何以竟能如此顯著地奏功，在此略作敘述。

古往以來，對於佛教學術的研究，都是以漢譯大藏經爲中心來從事的。漢譯大藏經，以『大正新修大藏經』來說，其前面的三十二卷之中，是收錄在印度所撰述的經與論共有一六九二部。但是藏譯大藏經，以大谷大學圖書館所收藏的北京版來說，在影印本的前一五○卷中，有經一○五五部；有論三九六二部，合計共收錄五○一七部，其中雖然也有相同的經或論重複的情形，甚至亦曾參入了少許西藏撰述或中國撰述的部分，但其總數約有五千部是在印度所撰述。藏譯大藏經比漢譯大藏經在屬於印度所撰述的經論數量方面，幾乎多收錄近三倍之多。蓋卽，在漢譯大藏經中的重要佛典，不僅在藏譯大藏經中全部都有，而且漢譯中不見的部分，却能在藏譯大藏經中收錄無遺。從而依據藏譯本，可以找出很多屬於先人未見的新資料，包括經或註釋書。

其次，藏譯大藏經的文章，是以佛典西藏文 Classical Tibetan 來

翻譯的。當印度的梵文佛典翻譯成藏文時，西藏文還是一種尚未發達的語文、語彙也很貧乏。因此按一般的情況，時間是自然造成語彙與文法的，為了急速地接納佛敎，當然沒有那麼多的暇餘時間，因此必須制定人造語彙（artificial language）。蓋卽，在梵文上冠以藏文的直譯，而把梵文翻譯成透寫的型態。他們的翻譯事業是從八世紀中葉開始，經歷數百年的從事，但在八一四年間所翻譯的成語，由於譯者的不同，而呈現頗為紛岐的現象，給學習上帶來很大的不便，因此國王便詔命編纂『翻譯名義大集』的梵藏辭典。於是，從此以後的一切翻譯，都是以此為基準而進行翻譯，在這以前的翻譯，如有未能一致之處，須憑以分別訂正其譯語。事實上，我們閱讀藏譯大藏經，曾由貝爾哉古（Dpal brtseg）翻譯家校訂很多的經論。因此其譯文，由於翻譯者的不同，或多或少容有巧拙的不同，那就是所應用的譯語被統一所致。因此當閱讀藏譯經文已達熟練時，可以相反地，可由『翻譯名義大集』能把梵文做還原的處置，從而亦可隱約地浮現出梵文原典的模樣。在這一點上，漢譯大藏經由於譯者的新譯舊譯的大為不同，所以其譯語亦無法統一。而且以文化濃度相當高的中國語文，因為被漢文化的概念所限定，雖然強烈地表達其文化主體的性格，但却很難以靠想像去閱讀梵文的原文。

　　藏譯大藏經,旣具如此的特色,這就是可以應用於硏究佛敎學術的地方。首先,當致力於硏究已經發現的梵文原文的佛典時,把它與藏譯本加以對照,經常會覺得許多梵文的書寫錯誤與欠缺之處。從而,為了校正梵文,上項直譯的藏譯本,便是最佳的參考資料。一如德拉、瓦果、普森（de La Valleé Poussin）所校訂的月稱『中論釋』,另有日本荻原雲來博士校訂稱友的『俱舍論疏』,都是參考藏譯才成就了輝煌的梵文原典校訂本,諸如此類的成例很多。其中像山口益敎授校訂出版安慧的『中邊分別論釋疏』,除了最終的數葉,幾乎所有頁幅各行都有三分之一弱的缺

失，整個八十五葉中，所散佚的三葉梵文抄本，已經從藏譯本（大谷影印北京版 No. 5534；東北德普格版 No. 4032）得以補足齊備。假若沒有藏譯本，縱使再有才華的教授，也無法達成這項任務；故而才明白藏譯本的價值是多麼偉大。如此一來，我們於閱讀先進們所校訂完成的梵文原典時，須將漢譯與藏譯互相加以對照，所謂各種譯本對照研究，該是解讀上最為有效的研究方法。

其次，對於梵文原典尚未經發現的佛典，假定漢譯中已經具有，也必須一讀藏譯本。這是因為如前所述，若依漢譯去想像梵文的原文，雖然比較困難，但從藏譯本去尋求則較為容易，因此若想獲致於佛教根源的印度方面的理解，藏譯本將是非常適用。

而且，梵文原典尚未經發現，亦未傳至漢土，祇有藏譯本現存於世的佛典，為數雖然很多，而這些藏譯本已經為我們提供了先賢們所未曾開墾的荒野，尤其是藏譯本部分：有印度高僧著述的註釋書類也很多，其中並有設非印度人便難以想像的解釋。例如在漢譯大藏經中，有毘目智仙譯的業成就論（大正 No. 1608）的舊譯與玄奘譯的大乘成業論（大正 No. 1609）的新譯。此論的原典，固然尚未發現，但是因為有藏譯本（大谷影印北京版 No. 5563；東北德普格版 No. 4062），故而可以與諸種譯本加以對照研究。但是這部有關業論的世親名著，實在異常艱深，可是已由山口益博士，從唯一現存的藏譯本由善慧戒（Sumatiçila）所作的『業成就註疏』（大谷影印北京版 No. 5572；東北デリグ版 No. 4071）慧眼獨具，注視這本註釋書，而發表他的『世親の成業論』輝煌的研究成果。如果再能進而閱讀山口益・野澤靜證譯的『世親唯識の原典解明』等書，當更能了解藏譯本註釋書的價值，誠然非筆墨所能盡書。這恰如在戰場上，對手所用的新武器，都是一向所未曾見到的。但是若想能予解讀，只有藏譯本才有的資料，此尤必須銘記，設非具有熟

練西藏的語文是辦不到的。

　　而且，就次述各藏文以外的文獻中，對於在印度所撰述的佛典，也有西藏人著述的註釋書存在於世。在這項領域方面，目前幾乎尚無人插手於此。相信將來發心研究印度佛教的人士，必將留意閱讀這方面的典籍而有所研究。在整個藏譯大藏經中，必須我們去加以研究的地方，正是非常之多，於此略而不贅。

　　綜上所述，已將藏譯佛典所富具的價值加以介紹希能瞭解。其次，再就閱讀藏譯佛典進而研究佛教學術者，先須學習西藏語文稍作叙述。西藏語文，是開啓西藏佛典寶庫的鑰匙，也是利器。缺乏鑰匙，便無從啓開無盡藏的西藏文獻寶庫的門扉，而且缺乏這項利器，就無從在這場學術研究的戰事中取勝。因此之故，一般佛教大學都有安排西藏語文的課程。

　　但是想要專攻印度佛教學者，卽應以能閱讀梵文爲分內事，當然是有其通達梵文的必要。從而雖然必須學習梵文與藏文這兩種語文，但在這種情形之下，勢須於梵文方面加注幾倍的心力才對。因爲西藏譯本它的原文就是梵文的最終譯文，所以如果不能於原本的語文澈底地通達，則無法全般瞭解。譬如研究英文學術，閱讀再好的日譯作品，那也只是日譯而已。如果依然還是不去學習英文始終還是不能體會到英文的神韻（nuance）的情形是同一道理。更進一步的一項理由是，梵文要比藏文來得旣複雜而又艱深。從而，於學習梵文方面，勢必多付出幾倍的時間。那麼學習梵文與藏文到底哪一種應該在先呢？當然，應以先學梵文爲宜，再具體地說來，二年級時卽應開始學梵文；三年級再學藏文比較適當。但是，一項現實的問題，就是三年級開始學藏文，也只能了解其初步的文法而已。可是，馬上四年級到來，勢必要撰寫畢業論文，當時的藏文讀解能力，相信猶無法派上用場。從這一點看來，二年級時如果

把梵文和藏文同時學起，到了四年級兩種語文都能多少予以適用才是。但是二年級的學生已經為英文與德文，乃至法文所逼苦，這時候如果再加上梵文與藏文兩國語言，未免將有過重的感受。誠然過重了些，但仍希望能發揮奮勉向學的心志去克服。以往就有數位學生循此途徑，努力以赴而獲致成就。但若依此進度到了三年級時，藏文還算較為緩和一些，但是去面對那些難解的梵文佛典時，如能與藏文本相互對照，先把藏文的意義弄通，往往也會藉着藏文去閱讀梵文原本，結果反而來得容易。蓋即，利用藏譯本的所謂「虎卷」。那樣一來，因為閱讀藏文的能力還不夠充分，把在二年級時煞費一番苦心的努力，反而變成了怨敵。於是當閱讀及梵文中，尚未經發現的藏文譯佛典，尤應致力於藏文本的翻譯，是所至願。

那麼，初學人士，應該從哪裏來起讀呢？首先是在經的方面，把般若心經和能斷金剛般若經的梵藏漢譯各本，對照起來閱讀。在論的方面，於月稱的『中論釋』，雖然也可以把梵藏兩本對照來閱讀，但其第一章較為艱難，不妨把第二或第三章提前閱讀，則較易理解。如係新進人士，則應把梵文的日譯本或英譯本羅致在手，閱讀起來較易吸收。這些經論經常出現過去、未來、現在或能動、受動等品詞，藏譯本也被翻譯作三時二動來加以區別，將甚為獲益。一經閱讀數章，便能約略瞭解藏譯的型式輪廓，故而本書第一編的第五、六、七、八章，可以看到有『山口益佛教學文集』等各專家學者先進的大作。學人應取向何一途徑去進行研究？於此應有所思量。在這種情形之下，必須注意的是，容有若干佛典因為未能通達藏文，以致不能充分閱讀時，故而常有不能熟悉解讀的困難。因此便不能暢如所願地去閱讀任何一種藏譯典籍，鑒於這項事實，必須先向教授或先進們請益意見，然後再來選擇原文本。

二、有關西藏史文獻的研究

上來已將藏譯大藏經，其於佛教學術研究上的價值，略述一過。但若再嚴謹地來說就是把西藏文獻的藏譯大藏經，用來作爲研究佛教學的補助資料。其研究目的，主要是研究印度佛教，而不是直接致志於西藏的研究者有關。

但是，在西藏文獻方面，猶不止是藏譯大藏經，其未被收錄於大藏經的其他部分的總稱，仍然尚有所謂「藏外文獻」的存在。藏外文獻方面，包括有高僧及宗派或學派等的全書或單行本。例如彙集一位稱爲布斯頓（Bu ston, 1290-1364）高僧的著作者，名爲『布斯頓全書』。彙總於元朝時期，統治西藏的薩迦派（Sa skya pa）歷代高僧的著作，稱爲『薩迦派全書』。此外，也有歷代的達賴喇嘛或班禪喇嘛全書。另外也有不是全書型式，而僅只收錄一部或一部數冊的單行本。前述的藏譯大藏經，雖由布斯頓所編纂，但其所收錄的佛典，在提供爲藏人閱讀或研究上的成果，則占藏人文獻的大半。從而所謂藏外文獻大多都是藏人的著作，而非翻譯文獻。而且在布斯頓時代，可以編纂收入大藏經的很多佛典，均已翻譯完畢。因此，依循這些佛典而使得西藏學僧在研究佛典方面活躍異常。情勢顯示，藏人的著作已由布斯頓的十四世紀呈顯急遽地增加，從而，藏外文獻在大致上比藏譯佛典的成立年代較晚者居多。但是連在印度撰述的佛典，以單行本的型態而出版的，在嚴謹方面，以大藏經中佛典的異版，雖然亦應收入大藏經中；但在方便上，都被以涵括在藏外文獻中來處理。例如在日本則不一定，也把市坊上書店裏所出版的日用淨土三經或般若心經以及觀音經等，亦被收錄在大藏經中保存，就是同一道理。

　　藏外文獻中的全書，既是如此，當也涵攝史書或高僧傳記等。例如布斯頓的全書中，即收錄有「闡明善逝的教化『法之源泉，經言之寶藏』之書」（東北藏外 No 5197），此即通常稱之爲『布斯頓佛教史』的歷史書者是。這部書在當初並非以之爲歷史書而寫，而是編纂藏譯大藏經的布斯頓，製作其目錄時，在書前以序論的方式，詳述這麼多佛典的由來。直如書名『法之源泉』（Chos kyi ḥbyuṅ gnas）所示，那是在印度從釋尊說法，直到藏譯大藏經的成立，記述佛教在演進過程中的消長，蓋即可以稱爲印度、西藏佛教史中應具備的內容，均所齊備。這部書在西藏可以說是最古老的歷史書，爾後的史書，大體上都是因襲於此。

　　此外，在傳記方面，例如歷代達賴喇嘛全書的前端，即曾附有達賴的傳記。達賴逝世與次代達賴的初期，即須遴選編纂官來逃作前代達賴的傳記。這可能是摹仿中國正史的編纂方式。總之，以達賴爲中心，在達賴生存的一世之中，其所發生的一切事蹟，於中了然可見。

　　在這樣的全書中所收錄的歷史文獻以外，當然也有單行本的史書存在。例如，昆迦道魯傑（Kun dgaḥ rdo rje）撰作的『胡蘭史』（Hu lan Deb ther 赤冊），是以抄寫本流傳，尚未出刊成正式的版本，因此恐怕不易羅致。此書是元末的一三四六年的著作，對於元朝時代的記述甚爲正確，是世界各國乃及東洋學者所搜求的對象。說起來我是異常幸運，在一九五八年路過印度的西金（Sikkim）時，承甸薩巴（T. D. Densapa）的盛意，允許我以膠卷拍攝其抄寫本，簡直令我雀躍不已。這份原文本是以草書體所寫，其前半在閱讀上非常吃力，但是後來一九六一年在西金有 Namgyal Institute of Tibetology 而是以：『The Red Annals, Part I.』用鉛字印刷出版。我由於得力於佐藤長博士的協助，乃於一九六四年將之日譯後付梓印行。這部書是比『布斯頓佛教史』僅只較晚二十五年的著作而已。因此雖亦沿襲其佛教史的型態，但亦須參

閱中國或其他國家的資料，以期更臻正確，這一點尤須留意。

此一方式，是在一四七八年由熊努佩（Gshon nu dpal）所完成其著作的（Deb gter sñon po 青册，東北藏外 No. 7036）而確實地繼承下來，亦卽熊努佩特意爲了求得年次上的正確，在參考中國資料之餘，時而却有錯誤之處，但畢竟已爲我們編纂了想像中的歷史書。此書是經正式印刷的單行本，因此在日本，自早卽由東北大學或東洋文庫輸入應用，是一部非常有益的歷史書。

像這樣的藏外文獻，卽如『胡蘭史』一書，直到最近猶尙不了解其存在，但其大部分是與藏譯大藏經幾乎是同時出現的。但一般佛教學者，都是一窩蜂地急需利用大藏經，因而於藏外文獻的研究，却落後了數十年之久。但在二次大戰之後的一九四九年卽發表了劃時代的偉大成果。蓋卽大戰結束後，意大利的祖奇（G. Tucci）敎授，竟兩次去西藏作探險之行，在尼泊爾和錫金等西藏的週圍，曾經幾週盤桓探險，在這裏得到驚人的多數藏譯大藏經或藏外文獻，以及其他古文物、歌謠、碑銘等類貴重文獻，他取得之後回去就此做研究，然後發表三大册的研究成果『Tibetan Painted Scrolls』。一如此書書名所示，是以研究歌謠爲目的，所謂歌謠集；是一種短歌謠的掛軸樣的物件，是說示佛像或高僧等故事的佛畫者居多。其歌謠的照片收集在第三册裏，這對研究西藏佛敎美術者來說，誠然是一份上好的資料。其前兩册，最初是從西藏的中世以來的歷史研究開始，其次再依序介紹各種文獻，而叙述其歌謠的歷史發展等項。當然也蘊藏着歌謠以外的歷史，因而於研究一工作，是非常有裨益的文獻，故而給西藏學界帶來一大刺激。從此以來，尤其是以西藏文獻爲中心的研究，不管是東洋或西洋，一躍而呈現活潑化。

這些研究對東洋所盡致的效果，是歷來東洋史學家所用的都是中國資料，蓋卽是從中國這方面着眼的。但如今却被西藏文獻所驅使，而可

以從西藏這邊去瞻望。因而再把兩方面的資料加以對照研究，然後再採行學術方法去處理，這對歷史學來說，誠然是值得慶幸的事。這項結果，經常都為研究東洋史學猶未達明確之處，開啓了解決問題的一面，尤其在中國和西藏與蒙古的交往方面，西藏文獻所達成的效果很大。

那麼，致力於此一研究範圍的學人，必須精通藏文和記載歷史書的漢文兩種外國文。先須儘量提早去學習西藏語文，所以在二年級時卽應起學藏文，當三年級時希望能參加西藏語文的講讀或演習，以便培養讀解實力。這樣一來到了四年級時,利用西藏文獻便能撰寫成一篇像樣子的西藏史論文。假若萬一，二年級時完全尙未習學藏文，到了三年級才起修藏文，縱然勉強一些，但若能經常參加藏文的讀解，努力以赴，三個月後，仍能稍有心得，往後將全靠自己的努力了。文獻的原文，一如前述都是西藏人的著作，而不是翻譯文獻。因此梵文雖然並不那麼重要，但西藏文化是接受印度文化孕育而形成，所以總以能聽說初步的梵語文為方便，對那頗為繁雜的梵文，卽使不能拚命地去學，但却須向漢文方面花費相當的心力，用以取代。西藏史，換句話說也可說是與中國的交涉史，所以必須與中國的歷史資料相對照之下來進行研究。但是西藏的建國，是在唐朝初年，所以只採用唐朝以後的資料就可以了。卽如：新舊兩唐書、明史、明實錄、清實錄等其有關部分，必須仔細閱讀，以應需要。以故，對於東洋史學做若干程度的學習，誠然有其必要。

這樣一來，初學之士，究應從哪些西藏資料開始研讀呢？總之，先須閱讀布斯頓佛敎史的西藏部分。旣如先前所述，因為這是附錄在藏譯大藏經目錄之前，所以這可以說是瞭解譯經史的最佳文獻。其西藏原文，迄今猶未出版成現代化的型式，但在大谷大學、東北大學、東洋文庫等均有收藏。請參閱 E. Obermiller 的英譯『History of Buddhism by Bu-ston. Heidelberg, 1931.』卽可獲益。其次，胡蘭史的薩迦派部

分，是研究中國元朝與西藏交涉的上好資料，非常值得一讀。有關這本書的內容，已於先前作過介紹。其次，提普提魯貢泡對於宗派或學派的叙述，亦甚爲正確與詳盡，學人須於其重要的第一章或第二章詳加閱讀。但迄今猶未以現代的書刊型式出版，所以必須在東北大學或東洋文庫去抄錄。另外有 G. N. Roerich 的英譯『The Blue Annals. Calcutta, I. 1949, II. 1953.』也非常方便。

此外，於傳記方面的研究，只有『D. S. Ruegg: "The Life of Bu ston Rin po che. Rome." (Serie Orientale Roma, XXXIV.)』，但書中因爲附有布斯頓傳記的西藏原文，並且還有英譯，所以可以把它加以對照來閱讀。

另外在年表方面，已有『L. Chandra: "Dpag-bsam-ljon-bzaṅ. New Delhi, 1959." (Śatapiṭaka vol. 8)』出版流通。這本書是蘇木帕肯泡 (Sum pa mkhan po, 1702-1776) 的著作，只抄錄了附錄於帕庫薩木將姍史的年表，而予出版，所以對這方面均尙未作成研究或翻譯，但若稍加熟悉其用法，則非常適宜而有成效。

閱讀上述史書或傳記，便可由而了知藏文的型態。於此已在先前所提舉的『G. Tucci: "Tibetan Painted Scrolls.』中，做了很多文獻的介紹或研究，所以由之卽可考慮向何種文獻去進行研究。但在這種情形下，有許多很古老的文獻，例如：巴協『Sba bshed: R. A. Stein: Une chronique ancienne de bsam-yas. Paris, 1961)』及其相反立場於時代稍晚而編纂的傳記等，都有很多難以理解的藏文，所以必須酌量自己的語文能力，去選擇適當的部分爲宜。

三、有關西藏佛敎學術（喇嘛敎學）文獻的研究

　　旣如先前所述，於西藏文獻方面，現在有藏文大藏經和藏外文獻存世流通。

　　首先，當閱及藏文大藏經時，其所收錄的佛典數目，顯然要比漢譯大藏經多出很多。其實那是因爲其中涵括與密敎有關的經和論等的藏譯本所致。而這些密敎佛典，其中當然不乏印度密敎的經論而被翻譯成藏文的部分，而且其中與印度後期密敎有關的則占絕大多數。而這些經論，則均未曾傳行至中國，從而當然亦未被收錄在漢譯大藏經中。對於這項印度後期密敎的研究，藏文大藏經不僅提供多數的重要資料，同時也幾乎是從來尙無人從事於這方面的研究。

　　復次，雖然說是西藏藏外文獻，但與密敎的關係則更爲深厚，而這些密敎論書，是藏僧把收錄在大藏經的密敎經論，加以研究與修習之後所作的著述，當然與印度密敎是有其淵源的。但是其中也有是與西藏古來的磅泡敎修習而整合的；也有是傳來西藏之後，由西藏高僧加以研究而成的，當然以西藏發達的占大多數。而這些文獻，便構成傳述西藏的獨自密敎，亦卽所謂喇嘛敎的敎學論書。在日本所流傳的藏外文獻，在數量上，大谷大學所收藏的是四一〇四點（依據大谷大學圖書館發行的西藏文獻目錄）、在東北大學所收藏的是二〇八三點（依據東北大學發行的西藏撰述佛典目錄）、在東洋文庫所收藏的部分，因爲並未出版目錄，所以尙不能明確得知。但大約是可以與以上兩所大學的任何一所相匹敵。但是其未在日本傳行的部分，確實有難以估計的龐大多數，直到現在猶有喇嘛僧繼續在著作當中，誠然，也許可以稱作是無盡之藏。

　　原來藏外文獻與密敎有關的部分，有密敎經典的註釋、概說、讚頌

時論、儀軌、成就法、祈願文、請願文、書翰等。這些文獻，由於各宗派各學派的不同，所以其解釋亦各有相異之處，故而亦愈形複雜。藏外文獻中也有與顯教有關的論書，但爲數却很少，而且如果以研究顯教的理念，到底能否理解？還是問題。因爲在西藏佛敎來說，顯敎是趨向密敎的方便法，因此必須站在此一立場上去進行研究。這樣一來，研究顯敎關係的文獻，也必須要瞭解密敎的種種。情形到這種地步，對於只爲研究顯敎而來的學人來說，呈現出很難加以區分的領域。事實上，因爲很難辨別其範圍的研究，幾乎是難以着手的，也可以說是前人的脚跡完全未曾走過的區域，而且這近乎無盡藏的文獻存在的一天，我們就必須去開發，卽使容或有人認爲研究於此有何利益等反對論調，是否或具利益這一點，恰如喜馬拉雅山高聳着的山峯，只有它存在的一天，就有人拼捨身命也想攀上峯頂去征服它，是同一道理。

因此，針對這項範圍挑戰的人，當然須熟悉地通達西藏語文，因爲它正涵攝了佛敎學術在裏面，所以亦須明瞭梵文，比如先前所介紹的情形是相同的。但較爲更加困難的是，這裏面不但頻頻出現密敎用語，又有西藏的所謂獨特的宗學，而且特殊的術語也很多。例如，在日本的宗學用語，是其他宗派之士所無從了解的，同樣的道理，西藏的獨特宗派用語，卽使日本的密敎專家也難以了解。因爲早年傳入日本的密敎，雖然也可以說是印度初期密敎，但西藏的密敎，則是以後期密敎爲主幹，並且還參預了在西藏所成立的獨特部分。這些西藏密敎術語或文章，在已出版的藏文字典中幾乎完全沒有收錄。字典旣然無從幫助了解，那麼，將依據什麼來輔助閱讀呢？事實是全然束手無策的。就像旣無任何道具或裝備，就想攀登喜馬拉雅山的高峯的情形一樣。那麼，又將如何是好呢？蓋卽先須自己去設計或構想其道具或裝備，進而再練習攀登的第一步，除此之外別無他途。

那麼，第一步是什麼呢？因爲西藏密敎是源自印度密敎的，所以開始的第一步，卽是從藏文大藏經中所收錄的印度密敎佛典去着手進行。在這方面，酒井眞典敎授著的『チベット密敎敎理の研究』是一本很適宜的介紹書。他另外所寫的一本『百光遍照王の研究』以及其他的一些雜誌論文，因爲有很多篇，將之與藏譯原文相對照，就可以貫通西藏大藏經的密敎用語。

其次也必須進行研究藏人著作的密敎佛典。在這方面還是先從先人們已經研究的路線去着手，才是上策。但傳行西藏佛敎最爲古老的是寗瑪派（Rñiṅ ma pa），其敎義的研究成果，迄今猶未發表；另外，有關薩迦派（Sa skya pa）敎義的研究，則完全是空白，職此，我認爲須把這兩派的研究推移到後邊去爲是。

因此，在順序上來說，首先須對卡達牡派（Bkaḥ gdams pa）的敎義（Hbromston）進行研究，在這方面先須閱讀阿提夏（Jo bo Atiça Dīpaṁkaraçrījñāna, 982-1054）的著作，因爲他的弟子島牡通（Hbromston）就是以阿提夏的敎義爲基礎，而創設卡達牡派。阿提夏的著作，被彙集收錄在德格版藏文大藏經最後的「阿提夏小部集」（東北目錄 No. 4465-4567）。這包括阿提夏著作的根本論書約有百部，亦稱「百部集」。在北京版方面尚未加以彙集，是分別收錄在秘密部與中觀部。對於這些文獻的研究，迄今猶未曾發表。但其最重要的『菩提道燈』（大谷影印北京版 Nos. 5343-5378；東北デリゲ版 Nos. 3947-4465）與可能是其自註的『菩提道燈細疏』（大谷影印北京版 No. 5344；東北デリゲ版 No. 3948）兩者對照起來閱讀，當可獲得全般的理解。這部『菩提道燈』是阿提夏於一○四二年入藏在藏西停留的三年之間，應羗秋普奧（Byaṅ chub ḥod）王之請所著作，因而可以代表阿提夏敎學的基本，後來卽由宗喀巴所繼承，容後再述，所以務須於此多費心力加以研

究。若想詳盡心力去了解，亦須閱讀第一代班禪喇嘛所作的『菩提道燈釋說，卓越笑賀宴』(大谷西藏文獻目錄 No. 10416; 東北藏外 No. 5941) 很有必要。 此外在小部集中， 有關顯教的短論也很多， 亦易理解， 故而不妨從顯教的著作開始着手，漸次去培養瞭解。

其次， 亦須憑藉苟渣 (H. V. Guenther) 的大作， 來進行卡苟派 (Bkaḥ rgyud pa) 的研究。在這方面先須閱讀本世紀初年人物的林錢那牡蓋爾 (Lhaḥi btsun pa Rin chen rnam rgyal) 的著作， 由 H. V. Guenther 予以英譯的 "The Life and Teaching of Nāropa. Oxford. 1963." 爲宜。這部書是以印度密教高僧那勞巴 (Nāropa or Nāḍ-apāda, 1016-1100) 的傳記型式所寫的。其實， 在內容方面說示密教教理比史實來得詳盡， 所以爲理解教理方面， 是一部應予參考的好書。在這位那勞帕身邊從學的藏人瑪魯派 (Mar pa Chos kyi blo gros, 1012-1097) 繼承其教義於返回故國之後， 創立了卡苟派。瑪魯派的弟子彌拉勒帕 (Mi la ras pa) 的弟子， 亦卽瑪魯派的徒孫嘎牡泡派 (Sgaam po pa Dwags pa lha rje, 1079-1153) 其著作 (東北藏外 No. 6952)， 由 H. V. Guenther 加以英譯的『The Jewel Ornament of Liberation. London, 1959.』務須一讀。 此外 Guenther 也發表了他的 『Tantric View of Life, London, 1972.』研究成果， 都是值得參考的好書。

此後不久， 西藏佛教卽趨向墮落，因而才有宗教界的偉人——宗咯巴 (Btsoṅ kha pa, 1357-1419) 出世而進行改革佛教。他完成了『菩提道次第』和『密秘道次第』的二大著作，並亦創設蓋魯庫派 (Dge lugs pa)。『菩提道次第』(大谷影印北京版 No. 6001, 錯字與脫落之處很多， 大谷西藏文獻目錄 No. 10098; 東北藏外 No. 5392)， 當時在西藏的佛教，都是密教的天下。 相對地， 在顯教方面，雖然特別強調般若中觀的重要性，但其直接所憑依的却是阿提夏的菩提道燈。因此這一派才

有「新卡達牡派」的稱呼。這部「菩提道次第」其最後的三分之一毘鉢舍那章，已由長尾雅人博士將之日譯成『西藏佛教研究』（一九五四年，岩波書店），其輝煌的成果業已完成出版。因此，先能以之與西藏原文對照來學習爲宜。由之漸漸熟悉宗喀巴的文意之後，再回歸到其他的章義，這樣才不失爲賢明的對策。另就『秘密道次第』（大谷影印北京版 No. 6210，錯字及脫落之處很多；大谷西藏文獻目錄 No. 10024；東北藏外 No. 5281），在宗喀巴來說，此書是顯密兩教兼修合一所應具備的態度，再以密教爲中心而撰的著作，但其所闡明的教理，仍以密教占優勢，故而非常重要。但是其研究的層次畢竟甚難理解，最近才由高田仁覺將其第一、二、三、四章予以日譯，而發表其成果。如能以此與原文加以對照研究，將是令人興奮的工作。同時亦請參閱「インド・チベット眞言密教の研究」（一九七八年，密教學術振興會）。

　　以上僅就憑藉先進們的著作，於進行研究的順序已加叙述，但在此以外，許多先輩學者仍有很多成果已經做成，其相反的資料正是無盡藏的。例如在蓋里庫派，有歷代達賴喇嘛或班禪喇嘛的全書，以及達摩林禪（Rgyal tshab Dar ma rin chen）和凱鐸普（Mkhas grub Dge legs dpal bzaṅ po）等高僧的全書。掀開大谷大學或東北大學的藏外文獻目錄，一看之下就爲之驚訝不已。近年來並由東洋文庫已將薩迦派全書予以影印出版。日本迄今雖然尚無甯瑪派的全書，也許別的國家即將出版這套全書。印度最近陸續出版各派的影印版資料，如今這麼龐大的文獻，幾乎尚無人插手於這項研究工作。在此舉出上述的指引程序，完全是站在高遠之處，逕指進入各派的路徑而已。

　　但是，假若對於文獻的數量或難解，即望而却步，勢將有置諸高閣的結局。至少須以先進們的研究成果，作爲階梯，一方面與原文對照，然後再邁出研究的第一步。這時候須憑藉辭典，把應用單字摘記在卡片

上，並註明其意義。這些卡片當閱讀先進們未曾見到的文獻時，它的作用，恰如攀登喜馬拉雅山時所需用的道具和裝備。換句話說，自己一方面編造字典；一方面進行研究。那麼或許有人問說：你已做了很多的資料卡。其實好像並沒做什麼，就像年輕時所做的種種，都被戰火銷燬殆盡，而一無所有，如今只有懊悔而已。或許有與藏人學者會晤時，就像登山得到嚮導一樣，於難得之處，得到充分的指導，從而得以走捷徑、抄近路。這都是盡己所能地去做，惟願以不屈的精神，全心全力去從事研究。

四、西藏語言學的研究

上述三種研究範圍，都是以藏文撰寫的文獻為對象，應該稱為「西藏文獻學」；另以分析和記述藏文本身的語言和體系為目標的「西藏語言學」也普遍地存在。因為本文以敘述研究西藏文獻重點為目的，於此當略為介紹西田龍雄的研究成果，他對於西藏語言學，約略可以分為三項範疇來考量：

1. 記述方面的研究——於現代西藏語言學，就其音韻、文法、語彙的各自體系，做分析與記述。
2. 歷史方面的研究——附錄西藏文言和白話史的發展過程。
3. 比較研究與再組成——將數種方言加以比較，並考量其歷史發展，再次構成其共通的西藏語文型式。

但在目前的階段，於上述各範疇之中，尚難謂為有何具體研究，但近年以來，東洋文庫方面有北村甫和西田龍雄二人，曾直接就西藏人共同做過詳細的研究，相信不久即將有傑出的成果發表。為了作參考，僅就已出版的口語文法及辭典，略作介紹，當有：

『C. A. Bell: "Grammar of Colloquial Tibetan Bengal, Third Edition, 1939.』

『C. A. Bell: "English-Tibetan Colloquial Dictionary. Calcutta, Second Edition, 1920.』

上開兩本書，其著作年代已相當古老，我們一直期待能更進一步有較新的作品，以供學人從事研究工作。此外，在學習拉薩方言上，當爲介紹有：

『George N. Roerich & Tse-trung Lopsang Phuntshok: "Textbook of Colloquial Tibe"』

『tan (Dialect of Central Tibet). West Bengal, 1957.』

『Kun Chang & Betty Shefts: "A Manual of Spoken Tibetan (Lhasa Dialect). Seattle, 1964."』

『Malvyn C. Goldstein & Nawang Nornang: "Modern Spoken Tibetan: Lhasa Dialect. Seattle, 1970.』

於此之外，對於西藏東北部阿牡道方言的研究方面，當有：

『Georges de Roerich: "Le parler de l'Amdo. Rome. 1958."』

具備上述各書，相信於口語化的研究，勢將漸漸走上軌道。

　　最後應該留意的是，這些語言學的範疇，亦非與文獻全無必要。注意於這一點的 Jacques Bacot 他的西藏文法學研究，以『Les Ślokas Grammaticaux de Thonmi Sambhoṭa Paris, 1928.』出版他的成果。這本書是十八世紀的凱鐸普它牡帕 (Mkhas grub dam pa) 所寫『三十，性入本典善說寶鬘』原文的法文翻譯並附有詳細註記的作品。自來的西藏文法書，都是摹仿印度與歐洲諸語的文法而構成，但是爲了組成與印歐諸語根本相異的藏語文法，必須去探溯經藏人自己的手所作成的古典文法論。

　　西藏的文法學，在七世紀初葉，藏王派命佟彌沙牡包塔（Thon mi sam bho ţa）去往印度學習文字及文法學，歸國之後，作成西藏文字的八部文法書傳行，其中的『三十』與『性入』現存於世。藏人依據這兩部書，到今天又衍作了很多的文法書。有關這方面的文法學的發展概要，稻葉曾於『チベット語古典文法學』序論中，有所引述，在此省略不贅。

　　因此，有志於研究古典文法文獻之士，固然應依佟彌文法書的著作年代順序研讀，若能多事利用先進們的既成心得，當不失為明智之舉。在日譯本方面，法賢（Dharmabhadra）的『シツ註の講義』（收錄於（稻葉「チベット語古典文法學」昭和二九年初版本，改定版本中雖予省略，但在改定版續篇中，預定將「性入」的日文翻譯收錄其中）並有音成就金剛（Db yaṅs can grub paḥi rdo rje）的『三十與性入』（故井原徹山譯，佛教研究第六卷一號第七卷一號・大東出版社・昭和一七年一八年），當依此了解文法術語，然後再續讀前舉 Bacot 的作品，即可獲得充分了解。若想更深一層去研究司牡里提（Smṛitijñānakīrti）的『言語之門武器喻』（大谷影印北京版 No. 5784; 東北デリゲ版 No. 4295）書中，有關藏文語法部分（北京版 276b, *l*. 8 以下）與其註（北京版 No. 5785; デリゲ版 No. 4296）來對照閱讀，便能了解其以助詞為主的用法，也很有趣。其次須把法護賢（Dharmapālabhadra）著的『三十之註』（東北藏外 No. 7071）與『闡明性入之善釋』（東北藏外 No. 7072）詳加閱讀。最後再介紹西藏文法學大成的希玆（Si tu）於一七四四年所完成的大著『有雪國の語を正しく綴れる論の部門たる三十頌と性入との宗典釋・賢者の胸莊嚴眞珠麗鬘』（大谷西藏文獻目錄 No. 11823; 東北藏外 No. 7057）與之作一番苦鬥。這部希玆註與前述法護賢之間，特別是就性入的解釋，有其相當的差異。有關這方面的文

獻翻譯與學術研究，迄未見到發表。我因爲略事涉獵，也曾發表一點感想與心得（收錄於法護賢的『三十之註』的日譯本‧大谷學報五四卷一號‧五八卷四號）。

五、研究西藏文獻的意義

以上，略就研究西藏文獻的四項範圍叙述一過。於此之外尚有文字、因明、曆學、醫學、藥學等研究領域，對於這方面可謂幾乎全未開拓，希望年輕志士向這方面伸出研究之手。

最後尚須留意的是，縱使選擇上述四種領域的任何一種，但於西藏文獻猶須始終總其大成。蓋卽，如果是選第一和第三的範疇，卽須於學習一向所學到的佛教學之餘，致力於研究西藏文獻；如果選的是第二項西藏史研究範疇，則必須也能連帶地了解東洋史；如果選擇第四項西藏語言學研究，卽須比一般語言學更有深刻的研究。因爲若能得到比已經發達的佛教學、東洋史學、語文學等研究方法更豐富的智識，就必須向西藏文獻中鑽求。如果不能澈底去體驗研究方法，不但不能算是學術研究，同時也得不到有關學問的輝煌成果。

那麼，有志於西藏學術者，如果祇是致力於西藏語文，還不能算已足，又必須練達於印，歐或漢文的純嫻。此外，因爲先賢於這方面的成果很少，容或認爲這是苦勞多而成效不彰的學術，實際上確亦如此。對於長年以來在這條路上奔走的我來說，有時候在黑闇中摸索着進行；有時候則是就地打轉。在辛苦與無何收穫的中間，稍一注意自己的頭頂，不覺兩鬢已泛斑白，回顧以往，思前想後，都不能認爲是一項輕鬆的學術之道，但於先賢們尚未開發的西藏文獻，於苦讀之餘，偶爾發現一些學術界尚未解決的懸案，在獲得明確的解釋之後，那份內心的喜悅，是

無法形容和描述的。恰如征服了高山頂峯的舒暢感受。言念於此，縱使再多的辛苦，也不會減低向西藏學領域挑戰的意願。

第二篇 中國佛學研究指南

第一章 中國佛教研究法的我見

一、擬定論題及原典、參考書、索引等

學期終了，閱讀畢業同學們的幾篇論文，有很多值得思考的地方。藉此機會對於佛教學術的狀況，亟思復原平日的感懷，一併寫下幾點記錄以供參考。這並不是以較高的水準（level）為對象，而是以想寫畢業論文或碩士論文的學人，作初步啓蒙的介紹。

首先是對於論文題目的選擇，很多的情況，雖然選擇與大學裏聽講或就學有關聯的講課題目，那是在準備基礎知識的方便上，最爲適宜的。教授們所講授的，則是依據其研究成果而授課，聽課的人並不只限於了解其到達目的地的過程或出發點。而是從講授的內容中，也想到身臨其境地作一番體驗，在這種情形下，自己必須對於研究所具有意義去多加思考。當然這與着手研究之前所考慮的意義，以及經過努力做研究而

得到的大體成果，可以看出其層次的意義，未必就完全相同。但這是理所當然的情形，而且當初如果沒有這麼澈底去體會的決心，努力於研究的意願是無法持續的，所以當以這項意願作基礎，再來確認其研究意義，是不可或缺的。否則的話，只是停頓在知識的累積或羅列的階段，卽使再長篇的論文，也不能成爲滋養自己心靈的糧食。

論文題目的選擇，在觀念上與自己嚮往的宗派祖師，以及其著作與教義素養等都有關係。在這種情形之下，自來以教團的歸屬關係爲主的祖師，相對地如今像是自己本身與祖師的精神相接觸，所以對自己來說，應該說是一種忠實態度的表現。但在這種場合，卽使不高明，但只要是一種研究，也不能說一開始就對祖師的教說，毫無批判地信從。何以致此呢？於此以外也有種種的想法，也在考慮之中，但又爲什麼必須歸結到一個問題之上呢？其原因究竟爲何？就是設定種種問題時所必須探究的對象。

當漸次着手於從事研究時，在準備工作方面，爲研究而準備的基本文獻，乃至羅致參考書，並須作成研究論文的目錄。在基本文獻方面，爲了考證上的方便，精細而又細密的漢籍文典，儘管以大字的單行本爲宜。在引用論文方面，考慮到普及率以及校訂正確等理由，當利用大正大藏經本，詳記其中的卷數與頁碼雖是一般的通例，但在自己進行研究時，從携帶方便而又能使注意力集中的觀點上着眼，仍以準備單行本爲宜。另有一種與註釋書合訂的所謂「會本」，如能羅致到手當然更爲方便。此外，如佛教大系的重要佛典方面，是把具有代表性的註釋總括而成立的會本，若想深入去研究的人士，能夠善予利用，該是裨益最大的。雖然有了註釋書，但只是註釋書和會本，還不能算是已經準備充分，仍須在基本文獻方面，準備一部分尚未輯成會本的文獻，較爲有益於研究工作的進行。譬如已經決定研究聖德太子的『勝鬘經義疏』，那你出發的第

一步，卽須羅致一部勝鬘經和太子義疏的會本，同時還要手頭上有一部勝鬘經的單行本，　然後把經和義疏分開來通讀一遍，　可以於整體理解上，　將有不可預料的效果。　這與綜合自己的理念大有裨益，　也只有身臨其境的人才能體會。又如開始研究嘉祥大師的法華玄論卽是如此，雖然此論並非註釋書，但於法華經各種問題却有深入的闡釋，如果只準備法華經的單行本，而覺得問題頗為複雜時，以此將有助於解除困惑與麻煩。

　　其次是在參考書方面，憑着佛書解說大辭典或佛敎大辭典，乃至國譯一切經等項，可以了解與自己有關的書籍、問題乃至人物等。自古以來，究竟有些何等的研究？而現存的資料又是何等情形？在這些資料中又須判別有哪些資料可以利用？當然尚須考慮時代因素或學系問題，而在研究態度上，　亦各有其特色。　因此必須於上述種種有充分的心得之後，才可以着手去從事。而這些事體必須先和敎授以及先進們交換意見之後，否則單靠自己去判斷，　顯然是有困難的。

　　有些問題是要在敎義上查證的主要項目，大體而言，各宗都有其論述自我立場的綱要書，因此先須對整體作一鳥瞰式的了解。例如地論宗淨影慧遠的大乘義章；或三論宗嘉祥吉藏大師的大乘玄論；及天台宗的智顗大師的法華玄義中的迹門十妙和本門十妙；以及法相宗慈恩大師窺基的大乘法苑義林章；乃至華嚴宗賢首大師法義的華嚴五敎章等，這些敎義雖然都不是初學之士輕易所能讀解，但亦總是希望能去查證一下，這些文獻所論述的旨趣為何？然後再於敎義不論是執取何項宗旨，都能以各宗的獨自見解而與佛學的整體有所貫通。於淨土敎有關的論義當中，道綽的安樂集、懷感的群疑論、源信的往生要集等論書，也可以依據見解來辨別出其問題的論旨。後世天台宗出現了類聚天台宗學論義的「台宗二百題」一書，淨土眞宗也有像慧空的「叢林集」，同樣性質的

情形，其他方面亦不在少數。但若過早地向這些論題集去深入加鑽研，也不見得就適當。起初依然是先把握簡潔的根本要義爲重。設非於敎義組織體系得有相當理解之後，將爲這些繁瑣的論義所迷惑而失却歸向的趣旨。

佛敎學術比較其他學科其所以起步得較晚，以不能具備或使用科學工具的這一點是其最大的原因。所幸最近由於索引的製作頻頻，其中以龐大計畫，以及大規模繼續地編製大正大藏經索引，卽最具代表性。此外也有高僧傳索引或親鸞上人著述用語索引等項，這些書都已陸續提供給學術界，從而顯著地爲學人提供了研究工作上的方便。雖然那祇限於一些史實有關用語的範圍，祇是在這龐大的思想文獻中，能查到幾個短句出來，還不能立刻就說與思想史研究構成了實際效果，只能說是據以充分地利用索引，爲了深一層理解其整體，做前提的條件罷了，所以說索引才是研究工作上最好的構想。不但索引，連筆記等類都是所必需，卽使古人對每部佛典所做的筆記，時至今日對我們在利用上也提供不少的方便。例如，有一部叫大智度論類聚標目（收於日本大藏經），這是出自智度論中的敎義、名數、譬喻等，按各類項目所做的分類摘要，從一部百卷本的大論中，檢摘其扼要項目，由這部索引去探求所需，對一位從事這方面的研究工作者來說，卽使沒有這項分類摘要，也應該從這部長篇的文獻中，試着去逐卷摘記其要點，來做成記要型式的索引，以備查閱。例如天台三大部的補註各條目的種類，就是屬於這一型式。此外也應準備有關的年表、地圖等一應工具資料於座右，切實致意於所研究的問題，其時代關係及歷史、地理方面的交涉情形等問題的斟酌，更是不待多言，在此省略不贅。

其次，須作出研究論文的一覽表，這也是件很重要的任務。進入近代以後的學問，雖然有顯著的進步，但到底是否確實能在先輩的成績上

更上層樓？恐怕也未必盡然。在自然科學的領域，也許日新月異地有新的成果發表而凌駕往昔。但在宗教關係上，因爲領域的深淺，推論的層次，乃至更有超越現實的直觀，所以後世的任何人，確實難以對先輩人的論述毫無遺憾地妄予評價。因此對於一些古往的學術成就，一向被意外地竟予忽略的例子也屢見不鮮。所以細心地去查閱與佛學有關的以及與東洋學術、宗教學、哲學等有關連的論文目錄，實在是勢所必須。當然不止在誌刊方面，卽如有關的著書、紀念論文集等，亦須留意涉獵，自不待言。近年來也有以講座型式所出版的簡明解說書，但對一位研究人士而言，固然亦可以之作爲啓蒙的引介，但却不可過分地受其拘束，而必須訓練自己作獨力自主的思考才是更爲重要。如果被一個人或一部著論立說而左右了思路，將使以往所做的研究會因而受阻或停頓。爲學之道，必須多接觸各家學說，然後從中再下定自己的判斷，才是自己培養實力與消化知識或攝取知識的途徑。

二、對於研究課題的逼近與體會

　　準備工作旣已就緒，漸漸就要穩定心神坐下來，開始讀解資料。心思集中在撰寫論文的成績，或在心理上預期之下進行閱讀，注神所及，平時一些不留意而漫讀的部分，也都能引起致意的興趣。從而也會產生種種的疑問，心中有了疑義，才能眞正萌起研究的意願。所以處此階段須以不爲挫敗所屈的心意，集中精神，全力以赴，這是最要緊的。卽使夜晚就寢之際，問題的疑義，仍然廻縈在腦海裏。

　　甚至竟有不能入眠的情形。我自己的感受認爲，此刻才是研究歷程中饒有進境的階段。這樣的過程，研究人士誰都會親身歷臨的。我想古代的高僧於其著作，有謂在夢中接受神僧指點與啓示等情形，相信就是

此刻的體驗被神秘化的表現罷了。一位做學問者的眞正喜悅，我想就是在這一刻。當所研究的成果——論文問世時，作者本身的內心感受，當是又有一番境界。

當研究工作進行到認為其最高思想的核心可以捉摸時，其特異性與前後或同時的諸般學說相比較，便可以認定問題的發展系列，從而產生期待。如果認為那就是人生歷程中的最後階段，那麼便可以把他的生命歷程各階段的發展過程，試着排成一系列的順序，但這項序列，並不意味着你的研究工作卽告完成。我總認為達成古哲先賢的思想信仰，就是從別人得不到的滿意答覆，而向自己拚命地設問，然後終於得到答案的結果，因此如果不捨棄旁觀者評論家的觀點，我認為是無法趨向眞正的信仰或思想，而使得自己具有感同身受的滋味。當然時代的不同，各人的品德修養自亦有異，我們縱使不能重新去體會古人當時的心情，但一點「景行行止」的期望，總為我們泛起設身處地的嚮往。假定自己所處的境遇、接受的教育，乃至嚐受的時代苦悶都完全相同，那麼究竟應該取向往前去摸索嗎？這是必須認眞地考慮問題，進而以便探詢最理想的路程。在這種情形下，在先賢的經歷中，去求得應行經歷的求得路程，才是要緊的關鍵。抽象地說了這麼多，也許你還不能完全理解，以下將舉例以示：

天台智顗大師甚為服膺他的圓融三諦之說，其所依據就是一心三觀的觀法；而以法華才是圓頓圓融的根本，而其第三觀則是從大品經和華嚴經所引導的，因此智顗大師以法華才是圓教的精粹，但在法華經中的哪一品節，才有這項論理的說示呢？那就絕對不是從智顗的著作中所能直截簡明地得到指引，必須去探究智顗的修道過程，來追索他的親身體驗。那麼我們不妨查閱一下智顗的傳記。此如古往今來所了解，蓋卽他在大蘇山開悟和華頂降魔的兩椿大事，對於他的思想形成上，構成了決

定性的機緣。他在大蘇山從其師南岳慧思授以法華三昧前方便的體驗行法，那到底是一種何等的感受？而智顗又如何身臨其境地去體受？我們相信，智顗當時於法華經的閱讀心得，實際上已經超越於文字理論的意會。你如果疏忽了這一點，始終將無法去體會天台智顗的圓融思想的端緒。乃至後來的華頂降魔，卽在天台山華頂峯由於獨自靜坐思惟而得以大悟，也是有先前的大蘇開悟得到乃師的指點，才能於修道的實證狀況啓開了眼界，我認爲才是導致爾後開闊其自身胸懷的親證。這雖然是依據感知於經說法華圓頓的根源，但是今天在這裏表達出來，歸根結柢就是他對天台敎說的證悟過程，並非不加體會卽漫予論列，縱使試想於其生命歷程推測思想階段序列，亦難謂爲他未曾眞正學過天台敎學。

　　以上係就智顗爲例，來叙述於佛敎學術的實證過程是多麼地重大。同樣道理，任何人都可能有此情形，古哲先賢宗敎家，不僅是文字知識的學者，他們的史實是否存留於後世，雖然猶當別論，但其修行的體證過程，大多都是經歷一段艱苦的路程，則並無二致，然後才能趨入開悟證果的階段。我們的治學之道，並非把他們看作是歷史上的一位古人問題，相信其修道的普遍性與其求證的方式，具有不變的道理存在，故而學習古哲先賢的風範，卽是與自己本身的生命相貫聯結。

　　在中國或日本，古人之所以確立其信仰的心路歷程，如果在有關的傳記中，難以得知其明確的記錄時，便會直接考慮查證其著作的先後，或其所引用的經論疏的年代，來設法補正。其中關於著作的先後問題，自己先前所寫的著作，或許在後來的論述中會予引用，著者也許會在叙述中，表明其居住移動情形，甚至也會爲了訂正自己先前所發表的論說或記述其補正事實。更有的情形是明顯了解那是其晚年的著作，但其他的著作中卻不見這項的記載，當然也有其他種種狀況，這都必須依憑相互的比較來推定著作的先後。近年以來,當論及某人的生平中於其著作先

後的叙述，來明瞭此人平生的學說與思想的發展過程，這是一種非常得體的寫作範例。但其結果往往則有無法辨明是他晚年所成立或年輕時的著書等情形，然後加以分類，作成次序之後就算完結的這種傾向。既然經過一番的查證，且也做了分類而又編成階段次序，就應進一步去追究其發展的過程，以及析明其背景狀況。如果說前期並無此說，而在後來才始見的論調，那麼我們卽須剖明此人到了後期，何以竟於此說在其腦海浮現？或者在前期並無明顯的意向，同時也沒有向此一方向去感懷的動機，其所以發揮這項新的學說主張，對此個人而言，於其信仰中所具的意義究竟爲何？我們對這方面的態度如果不能完成追蹤溯究，那麼研究工作就不能算是已告完成。這樣一來，經過一番的愼思熟慮之後，自己便向研究對象心意與共地鑽研問題；如果不是經過這樣的努力奮鬪，恐怕很難達到預期的效果。當然這對初學人士來說，不免有些勉强，但是這項心路歷程却必須存懷於心。

其次，亦須於所引用的經論疏，透過查證來探尋其確立信仰的基礎，尤爲重要。例如經疏也好或單獨的著作也好，是在誰的著書中引用了很多的經論或先人的著作等？卽須仔細查證所引用的次數來加以統計，古人既於經論有所引用，蓋卽表示自己所信仰的基礎所在。相信其於自說已然構成創立的證據，而且亦於別人自具其說服力的見解，故而才引以爲證。所以這項引用的頻度，確實是富有意義的方式。但却不要忘記，這項方法不是僅憑其頻度數，便能直接顯示其依存度。其實，之所以頻加引用，不得已的依存關係，必須於其引用所說，逐一去追查其重要性。如果不經實地的查證，卽一律作爲同樣程度的處理，顯然難以謂爲適當。時而也祇是單純地顯示其用例而已，也有是以旁證的意義多作列舉的情形，當然也有與信仰根本有關的場合；更有不過是解說現實的事體而已。所以須就每種場合其所引用的旨趣，並且須於其前後的叙述，

深致注意而加以考證，更須把握其內層的意義。

　　大體而言，中國學者是依循傳統的經論，依次視需要的情形去加以參酌，對於一些頗有密切關係的經論，或於已很普及而爲衆所週知的經論等外，反而想去了解一些不爲人知或不見經傳的論書。譬如三論宗的吉藏大師，不僅撰作法華論疏，也在其他的著書中經常引用法華論來加強自說的有力證據；而法相宗的窺基則未曾引學吉藏法華論等名字的事實，儘管如此，這並不是說窺基於法華論有何輕視的態度，相反地，唯識法相宗於世親所作的法華論理應重視，而中觀系的三論宗，引用世親的法華論，不能說沒有對抗地論宗世親系的含意在裏面。何況在很多的大乘經典，其本旨爲何？各方的見地，自亦未必一致。進一步像涅槃經，其與二乘家或三乘家等作有利的證明，都隨處可見，看來其問題並不是頻度，而是先須確認面臨經典的基本態度。

　　事實旣是如此，我認爲志在研究中國佛敎的人士，開始之初，若於中國釋家所示並不精通，只是精讀漢譯經文，於完全吸收之後，再將其中要義本末的先有心得，置存於心，我想這應該是先決條件。可是往往或有於經文猶尙未能讀解，卽開始研究經疏或卽致力於經的總論、玄談方面去求解，我也曾經接觸到這樣的同學，這實在是本末顚倒的狀況。這樣的進修方式，相信將無法能掌握古哲先賢於經文及特旨的深刻了解。尤其是古人想要學習某一部經典時，在內容方面，必先參閱一些有關聯的重要大乘經，然後再由其綜合觀點去找出佛敎思想的體系組織，而且亦須盡可能地參酌各個時代所撰寫的一些重要論疏與釋義。如果只向一經的玄義或註釋書去致力體會，而忽略了其週邊的重要經論，將會落到茫然無從措手的感覺，此須格外留意。

　　我經常覺得：曇鸞法師於般若、維摩、法華諸經如果缺乏深刻地體會功夫，怎麼會創興像淨土論註那樣的他力信仰呢？另有善導法師如果

不作涅槃經疏，其所採摘的引用也不見得具何精采；如果他不是從說示
闡提成佛或無不成佛的涅槃經中，去找出自己修行路上所體驗苦絕，怎能
成就其五部九卷中所倡論的逆謗攝取的信仰呢？日本的親鸞亦復如是，
他確實是從無量壽經中，領獲了佛陀的真實教義，但引導他走向實踐之
路，我們可以斷定却是天台宗所依奉的法華經。如果認為他們的作風是
對天台宗有所排斥，或是親鸞也有排斥天台所依的法華經等現象，勿庸
置疑地，那是落入偏見的窠臼所致。所以說到天台或曇鸞、善導乃至日
本的親鸞，於其整個著述歷程雖然可以就文字上明瞭其信念，若想進一
步親近他心靈深處的精髓，則必須以我們自身去體會他們的修行歷程，
才能有所會意。否則只是以旁觀者的知解領域，本身與佛教學養的修行
是結不上緣份的。

　　綜上所述，當然不是向一般在寫畢業論文同學的初學人士所要求的
各項問題，但是藉此機會來表達一己的私見，我心中之所思慮，也衹此
而已。

第二章 讀解力的培養與必讀的經論

一、必需的指南書籍

不論治理哪一門學問，都各自有其順序，也有其階段。心理上如果沒有這樣的精神準備，卽使付出了同樣的努力，但所獲得的效果，也不會明顯。特別是近年以來，許多同學或有進大學到了三年級，才決定自己專攻的學科。到頭來總算選擇了佛教學科，一年的光景，轉眼卽成過去。但是處身在佛教學術中，猶自莫辨西東（容或過甚其詞），立刻就要着手開寫畢業論文，因此一般的反應，都說是於佛學無何興趣，以此想來亦屬當然。畢業論文的題目撰述哪一方面才好？雖然經過一番的協商，也不覺得怎樣勉強，歸根結柢，仍須由敎授提供題目的一條路可走而已，但於研究問題的資料何在？依然還是未知數，更談不上如何吸收消化。竟連此一論題在整個佛教學中所占的地位為何？甚至畢業論文已經撰妥，仍然猶不明瞭其學術價值。如果真是一位學者，那麼卽應以此為立身的導向，甚至影響一個人其終生所從事的學術性質，於此卽告底定，從這一點來考量，做學問的出發點是極其重要。一經起跑開始，就不可以在半路上徘徊打轉，可見當初的準備工作是多麼地重要。

在中國學術方面，長澤規矩也有『中國學入門書略解』（文求堂），

此外京都大學人文科學研究所也曾出版過『東洋史學入門』等書，這都
是研究人士所必須熟讀的好書。近年來也有從上海書局和商務印書館出
版，分別由中國人所撰寫而作者不同但書名却相同的『國學常識答問』
入門書，對致力於這方面的同學來說都非常適用。但對佛教學方面，迄
今尚無與此有關的簡明而適當的參考書。雖然也有深浦博士的『佛教研
究法』等書，我個人認爲此書是爲簡介中國佛教關係而寫，與其說是入
門書的解說，不如說是一個人的治學方式所寫，而是站在此一角度的立
場，供人作參考之用。容或有人以爲是比較迂迴而遙遠的路程，不能達
到及早取得成果的目的，但若能作爲他山之石的功用，亦屬幸事。

二、研究中國佛教的意義

研究中國佛教，有着各色各樣的意義。第一，它具備有龐大的聖典
群，包括印度的經律論和已被漢譯作爲研究的書，總共成立了漢文大藏
經，其數量的龐大，可以說無與倫比。第二，具有悠久的歷史，其盛衰
消長的過程，經歷了二千年，不論在思想、社會、文化各方面，都爲人
類歷史上留下輝煌的遺跡。第三，是日本佛教的母體。明治以後又當別
論，在此以前的日本佛教，都是以已經翻譯成漢文的經典，而且是在中
國學者所理解而發揮的學問與信仰上，賡續成長而來。第四，以異於印
度思想的固有文化作基礎來接納佛教，雖謂同樣都是接納，但與日本的
情形，則狀況完全不同。另外並有其他的種種，因此想要了解中國佛教
或是學習印度佛教和日本佛教的人士，乃至想要研究中國思想史或文化
一般等各方面，絕對不可掉以輕心的態度處之。但是對於中國佛教，眞
正想致意於研究的人士却意外的稀少。佛教因爲是發祥於印度，所以研
究原始佛教或大乘佛教的人很多。也許有些人是這樣想：中國佛教反正

都是建立在翻譯上而成立，而現代人研究原典的風氣又很盛，那已經沒有什麼研究價值；至於註釋方面，那是中國本身的作品，已經偏離了本來原意，恰似附會之說，所以不能寄予太大的信賴，都經常受到如此想法的專攻印度佛教學者的輕視。甚至更有些人的想法是：現在日本所流傳的佛教，如法然、親鸞、道元、日蓮等都分別在日本創造了具有深刻意義的信仰。因此以上述各宗先驅者的意義所表現，我們更應該對中國高僧的教化備予尊重，可是普遍都有不夠澈底的現象。基於這樣的思考，專攻日本佛教的所謂宗學者，他們之所研究，都是於本宗祖師有關的範圍之內去從事。這樣一來，中國佛教的研究被一向致力於巴利文或梵文原典的歐美學者的宗派意識所拘泥；而日本佛教徒也是以狹窄的視野去觀望，可是現代的中國人，並未立身於一種意識型態（Ideology）上去追隨祖先所走過的偉大宗教足跡，予以正當的評價去做公正的研究。於中國佛教教團史的研究，近年來雖然不少，但純粹的思想史或教學史，於這方面有組織、有系統的成果，尚未見公開發表。有關這方面，我深望入得其門的年輕學人，能擴大思路領域有所發揮。並不是說對於其他學科的研究，以之作爲補助學科，而是希望以思想史的題目，來專門研究中國佛教者，始能人才輩出。

三、一般的心理準備

報導性（P. R.）的敘述到此爲止。其次謹向開始着手於中國佛教學的人士，介述一些心理上的準備。再怎麼說都要先把漢文寫的聖典培養成閱讀習慣而去親近它，才是先決條件。我是在寺院裏長大的，從小就練習着讀誦阿彌陀經，中學時代在名古屋一間佛教關係的學校，以別科學生的程度在三、四年級時，讀的是八宗綱要課本，這雖是日本人的

作品，但都是以很艱深的漢文所寫。五年級時讀的是大乘起信論，幾乎
不了解其意義爲何？却能記得所誦習的文字，往年所經歷的情形雖然是
這樣，後來當自己發心研究佛教學術時，以往所習誦的這些經論，對
我都大有助益。出自佛典的用語，雖然有漢音、吳音、唐音和宋音等
等，大致上讀誦起來沒有大的差錯就很好了。發音談不上能有多麼標準
就是了。從前聽一位哲學家的講演，經常把馬鳴菩薩的名字，發音作
Bamei，聽了之後，再注意細加思考，恍然明瞭原來說的是起信論的著
者馬鳴。往年我去中國大陸旅遊，在山西大同碰到一位在早稻田大學畢
業的中國工程師，當他介紹到華嚴寺時，一直都是以 Kagenji 來發音
的，聽後經過一番推想，才明白他指的是華嚴寺。雖然他的發音也沒有什
麼不對，其實 Bamei 和 Kagenji 是不通的，因此仍然必須沿用傳統
的讀法。所以說必須牢記一些固有名詞和術語的正確讀法和類似文字的
正當筆畫。同時亦須習熟漢文的文章結構，這都最爲要緊。我在中學時
代從一年級到五年級的教科書都是漢文，直到正科。從而於中國古典的
知識，自然就是由此所培養。但是到了今天的情形，却整個不同，於印
度佛教有關的梵文和巴利文等的文法書和辭書都很齊備。都可以爲憑藉
而得到確實的瞭解，相反地，在漢文方面却沒有什麼文法書，卽使有，
也是比較高級而沒有初步一般性的。在解書方面，當閱讀英文或德文
時，總不能去利用漢和辭典。而漢和辭典其所以不予充分利用的原因是
文字的細微不明，只是稍得其大體的知識而已，反而越發增加其難解的
程度。因此不止是佛典，卽使論語、易經、老子等中國古典都應該經常
去親近它。而在辭書方面，於漢和辭典以外，中國出版的『辭海』（中
華書局）、『辭源』（商務印書館）等精良的辭書都應該準備一本，經常
擺在案頭。當然像論語等古典書和中國出版的辭書，一開始閱讀起來也
許沒有那麼簡單，但在起步階段，可以只採讀誦方式，然後，再從古典

的精微探討中去揣摩其大意，但絕不能嫌惡辭書的麻煩。以中國辭典和漢和辭典合併來使用，進一步每當遇到任何事物的不明所以，都想要憑藉辭海去求得解釋。有一種小本的『閱讀中文用漢字典』是一種袖珍型的，用起來也相當方便。

四、熟悉漢文

熟習漢文也有三種方法：一、一方面與國譯大藏經或國譯一切經等互相對照，來忠實地理解原文的方法。一種是依據註有訓點的日文版本，以訓讀方式來習讀本文的方法；另一種則是只有句讀點，而把沒有回歸點和送假名的書，一直讀下去，同時把精細的字義保留到後面去，而先採取其大意的方法。這裏所謂國譯是指把漢文寫成帶日本假名的現代日文，如果永遠都是憑它來增進課文的讀解力，接着又以這種文字來註解下去，將發生難以正確傳達原意的情形，而且容易招致誤解。舉例來說，像：「火之傳於薪，猶神之傳於形」這句話，雖也可以寫成火是由薪所傳，就像精神是由形體所傳；但若只從註有假名的日本字看來，不能作：「火乃由薪所傳，卽如精神乃由肢體所傳」的解釋，勢將產生「火薪」或「神形」等一連串的誤解。又如「前形非後形」的語句，如以帶假名的日文寫成「前形、後形非」，那麼到底是「前形非後形」？還是「旣非前形，亦非後形」的意思呢？無法判辨其所以。其實尚不止如此，如果照原文，單憑視覺卽能概括其文意所感覺，或是只看註有假名的日文去綜合其意義。因此在採取註有假名的日文其意義上，除了作參考以外，不能太過依賴爲宜。

那麼，一般大多採用的附有回歸點或送假名書的閱讀方法，也有其若干程度的需要，對於習讀漢文的訓練讀法也有其助益。可是亦非絕對，

容或也有引起錯誤的情形。所謂註有回歸點或送假名，是爲了表示對文章的理解或解釋。但若理解與解釋發生錯誤，當然連帶地訓練的方法也就錯誤。例如：「貪著小乘三藏學者」，如果把「貪著小乘三藏學者」讀作「小乘三藏貪著學者」顯然意義卽大爲不同。爲了擇取正確的意義而註以返回點，反而因此而將讀者導向錯誤的會意，與其這樣，索性不如取消返回點可能會好些。一往的閱讀方式，在佛敎人士讀起來，卽曾發生不少讀法上困難的實例，因此必須多讀，自然就會產生會意的經驗。經常斟酌其前後的字義辭意，心理上構思其正確的意義，儘量去熟悉句讀點的示意，不須再靠回歸點或送假名來閱讀文章。這種情形於文學書籍來說，也許較爲困難，但在佛書方面其可能出現的用語，因爲都是固定的一些術語，只要於這些術語（名相）通達，卽不會再有困難。但翻譯經典時在羅什以後的佛典相比較，將會覺得在這以前的作品（古譯），因爲所用的譯語頗不一致，會有艱深難懂的感受。此外中國人所寫的文章與經典相比較，顯得艱澀難懂，而且愈是古老的愈爲難懂，隋唐時代的文章則較易閱讀，而且無論任何時代，中國人所寫的文章，都引用很多典故或成語夾雜在裏面，你又必須熟記這些典故的原意，亦卽須在平時去培養這方面的知識素養，這一點很重要，因此我奉勸各位多多利用『佩文韻府』等書，對你很有助益。

我在閱讀書典時，喜歡使用紅筆，就是所謂「朱批」，在往昔是就書中出現的固有名詞，在其文字的中央或左右劃上一道紅線。尤其在地名、書名或年號等各自都有其引述的出處，這須憑個人所下的功夫來決定。把書名或人名加紅批之後，將來在查閱時因爲醒目就比較方便。我也經常就文章的內容把它劃成段落，並以引號（「 」）註明。這表示促請必須注意文章演變的始末，雖然可以判明其段落的分明或問答對語等不一致的差錯，但其細微處也許會發現當初的朱批，後來又覺得不太妥

當，在這種情形下，劃紅線的處所，後來閱讀至此反而會意外地引起注意而成為助益。我總以為：與其收集善本書加以秘藏，倒不如以實用的書本，劃上紅線，加上句讀，區分段落等措施，儘量採取去親近它的態度，將會更為實惠。

五、必讀的基本經論

上來就閱讀漢文佛典，一般情形的準備介紹至此，研究中國佛教到底必須閱讀哪些書籍？當然須就中國人寫的書及佛教書去進行研究，但基本上還是以經律論為主，先須就主要的經和主要的論過目一遍，是必需的，其中以：

般若經	維摩經	法華經	勝鬘經
涅槃經	楞伽經	金光明經	華嚴經
解深密經	無量壽經	觀無量壽經	阿彌陀經

等經，對這些經典必須具備大體上的知識。因為卽使再怎樣地精讀法華玄義，如果你於法華經不能熟讀，恐將領會不到法華的立意。甚至尚不止如此，為了理解法華玄義，祇讀法華經尚猶不足，須於前述諸經全部都有大致的領會，然後再閱讀法華玄義，相信更可以加深於智顗思想的了解。在論的方面，有：

大智度論	中　　論	無量壽經論
法華經論	攝大乘論	十地經論
成唯識論	俱舍論	起信論

等論，對上列諸論，必須具備某一程度的素養，雖然說從事於三論關係的研究，而必須精研三論；但從事法相宗關係研究者，尤須於成唯識論精研細究。姑不論三論也好，法相也罷，絕不是一味地只傾向於三論或

成唯識論，即可濟事。以往大家都喜歡把天台和華嚴歸劃爲實大乘；而把法相宗和三論屬意作權大乘；同時把俱舍和成實稱爲小乘。在這種風氣之下，學習天台的人，亦須具備俱舍的素養，學習華嚴的人，也必須具備法相的基礎才能相應。把某一部論劃定爲小乘；或在大乘中分別權大乘和實大乘等的作爲，雖然今天在學術上已經構成問題，但必須了解天台學說是建立在俱舍（毘曇）和成實的基礎上的；華嚴學說也是以法相唯識作其根柢的，事實上都是在這樣的基礎而開展其獨立思想的。因此如果認爲只要熟讀法華玄義，就可以了解天台大師智顗的眞意，或只讀探玄記就認爲已於賢首大師智藏的特色灼然明瞭，那可以說是很不合情理的錯誤。無論你對任何一宗，或研究任何一種著述，都必須從各種不同的角度，對其構成背景、基礎、對象乃至所提供資料所顯示的核心導向等仔細檢討。其中對於前列經論，不論就何一時代加以研究，或於何宗派從事查證，凡是立志於研究中國佛敎者，都應具備其基本知識，乃至大致上的素養。總之必須牢記：如果不於基本經論先加研讀，即逕行研究中國的著作，那完全是不具意義的研究行動。

尤須經常把大正大藏經總目錄擺在桌旁，仔細查閱。自古以來於經論注疏，究竟輯有多少卷帙？於其代表性的著作，其年代前後的書名及著作部類等，都應查明摘記備用。

六、如何尋求經論注疏

於此有一點必須注意：「因爲自己是法華宗，便想志在研究法華經，而研究法華經又有許多的注釋書，可是天台的『法華文句』頗爲有名，就想據以研讀法華經，作此構想便參閱『法華文句』之餘來讀法華經。可是經文中的字句又無任何說明，於是乃就一己所思見去了解，到頭來

閱讀法華經，而於法華文句竟無任何助益。」「如果自己是淨土宗信徒，想要研究無量壽經，雖然也曾研究過梵文的無量壽經，但於經中的第十八願猶不明瞭。這樣看起來，曇鸞和親鸞等中國或日本的淨土教信徒的信仰所依據，豈不是從根本上予以否定嗎？」前者是單求法華文句上的字句注釋，那是於這方面求得解答上的評估錯誤。在中國所撰作的注釋書，其中也有從各種立場來解釋其字句，但這樣情形不論在任何注釋都不是其主要目的。凡是中國的注釋書，大多以整體的佛教思想着想，然後再基於個人的佛教信念來解釋經文。因此，能使任何人見了都無異議的字義解釋，相信絕非其本意所示。對於這樣的書，之所以要求其初步的字句釋義，所謂期待就是一種錯誤。我們對於經典先求於字句表面上的自讀會意，而且也產生了種種的觀點。近代的學者之間，更提出檢討其文字考證，社會背景乃至與外道的交涉等，及與早期經典的關係或成立過程，以究明其與文獻上的相互關連，而從語言學的見地作探討等情形，以開擴其研究視野。但是古代的中國學者，却並未以之作其研究的中心課題，他們從經中尋致自己的人生觀，找出自己求生存的取向。認爲從文句的字裏行間，並不存有提昇自己的性質。閱讀必須是透過個人的修證，來建立起自己生存信念的力量。因此我們先須就經典的字面，了解其大意，不能只看作是研究資料的題材，必須去玩味其中的含意，對我究竟有何影響。如果只認爲那是自己客觀研究的論題資料，那就是科學方面的工作，稱不上是宗教上的使命。自己的人生觀，才是中國經典註釋家所注目的所在。如能了然於此，那麼梵文無量壽經第十八願的有與無，將不會像曇鸞與親鸞於無量壽經第十八願的教義所持具的疑義，那般的重視。曇鸞與親鸞雖然並不懂得梵文，但從不同淨土經典也有許多異說中，去追尋其本質而探求其方向。就梵文與漢譯的異同解釋，我們明瞭那正是賦與我們學人的課題，那絕對不是以研究語言學或

歷史論題所能處理的問題。

綜上所述，吾人於古來經疏或研究書中所求取的，於此自亦有所決定，這也正是顯示佛教對於後世所呈現的活潑狀況。放眼望去，佛教那朝氣蓬勃的大門，正爲我們開着，我認爲那正意味着佛教史和佛教學的研究。但是各人的眼光却不盡相同，也由於各人的宗教體驗的層次和深度是言人人殊的，卽使同一人，也有時間深淺的不同。因此如果單從表面去理解，也許人與人之間無何大的差別，而信念愈深的人，愈是具有解釋古人學說見解的個性。在這個世界上，經常都是新鮮物品的推出，而把陳舊者揚棄，所謂「時不我予」，或卽指此。

我在前一節，卽曾向志欲研究中國佛教者，勸進大家先須就中國所重視的經論爲主開始閱讀，並且以此與梵文原典相對照，卽使尚未達到研究的成立階段（並不是不需要，而是那並非第一步卽須着手的）。總之，對於漢譯書籍，儘量先須忠實地去明瞭其字義，而且亦須對於這些經典，自古以來所有著名的注疏，務必加以閱讀。

七、具代表性必讀的經論疏

法華經: 法華玄義、法華文句──天台智顗

涅槃經: 涅槃經疏──章安灌頂

維摩經: 淨名玄論──嘉祥吉藏

觀無量壽經: 觀經四帖疏──善導

勝鬘經: 勝鬘寶窟──嘉祥吉藏

華嚴經: 華嚴探玄記──賢首法藏

等論疏，上列各書，在中國佛教學上都是屈指可數的名著；對於論方面的註釋書有:

淨土論註——曇鸞

起信論義記——法藏

中論疏————吉藏

唯識疏記——窺基

等書都是他們畢生盡心竭力的佳作，必須花費很大的心力去精讀一番，而且又須反覆地讀它幾遍，細心地思惟其義理，要想趕快把它讀完，或者儘早想從裏面找出研究成果的想法都是錯誤的。所謂精讀，並不是去分析一字一句的意義。而是把原經或論，擺在當前，再參閱注釋書，思索其何以會提出這些問題的緣故，同樣的問題也許或有種種方式，而目前其所以用這種方法提出來的意義何在？必須從各種不同的角度去針對問題設想或展望。這樣與其全體或部分的關係，乃至其表面或含意的均衡，以及理論與實踐的聯繫等因素，經常都須以整體觀念作思惟，其研究則在不知覺中卽與自己的血肉連成一體。如果忽略佛敎精神的所在，單單祇以操作題材是務，這恰如一位盡職的技術人員做他的份內事。如果認爲與佛敎學的興隆是兩回事，那麼對以上所介紹的研究方法，就不是以研究著者本意的心願去從事。

八、圖書目錄及解題

先前曾列舉敎義研究人士必讀的書籍，關於中國學術方面，胡適曾寫過『一個最低限度的國學書目』，梁啓超也出版過『國學必讀書及其讀法』（中南出版社）一書，中國也有『國學基本叢書』，這些書對任何人來說都是必要的，務須人手一册爲是。但於佛學有關的重要書，頗覺不易羅致，大家於這方面的苦惱，戰前還因爲可以透過外滙交易，能很便宜的買到中國出版的佛學書，這與日本高價的日文版佛書，確實不是

一般學生所能買得起的，相反地，透過在北平和上海的功德林或佛經流通處，以及金陵刻經處等，都可以大量買到有關的佛書。如今則沒有這條管道可通了，雖然亟想擁有一部大藏經，爲了專門研究也想持有一部大字的單行本，對初心人士來說，這項研究投資也是相當可觀的。資本總是所必需，實際上到手卻沒有那麼容易，所以同學們須經常前往東京或京都的各大佛學書店佇足瀏覽，尤其對於一些出版的書目，務須一一過目爲要。更爲重要的是，須將有組織的佛教圖書目錄，經常都準備在座右備用。譬如龍谷大學和大谷大學的「圖書館和漢書分類目錄」等，不是祇對圖書館有直接關係者才能利用，也可以依照使用辦法單獨去應用，都會有助益。

研究中國學術人士，須把『書目內容』（補正版・中華書局）擺在案頭。經過分類的書名目錄，列舉有基本書的卷數、著者姓名、版本種類等。如今，龍谷大學與大谷大學的圖書館目錄，可以說確實已經盡了有關佛教書目答問的職責。另外也有「大正大藏經總目錄」以及附載於日本大藏經的解題（二册），乃至「大日本佛教全書總目錄」等，用起來雖然也很方便，但收錄在佛教全書中的「佛教書籍目錄」二册與「大正大藏經第五十五卷」的目錄部相等，對研究佛學人士而言，都是可藉以鳥瞰古人研究成果的資料。

對一位乍入佛學門徑的人來說，讓它只是粗讀一遍上列的必讀各書，確實已經相當可觀，故而先須備置望月博士編纂的『佛教大辭典』，大體上先行查閱一番，也須就『佛書解說大辭典』於各經論一一查閱。另於『國譯一切經』因爲在各經的前頭都附有解題，這是必須先行閱讀的。從這些地方預先得到了準備知識，耐着性子從粗讀開始進行，不能急躁，也不能休止，孜孜不倦地養成直讀到底的耐性，非常重要。

有關佛教以外的書籍，古來素稱外典的部分，其解題方面有：『四

庫全書簡明目錄』兩册（古典文學出版社）、『中國文學小事典』（高文堂出版社）、『中國古典文學辭典』（中外出版社）等書，均可由之得到中國古典方面的有關知識，非常方便。此外也有書目答問的補正及索引等。如能善加利用，對於學問的增益則大有幫助。

　　接着在此須加奉勸的是，在使用中國新出版的書籍方面，必須注意下列各種事項：一、學習認識簡化的文字，例如把中華寫成中华；把地圖寫成地图等類是；二、熟記漢字的中國發音記號，這方面雖然有拼音方式和淘馬斯・威島式等，但今後的拼音方式，將更趨普及；三、索引等在利用上，比筆劃檢字表更爲實用方便的四角號碼，略一端詳字形，便能卽時檢出想查的字，則更爲方便。希望早些時日能學會，以資應用。

第三章　概說書、參考書、基本資料

一、研究中國佛教的三部門

　　研究中國佛教，總體而言，有的是以信仰教義為主；也有以寺院僧尼的身分週旋在社會廣大的現象面為主，其範圍可以說甚為廣泛。以上兩者，實際上並不是各自孤立的，教義信仰仍然是與寺院僧尼的社會存在相結合。因而其區別可由各自所關注的焦點所在，才能分辨出端倪，兩者是無法各自成立而獨存的。因此，許多大學編排以教義信仰為主做研究的佛學課程；也有編排社會現象面為主做研究的東洋史學或佛教史料，雖有各自不同的講授通例，但我們總須明瞭這是大體上的權宜之計罷了。在各宗所立的大學裏，互把佛教學科和一般佛學講座與其專宗教學的課程，分別設置者較多。蓋即同樣是研究中國佛教，則分為研究本宗學科，或研究佛教學科以及研究佛教史學科等三種。這樣去進行的結果，並未走向自己所研究宗旨的目標，而是偏於各自不同的三種學術層面上去。研究本宗教學者，偏向於傳統所重視而浸沉於本宗的教義中，因而很難以客觀的態度和批判的眼光去展望整體，自然也就遠離了以客觀立場去究明歷史的見地。宗教並不只是以能達成由客觀所批判的歷史後繼為準的，而專宗學術也並不是以此即失去其意義。但若過分地固執

宗內敎學的歷史，而獨善偏見，則容易陷入牽強附會之說，而被一切缺陷或短處所矇蔽的毛病。其次，於佛敎學科，因爲是以敎義信仰爲主，當然以研究經論爲宗旨，但此一部門仍然是積極於敎義論書的解讀爲務，而沿用古來的術語，自己並未好好把它消化吸收，往往都無法突破而安於穩定的現狀。這樣一來，自己所理解的只限於少數思想家或哲學家之說的合理性，但是，往往則忽視了潛藏在其中的宗敎意義。有了正依的經論作思想的導向，認爲必將會產生某一種的理論體系，從而亦將注意在歷史的洪流中掌握宗敎的動向，這可能就是一般大衆所忽略，而只是社會所研議的游離抽象論。這麼一來，東洋史學科或佛敎史學科又將如何呢？當然中國歷史中有關佛敎的諸般現象，雖然亦曾涉及，但那只是論述以思想或信仰而從事活動的人或事象，但若不加細究其思想信仰的內容或所具的傳統性，則將有不成其世間歷史的弊害。往往並未考慮到淨土敎理是以什麼爲理想，而於禪的生活態度所期待又是如何？對於這些有關的現象意義，究應如何予以正確的領會？其實際所顯示的缺陷，往往却是大衆所公認。至此對於佛敎思想的理解程度如何？可以憑藉學人於史學研究的進度，令人有一定範圍的感受。

綜上所述，劃分學科的措施，完全是一種權宜方便，有志於學習佛敎敎義人士，不能缺乏對中國一般歷史的基本知識，即使學習佛敎史的學人，亦應儘量深自培養個人敎義信仰的素養，這是不待贅言即可自明的道理。如今我在此喋喋不休，未免有嫌嘮叨，但就現實而言，仍須特別加以強調，故予記述以促請留意。

二、中國佛敎史的概說書

起初先應着手的是，想要研讀印度佛敎史和中國佛敎史的概要書，

究竟有些什麼書？目前當以龍山章眞的 『印度佛敎概史說』（法藏館）
和道端良秀的『中國佛敎史』（法藏館）最爲適宜。有關日本佛敎方面，
則以圭室諦成的『日本佛敎史概說』（理想社） 較爲適當。 如果喜歡再
簡單一點的， 則有塚本善隆等四人共著『佛敎史概說， 中國篇』（平樂
寺書店）或龍谷大學編纂的 『日本佛敎史』（百華苑）等書。 此外以印
度思想史的整體來展望佛敎，則有中村元著的『印度思想史』，（岩波全
書），誠然不失爲一本好書。這些有關印度、中國、日本的佛敎史， 各
自都有其較爲詳細的研究書，考慮其簡繁適宜，作爲啓蒙書，先須就上
述三書過目一篇爲宜。中國佛敎史方面，我在學生時代，卽以境野黃洋
的『中國佛敎史綱』（森江書局）最爲廣受讀者的愛好， 其次則以他的
另一著書『中國佛敎史講話』（二冊， 共立社）或『中國佛敎精史』以
及伊藤義賢的 『中國佛敎正史』（竹下學寮出版部）等書。 後來則有宇
井伯壽的『中國佛敎史』（岩波全書） 等書的出版， 而這些書都是以人
物和文獻爲中心的歷史書。常盤大定所著由東京大學佛敎青年會編集的
靑年佛敎叢書之一的『中國の佛敎』（三省堂）小書的出版， 這是以中
國佛敎思想和中國佛敎史的兩部分所成立。前者是由傳譯論，立宗論、
敎判論、心識論、法界論、中道論、佛性論、修道論、成道論等九章所
編成； 後者是由準備（漢、三國）、 研究（南北朝）、 建設 （隋唐半）、
實行 （唐半五代）、 繼紹（宋以後）等五章編立而成。 配合其他很多歷
史書，像高僧傳、八宗綱要等固然重要，當然仍以佛敎的經論爲根本，
如果也能實地去接觸、勘查中國史蹟文物，而且亦於儒敎和道敎抱持很
深的造詣，以樹立其廣大視野。常盤博士以『中國佛敎研究』（春秋社）
爲題的論文集，生前雖曾發表三冊，其第三冊則是收錄「中國佛敎史概
說」、「中國佛敎特色」、「中國佛敎鳥瞰素描」等諸篇，都是富於啓發性
的論文。其他如站在常盤博士的遺蹟上去闡明佛敎史的『中國佛敎史』

（雄山閣）的書稿，已經編入東洋史講座第十二卷，發表了爲後世甚爲景仰的成果。

最近，鎌田茂雄博士所著，深得簡潔之要的『中國佛教史』（岩波書店）已經發行，立論精詳，頗值一讀。

上述各書，如能粗讀兩三遍，於漢文的造詣上亦將有所助益。其他在中國出版的，但若不能精於中文，則將頗感吃力，北京大學副校長湯用彤的『漢魏兩晉南北朝佛教史』（二册，商務印書館）請你務須一讀。此書一如標題所示，是只限於漢魏兩晉南北朝時期的佛教史，論述佛教隆盛絕頂的隋唐時期，及其後來的五代、宋、元等佛教狀況則未論及。全書共分二十章，其中如「釋道安」、「釋慧遠」、「竺道生」等重要人物，都是以其個人爲中心，分別設有專章予以論叙。此外，如「兩晉際之名僧與名士」、「釋道安時代之般若學」、「鳩摩羅什及其門下」等都是概括其時代大觀而各立一章；另外也有如：「南方涅槃佛性諸說」、「南朝成實論之流行與般若三論之復興」、「北方之禪法、淨土與戒律」等一個主題牽連到其他兩三個系統的問題，都另作一章作爲綜合性的考察。這本書不是啓蒙書，而是極盡博引旁證的一本精密研究書，也是今天研究中國佛教人士必須過目的必讀書。只是從文化史的觀點去論及遺蹟文物，或以宗派學家的教義信仰而論述闡明其組織型態等，這本書却並未接觸到，所以在這一方面，則必須參閱哲學史、文學史或美術史等各專書，亦須於經論方面各自研究自古以來的疏釋類書，在心理上應該了解，這本歷史書是可以活用的思想史的基本書。

此外，也是湯用彤的著書，以同樣的書名作湯錫予撰，由國史研究室編印，最近亦很普及，這本書被收錄在佛學叢書，其附錄部分並附有馮承鈞著的『歷代求法翻譯錄』。

三、週邊的補助學參考書

　　就這一方面，研究中國佛敎人士所必須致意的輔助學科，稍加介述。首先就是閱讀中國史的概要書，當以和田淸的『中國史概說』（二册，岩波新書）等爲開始。有關這方面的參考書或敎科書，可謂不勝枚擧。整套的『京大東洋史』（創元社）按着時代的順序共分爲五册，每一册又由各自不同的專家依章來分別撰寫，並且附有系圖、參考文獻、索引、附圖等，對啓蒙的學人來說，堪稱便利。旣然決心想研究中國佛敎，就必須閱讀其正史的『二十四史』，可按時序去探求更深一層的知識，如能再閱覽一遍『二十四史剳記』（三十六卷，淸趙翼），相信更能培養出閱讀史書的基本知識。話雖這麼說，閱讀「二十四史」也並不是非專攻史學者所不能着手，因爲像『資治通鑑』（二九四卷，宋司馬光）等一類大部頭的史籍，畢竟不是一開始卽應面對的書籍，一方面可以作概要書和敎科書以外，也可以作學習漢文階梯的當是『中國通史』（五册・那珂通世）等都很適當。因爲是明治二十一年出版的書，於此之後東洋史學到了今天，已經有猶如隔世的進展，相信必定會有種種評論，但是隨着年代的演進，直到宋朝其歸納史實的手法，是一本迄今猶應倍加尊重其價值。這本書在岩波文庫中，猶編入和田淸的譯註三册在裏面，這一方面雖然有東洋史辭典、地圖、年表等數之不盡，若想能以一本書來集其大成者，仍以『東洋史辭典』（京大東洋史硏究室）較爲適宜。只是年表型式，以袖珍用的『東方年表』（野上俊靜，藤島達朗編）若能經常帶在身上，希望能養成一種習慣，不厭其煩地去翻閱才好。

　　由箭內、和田兩位博士所製的『東洋讀史地圖』及『中國分省地圖集』（地圖出版社）或靑山定男的『中國歷代地名要覽』（東方文化學院

東京研究所刊）等都是很有肯定評論的。另外『中國古今地名大辭典』（商務印書館）或姜亮夫的『歷代名人年里碑傳總表』（臺灣商務印書館）等都須備置在座右，應用方便。最近由山崎宏、笠原一男兩博士出版『佛教史年表』，這是並未註明出典的。但年表是以自己應予銘記的事項，依次加書作爲自己的筆記較爲有效益。

然後再就哲學史方面，也務必一讀爲宜。以狩野直喜的『中國哲學史』（岩波書店）最具權威。但是不妨暫以武內義雄的『中國思想史』（岩波全書）較爲簡潔而明確，先於儒佛道三敎關係的大綱，得以了解當屬方便。此外雖有久保田量遠的『中國儒佛道三敎史論』（東方書院），以及常盤大定的『中國的佛敎與儒敎、道敎』（東洋文庫論叢第十三）二部大作，都是在研究方面稍有進境後所應閱讀的。爲了明瞭三敎關係，在了解交涉資料以前，應該先對三敎的基本文獻，必須分別習學，否則將經常爲一些曖昧的議論所影響，而難以瞭解三敎各自的特長，從而爲其錯綜反覆地議論弄得不知所以，而草草完事。其次有關易（其中特別是繫辭傳）、論語、老子、莊子等爲首，以及一些主要的哲理書籍，務請能將原典準備在身邊，以便經常親近於它，或是全部粗讀一遍。爲了查找所引用的辭句，在對照上，不應該在應用時才打開所需要的部分。有關上述的參考書，在此不予一一列舉，但清朝皮錫瑞著由周予同所注釋的『經學歷史』（中華書局）等相信都是甚有助益的書。

最近幾年，森三樹三郎也曾出版『中國佛敎史』兩册（第三文明社レグルス文庫）。

道敎是素來即與佛敎持續密切關係的宗敎。早年有小柳司氣太著的『東洋思想與道敎』（森北書店）和『道敎槪說』（世界文庫）等書，近年來又有福井康順的『道敎基礎之研究』（書籍文物流通會），以及大淵忍爾、吉田義豐、窪德忠等諸敎授繼續不斷地發表了各自的傑作。但是

針對啓蒙學人的入門書，如今尚未曾看過。宮川尚志曾有『六朝史研究』宗教篇與政治社會篇（平樂書店）的出版，這是一位視野廣濶的學者。他的另外一部『六朝宗教史』（弘文堂），我認爲是了解中國宗教一般狀況很值得參考的好書。

在文學史來說，有長澤規矩也的『中國文字概說』（法政大學出版局）和青木正兒的『中國文學概說』（弘文堂）這都是以初學爲對象的；志在佛學的人士，於此必須了解其程度。歷來我深自感覺佛教研究人士對中國文學一向缺乏素養，中國佛教在文學上的考究，確實落後了很多。劉師培的『中國中古文字史講義』（人民文學出版部）雖然篇幅很短，我認爲尚不失爲紮實的名著。再進一步對於『文選』（昭明太子撰，唐李善注）等，若能盡心精讀，對於想要涉獵六朝佛教文獻的人來說，勿寧是培養實力的大好機會。另有程度稍高由武內義雄著的『中國學研究法』（岩波書店）者，也有諸橋轍次的『經學研究序說』（目黑書店）等都是認眞專攻此學所必讀的好書。

佛學研究者爲了閱讀於中國古典影響力很大的魏晉南北朝時代的佛教文獻，對於『十三經索引』、『老子索引』、『莊子索引』、『文選索引』都是不可或缺的文獻。

此外，對於建築史、美術史其與寺塔、佛像等的關係，亦屬不可忽略。這方面有伊藤忠太的『中國建築史』（東洋史講座，雄山閣）、村田治郎的『中國の佛塔』（富山房）等書，都是簡明而易解的好書。常盤大定和關野貞共著的『中國佛教史蹟』（佛教史蹟研究會）及其『評解』現在已經出至第六輯，都是他們畢生的傑作，其考證研究的『評解』，雖然不是針對初學所寫，但總是以知識文獻上占優勢的中國佛教。有關建築、彫刻、碑文、地勢等，由於現狀照片的豐富介紹，使我們對之產生親近的印象。本來於日本的佛教即是如此，如果不能親臨其境作實地

探勘其山川風物遺蹟，便不能具備實際感的體受；可是今天在中國却不能那麼稱心如意，而且也不容易做到。雖然說在大正年間的當時也不易做到，但我們必須對作者冒着一切艱苦毅然脚踏實地才取得了博士學位的成果，而加以大書特書。一如作者在紀行日誌中我們所讀到的有：『中國佛蹟踏查與古賢遺蹟』（金尾文淵堂）、『中國佛教史蹟』（同上）、『中國佛教史蹟踏查記』（龍吟社）等書，這些都是研究中國佛教人士所亟欲樂讀，更能引起研究的興趣，務請羅致一讀。

近年來常盤博士的『中國文化史蹟』（解說圖與圖版，計十五冊）已被翻印，作爲研究書來說，『中國佛教史蹟評解』雖然較爲詳細，但『中國文化史蹟』限於佛教範圍則益較廣泛。

四、大藏經

大藏經，對於一般爲了求得知識的人士來說，非常有其閱讀上的必要。早年在東京或京都自大正四年以來，大藏會每年都舉開一次展覽會，如今只有京都在舉辦而已，在那裏陳列有古寫經與古版本，而且每次都有目錄出版。我們一生必須培養對這方面的關懷心情，而且也要養成每展必觀的習慣，絕不怠慢。由小川貫弌撰寫的『大藏經之成立與變遷』（百華苑）是應京都的大藏會創立五十週年紀念而出版，雖然不是以初發心者爲對象而寫，但若與田中塊堂的『古寫經綜鑒』（鵤故鄉舍）等書合讀，則一定會加深對古寫經和古版本的關切。

讀過若干的概要書之後，接下去須就特殊題目的研究書涉獵。時下雖然有很多是以論文集型式發表的，在這裏面分別有以整體全般爲着眼點，以及從廣泛的角度探討兩方面。就進行考證的方式和對資料批判的方法，以及理論的構成等來說，當以後者爲宜；從大局的觀點所達到的推

移變遷迹向，儘量地開擴視野這方面，應以傾向前者爲宜。總而言之，在閱讀研究書時，不能只就了解其所寫的內容結論事實爲滿足，同時並須注意其公正、週到、設想、批判、論理等各方面來考量，從而進行研究或學習是爲至要。基於上項的考慮，學人仍宜選讀具有肯定評論或具權威性學者的論文加以精讀爲宜。如果只是以搜求新的資料爲尚，並未就個人的研究態度去設定界限，到頭來只不過是被大量的資料所驅使，而去從事整理而已。在這種情形下，也許自己本身當然會習有所得的，但應各就一己的興趣或性質就有關的事實，進一步深入以求了解。

上述道端博士的『中國佛教史』其所附錄參考文獻的著者、發行所、發行年時等，都有明確的記錄與列舉。此外在雜誌上或記念論文集所發表的論文，也依事體發生的順序，列舉其雜誌名、著者名、發行年時等，明確地計有將近五百篇的論文名稱。其他方面，前年龍谷大學圖書館所編纂的『佛教學關係雜誌論文分類目錄』（百華苑）業已出版。近年來僅就『印度學佛教學研究』方面，該學會並也出版，收錄有論文總目次、著者名索引、項目索引的刊物。從上述各項刊物的利用上，便可了解日本學術界的大勢，這對研究專家所在及其業績方面的明瞭上頗有助益。在京都大學的人文科學研究所，自昭和十九年以來，大約每年都彙集「東洋學研究文獻類目」予以發表。因此當可由之看出佛教關係的部分，以及於其他有關聯各部門的研究情況，其中所收錄的尚不止是日本文字，也有中文或歐文都納入其中，因爲也收錄有雜誌論文及單行本，所以對學者來說是大有裨益。

五、佛教史的基本文獻

其次，對於研究中國佛教史，我們在閱讀近代人的研究書或研究論

文的同時，在古典方面，必須了解應讀的基本典籍。以下僅從上述見地
的立場，介紹其具有代表性的作品。在較爲古老的方面來說，高僧傳和
續高僧傳中的主要人物，必須一一過目。高僧傳（梁慧皎）是自佛敎初
傳以來，直到梁代歷經四百五十年之間的高僧約二百五十餘人（其他附
傳者約二百餘人）的傳記，分類爲：譯經、義解、神異、習禪、明律、
亡身、誦經、興福、經師、唱導等十科而各作其傳記。其中包括道安、
慧遠、羅什、法顯、僧肇、竺道生等高僧的傳記。其後又有『續高僧
傳』（唐道宣）的出現，這是集錄直到唐貞觀年間的一百四十年間的高
僧四百餘人（並附有其他二百餘人）的傳記。因爲也是分十科而集錄，
所以載錄眞諦或菩提流支、玄奘等譯經法師之外，並有光宅寺法遠、淨
影寺慧遠、曇鸞、智顗、吉藏等很多足以代表中國佛敎的人物。繼此之
後，又有『宋高僧傳』（宋贊寧），其中並輯錄了義淨、善無畏、窺基、
法藏、湛然、慧能、道宣等的傳記。因爲對象的不同，很難做取捨，所
以須對上述三傳自己所注目的部分瀏覽一過。又須於梁高僧傳通讀一番
之後，明瞭了僧傳的全貌，才有實益。以上三傳之中，以續高僧傳的文
章最爲難解，幸好已經納入國譯一切經中，可參酌閱讀。

所謂高僧傳，於以上所列擧：高僧傳（十四卷，梁高僧傳）、續高
僧傳（三十卷，唐高僧傳）、宋高僧傳（三十卷，宋贊寧）之外，更加
大明高僧傳（八卷，明如惺），通常稱爲四朝高僧傳。在上述四傳之外，
繼之在中華民國八年又編作『新續高僧傳四集』（六十五卷，道階，喩
謙居士等編）歷述宋遼金元各朝高僧，主要是集明淸時代僧傳的大成。

牧田諦亮也以叢書方式爲敎界學人出版『中國高僧傳索引』（平樂
寺書居），堪稱非常方便。

佛敎的興隆期，是從南北朝直到隋唐時代，因此在通常的情形下，
有前述的三傳卽已足用。以僧傳來說，後面所述的二傳顯然較爲遜色。

而且除此之外，還有『比丘尼傳』（梁寶唱）和『海東高僧傳』（高麗覺訓）都是較爲特殊的。是集錄合於禪宗傳燈法系者，所以其所記載的僧尼數確實很龐大，因此若想從這些書中找出自己所必要的僧名傳記，委實不太容易，但有一種略傳性質，而記述其名字出典的『僧傳排韻』（百八卷，日本堯恕）一書，整本都是用押韻的順序所排列，而收錄在大日本佛教全書之中，以日本五十音字母所排列，而且附有索引，非常方便。此外尙有『中國佛教史學』雜誌，從創刊號直到第九冊，連載有梁高僧傳的索引，參照出三藏記集、名僧傳、弘明集、歷代三寶紀、廣弘明集等有關資料，凡是宋高僧傳所記載的僧名、俗人名、寺廟、書名的出處都可從大藏經中的頁碼顯示出來，並且還引用原文，這對研究初期時代的人士來說，甚易明瞭其梗概。

　　其次，中國佛敎初期思想的資料方面，不可以忽略了出三藏記集和歷代三寶紀，以及弘明集等這幾部經史書。『出三藏記集』（十五卷，梁僧祐）是集錄從後漢朝直到梁代之間，所翻譯的經律論等的目錄，並且附有其經序或後記，甚至尙附有與譯經有關人士的傳記。傳入中國的經論，是由隨時隨地的翻譯而集成，所以其中有的同一原本，也有是經過幾次的翻譯而成的，而且同是由翻譯而成的經論，有的很能符合學者研究的對象；有的却全然未曾經人寓目。事實的情形旣然是這樣，因而也就形成中國佛教思想的重大關係。經典的翻譯年時，以及携入經典人的出身地等，可以憑而考證其經典是在何時、何處所作成？抑或在何地曾經流傳？所以對於印度佛教或西域地方的研究人士而言，提供了極爲重要的資料。基於上述種種因素看來，譯經目錄（略稱經錄）是非常重要。中國自古以來，雖然代有製作，但以現存的出三藏記集爲最古老。這是由百餘篇的序文集錄而成，並記載有重要人物的傳記，此尤加重了其貴重價值。經論的序文在翻譯時的有關人士或其注釋者等，乃至其翻

譯過程或其研究注釋的狀況均有所記述。故而以史實的根據來說，堪稱第一手的資料，這是勿庸贅述的。同時於其經論的宗旨介紹或其成立及研究的過程，都有所記述的這一點，在思想史或研究史方面，此書也是極為貴重的資料，因為這一方面經常都被忽略，所以必須特別注意。此外於其傳記方面，在數量上雖然比高僧傳較少，以其根據確實，而且其成立的年代也最早，就這一點來說其價值亦更高。

繼此出三藏記集之後的重要文獻是『歷代三寶紀』（十五卷，隋費長房）。前者的敘述中心是以南北朝的南朝為重點；後者則是着重在北朝，尤其是北周毀佛事件以後所撰作，對於佛教與國家的關係，殊有感同身受的描述。

此外，本書也有其他的種種特色，蓋卽不止是以經錄的方式來歸納，其在使用的方法上，不僅可作佛教史閱讀，也於中國史、政治史或思想史上都可以供作意外收穫的寶庫。在經錄方面，為後世提供一項基準作用的『開元釋教錄』（二十卷，唐智昇），學人在研究工作的利用上，尤屬不可忽略。

其次尤須列舉『弘明集』（十四卷，梁僧祐）與『廣弘明集』（三十卷，唐道宣）。對於佛教的介紹，除了教學義理或通俗的庶民信仰之外，在中國知識分子士大夫階級之間，應如何培養或滋潤其認識，亦屬當務之急。這兩本書的資料，於此却發揮了寶貴的效果，其於佛教思想所說示的高遠教義理論，殊少涉及，却偏重於各祖師的生平靈異，以介紹給一般庶民。這在以知識了解中國佛教的方面，難免說是一種缺陷。以高度的國民素養，在發展佛教上，可能造成遏阻的士大夫階級，於其動向，以及他們在中國歷史上所占的階級地位，不但重要，而且對研究佛教思想的人士來說，絕不能忽視其所持具的意義。基於這一點許多非專家的知識人所作的論文，因為大多都是從贊成與否兩方面的立場所議

論，雖然在思想鬥爭上可以說是一種資料，但從佛教立場着眼，也可以解釋成爲護教而編纂的弘明集及廣弘明集，是研究中國佛教人士所絕不可忽視的文獻寶庫。尤其爲了讀後易於領會在歷史、文字、哲學或整體中國學術上，也是培養深厚造詣所必需，所以不能只以佛教知識來看待。相反地，如果不具備佛教思想的基本知識，確實也無法消受它。所以說閱讀這樣的書籍，如能得到佛教學與中國學術兩方面的學者來指導，其效果將更能事半功倍。十餘年來，我們在京都大學以人文科學研究所爲中心所從事的研究，就是在大家的合作之下進行的。『慧遠研究』（二册，木村英一編，創元社）與『肇論研究』（塚本善隆，法藏館）等書的出版，就是其成果的一部分。

　　『弘明集研究三册』（遺文篇・譯註篇上下）也是諸家學者共同研究的成果，而由牧田諦亮在最近彙總出版。

　　此外也在通覽佛教史方面，爲你提供基本知識的是『僧史略』（三十卷，宋贊寧）。這本書是在宋朝初年所撰作，是以佛教東傳及經律論的翻譯爲開端，設立了注經、講經、出家、受戒、談論賜號、官秩、結社等凡五十九個項目，以論述其制度。如對初學之士，誠然不免艱深，但若想於中國佛教眞正致力於研究的人士，實是不可或缺的鑰匙。著者贊寧也是前舉高僧傳的作者，其學識堪與梁僧祐、慧皎、隋朝的費長房和唐朝的道宣等人相伯仲，更是屈指可數的大歷史家。這本僧史略，若能與高僧傳參酌閱讀，將愈益能發揮其眞正價值。

　　另有一部必須一提的是『佛祖統紀』（五十四卷，宋志磐）。這是以中國天臺宗的立場，仿效正史體裁所編纂的佛教歷代史蹟，書中從佛傳開始，一直流傳到天臺宗，包括印度乃至中國的歷代祖師，列舉其傳記以及其他願生淨土諸宗的祖師，有關地理、寺塔、碑文、故實、制度、典籍等一切事項的集成，分爲：本紀、世家、列傳、志、表等五篇的體

裁，仿照史記以下的正史。其中的法運通塞志一項，據謂係摹仿司馬溫公的資治通鑑所作。法運通塞志是叙述從釋迦佛降生以來，直到南宋理宗端平三年之間與佛教有關的史實，以編年體分作五卷收錄內其容。可以說是一部具有佛教大年表原始型態的史誌。此後繼之又出現『佛祖歷代通載』（二十二卷，元念常）和『釋氏稽略』（四卷，元覺岸）等同類的史書，像這樣的編年史紀錄，對於研究佛教史人士，都是喚起學人於種種問題關切的媒介，平時經常翻閱，不但開卷有益，而且亦於思考教義理論的頭腦，在廣大領域中已經淡忘的問題，又會重新泛起思緒。在佛教關係年表方面，有望月信亨的『佛教大年表』（佛教大辭典發行所），這也是必備的書籍。

　　此外，也有一些應該閱讀的書，大致而言初學人士的嚮導書，在多事網羅之餘，於研究工作上儘量避免評論的型式。於此以外的種種，閱讀上列參考書或史書的人自然即可明瞭，如把較高程度的人和全屬初學者勉強劃歸一致，反而有遭致混亂的顧慮，故而介紹即到此為止。另外以一位專家的立場，從史學和書誌學的立場所論述的『中國佛教史籍概論』（陳垣）也希望能多予參考。

六、培養基本知識的順序

　　以上僅就研究中國佛教史，開始着手的入門書籍介紹一過。我始終都是主張：研究應以教義為主，諸如史學、文學、哲學等所謂中國學術，因為又是專門學術之外，在學術進步和研究書出版盛行的今天來說，衡諸上述各端，猶尚忽略了很多適當的參考書籍，我認為亦屬在所難免。基於我膚淺的參考意見，以下僅就教義思想方面稍作介紹。既謂佛教思想，必須自原始佛教開始。佛滅年代論或釋尊的傳記、四諦、十二

因緣、八聖道、三法印等為首，先須於基本知識加以確認。但是，追本溯源正式致志於學術研究亦有其進度。我在學生時代卽有心想研究日本佛教，雖然亦從平安時代初期的傳教大師的研究着手，但當我讀到「守護國界章」等時，又必須去追溯唯識、華嚴、天臺各宗義去查求教義，漸漸在追究的過程中，便走上中國佛教初期的老路，這樣一來，顯然又與起初的目標相偏離。在我的學友當中，也有人以研究天臺宗為目的，雖然從法華經着手，但追溯到原始佛教而想深入研究之際，致力於其背景關係的追究時，在不期然間，自己已經成為印度哲學的一位專家，竟也有這種例子。搜尋其源流，本來是無際限的，還有，一個人向四面八方去分神，總是難得萬全的期許，所以必須付出若干程度的忍耐，唯其如此，才能不斷地吸取專家學者的成果。如果只是在原始佛教，部派佛教、大乘佛教、西域佛教及其全盤開展過程上打轉，始終在考慮一項固定的事物，縱然如此，亦可隨着對大乘經論和西域佛教的通曉程度，更能體會出在中國於教義信仰的深淺差別。因此對於梵文方面的若干知識是絕對必需的。因為將可憑以就同樣的原典與不同的翻譯（同本異譯經典），自己就可以對照起來閱讀。經過這樣的學習努力，總會覺得其所研究的佛教史，較為豐富。

　　縱然如此，但在最初也不是什麼人都可以做到的。所以說一開始，必須從平易的教義入門書去進行。有關佛教學術的教義概說書，歷來經公開發表的已經不在少數，山口益等連我一共四個人所共著的『佛教學序說』（平樂寺書店），如今已廣為眾人所愛讀。而今天各方面的研究書或教科書，可以稱得上是汗牛充棟，一時實在難分軒輊。我在學生時代曾經讀過木村泰賢的『原始佛教思想論』（丙午出版社），如今雖然稍嫌古老，但依然還是可以據而領略到佛教樂趣的好書。佛教的理論，與其勉強靠硬背死記，不如從心底裏去求得理解來得重要。比較此書旣扼要

又能深入淺出述說其要領，我還是推崇山口益的『印度哲學佛教思想史』（甲子社書房）一書。另外以宇井伯壽的『印度哲學研究』爲首，而學術的權威性也很高的書籍，也不在少數。但是如今我們所介紹的是，以初學之士的嚮導書爲重點，並不是以推薦高水準的研究書爲目的。一俟進得門來之後，憑着研究論文或辭典，再努力去探求自己所採擇的路途。

漢文方面古典入門書的『八宗綱要』（凝然），雖然是日本鎌倉時代所寫著，但能由之看出各宗教義的概要。自古以來也曾很多人以天臺四教儀和三論玄義作教科書來使用。那是一本短小的冊子，其中不止對特定的三論宗和天臺宗敘述其概要，而是爲研學一般佛教基本內涵所作的扼要介紹。如天臺四教儀（高麗，諦觀），雖然也有集註（元，蒙潤）和集解（宋，從義）等詳細的註解書，但是初步入門一類的書，却付闕如；故而仍以從整體觀念上通過簡潔的書籍，以能捉摸到天臺學的規模爲至要。否則一開始就做的是吹毛求疵般的研究，到頭來依然是無從領略到天臺學的偉大。其次『三論玄義』（隋，吉藏）的註釋書也很多，金倉圓照的三論玄義譯註（岩波文庫），確實在譯註技巧上盡致了很大的心力，對初學者堪稱是適宜的佳作。我在第二章中也曾列舉一些經與律具代表性的註釋書名，但對一般尚無所學的初心之士，還不能算是介引的書籍，所以許多學生猶有不滿的反映。幾經再三的思考，時下還找不出爲初學入門的適當書籍。如果不得已勉强的要求，也只有上列八宗綱要、天臺四教儀、三論玄義等書而已。或者是阿彌陀經、無量壽經、法華經方便品、維摩經弟子品、金剛般若經等，可以携帶在身邊的短篇小經，或長大經典的主要部分，在誦讀之餘，亦可通悉其術語，進而致力於體會其佛教義理。接着下一步，便是向指導教授洽談請益。在第二章亦曾勸請學人多多使用望月博士的『佛教大辭典』或『佛書解說大辭

典』，在尚未熟悉之前，不妨先參閱橫超、舟橋、多屋三人所共編，頗爲輕便的『佛敎學辭典』（法藏館），或附錄於昭和新纂國譯大藏經的『佛典解說』（東方書院）等書；另有佛敎學辭典的姐妹篇『佛敎史辭典』的出版，目前亦在進行當中，相信不久卽將與讀者見面。

　　最後有兩件事須加補充：第一，在整個佛敎學中，禪和密敎具有特殊性格的兩門，單憑書本上的記述，就想去學習它的知識或思索其理論，是很難得到實益的；除了依從老師去承敎以外，別無他途；另一種是透過律制，來了解佛敎徒的生活實態，也是甚有必要。平川彰的『原始佛敎的硏究』（春秋社）等書，正是這一學門的指導書。在漢譯的聖典中，勸你一讀的是四分律含注戒本（唐，道宣注）或梵網菩薩戒經。

　　由『四分律含注戒本』，可以了解四重戒和十三僧殘等戒律；依梵網經可以得知大乘十重四十八輕戒所具備的特色爲何？亦卽有關佛敎敎團實際生活的必要知識。

第四章　學會誌刊與論文集

一、日本佛教學會與日本印度佛教學會

專攻於佛教學類科，一旦決定了範圍，而加入到學界團體中，透過入門書、概要書在培養廣大視野的同時，更不要忽視於平行相關研究論文的接近。以下僅就這方面論文的一般狀況，稍作介紹：

如所週知，目前關於佛教學術的全國性學會，就是日本佛教學會和日本印度學佛教學會兩種。其中以日本佛教學會的成立較早，是在昭和三年，以具有與佛教相關講座的大學專科學校聯合而發起成立。每年召開一次大會，發表其研究論作者，由成員大學推選代表人擔任，其會刊『日本佛教學會年報』發表論文者雖少，但都是比較長篇者居多。昭和三年初成立的當時，雖有『日本佛教學協會年報』的名稱，但於戰後却予改名，自昭和二十四年度的第十五期號，稱爲『日本佛教學會年報』，到了昭和三十九年度的紀要，已達三十期號。此一學會，以學校爲單位參加爲成員，另以個人爲會員，而承認會員得以自由發表其研究論著的是日本印度學佛教學會，該會也是每年召開大會一次，出版其研究紀要的『印度學佛教學研究』，因爲每期發表論文愈來愈多，所以其研究紀要當然須限制長篇論文的字數。該會自昭和二十七年第一卷第一期號發

行以來，迄今統共發行五十四期號。當初每年召開春秋的兩次大會，但至昭和三十年以來，則一年僅開會一次。以上兩個學會，目前正在發展之中，如果勉強的評論其得失，印度學佛教學會方面，由於許多新進學員的參與，以全國性的組織大會，提供了發表研究論著的機會，因而頗有成果。因為想發表的論文過多，以致無法如願地刊載其佳作宏論，這是其美中不足的地方。在日本佛教學會方面，由於是代表各大學而發表其論著，因與印度佛學會相比較，在此可以發表其長篇巨論，也算是一項優點，演變所致只限於代表宗門大學的立場，藉以展示其宗義；站在廣大視野的立場加以檢討，則有欠恢宏的氣勢，是其遺憾之處。但上述兩個學會，目前是日本全國最大組織的佛教學會，是可以確定的事實。

二、研究宗教與研究佛教

在此以前，從大正五年以東京帝大的宗教研究室為中心，其宗教研究會發行「宗教研究」雜誌，這份刊物到了大正十二年，因為關東大地震而中斷。因而到大正十三年九月，以東京及京都兩所帝大為首，從各方面遴選常住委員，得以發刊「宗教研究」新第一卷第一期號，因為是隔月發行，所以每年有六冊的出刊，其中不乏很多佳作連載在裏面。雖然標題是宗教研究，但於佛教有關的論文，却始終占據了大多數。起初是由東京的博文館，接着亦由同文館來擔當發行，後來則移入大東出版社的手裏。這本雜誌到昭和十四年改為季刊，而以日本宗教學會作主編與世人見面。以上是昭和初年佛學研究所盡致的偉大功績，於今猶不可或忘。但是這份刊物從有「宗教研究」之名，却不是一種專門研究佛教學的雜誌。後來時機成熟，到了昭和十二年由大東出版社，以佛教研究會發行了隔月刊物——『佛教研究』便從而誕生。爾後雖然以「季刊宗

敎研究」繼續刊載一些佛敎有關的論文，但一份專門刊行佛敎研究的定
期刊物，直到昭和十九年戰火正酣時的八年期間，給予學術界留下它的
輝煌業績。每年出刊一期特刊號，提出以「日本佛敎的研究」，「我的問
題」、「生死的問題」等項目問世，其第五卷的第五、六合刊號是一本
「佛敎學的現狀與將來」的特集；其第六卷第二、三期號是以「南方圈
的佛敎」爲題的特集。

三、中國佛敎史學與日華佛敎研究會年報

　　就在這發刊「佛敎研究」的昭和十二年，湊巧也許是相同的期許，
一份研究中國佛敎的專門雜誌誕生了，以京都的塚本善隆、高雄義堅、
野上俊靜、諏訪義讓、道端良秀、藤野立然諸先進，以及東京的福井康
順、結城立聞、板野長八、山崎宏、龍池清和我橫超慧日等諸先進爲中
心，決定以『中國佛敎史學』雜誌，每年發刊四次。發行所在京都的法
藏館，繼續出刊到昭和十九年十月第七卷第三期號。該刊並出刊過『中
國淨土敎的研究』、『日華佛敎交往的研究』、『實地勘查報告』等特刊號。
此外學術界所展望附有中國佛敎史學關係的論文目錄，亦深受歡迎。爲
一般學術界所展望而經登載的有：
　　中國佛敎史的已刊書概觀　昭和十一年（以下十二、十三、十四、
　　十五年）的中國佛敎史學界的斑點　有關中國佛敎社會經濟史的研
　　究　關於遼代佛敎研究發展儒佛道三敎交往研究的展望　五臺山佛
　　敎的展望　關於西夏佛敎的諸般研究　遼代燕京的佛敎　關於中國
　　佛敎初傳的諸般研究　中國禪宗史的展望　關於金代佛敎的研究
　　中國淨土敎研究的回顧　中國天台研究的回顧　華嚴敎學研究的回
　　顧　關於南方佛敎研究的展望

等論著，並對初學之士揭示其各種解說的記事。此外，如「山西省旅行記」、「山東靈嚴寺行」、「五臺山紀行」、「河北省正定縣城調查手記」、「開封猶太教徒的現狀報告」、「朝禮泰山記」、「山西太原法華寺遊記」、「北京白雲觀的現況」 等旅行遊記或勘查報告都富有趣味。其第七卷第三期號卷末，登載有自創刊號以來已經刊登本的總目錄，請予參閱。對於這份「中國佛教史學」亦須加以補充的是，縱創刊號直到第三卷第一期各號， 都附有梁高僧傳的索引， 不但就梁高僧傳的僧名， 在家信士名、寺名、書名等抄錄其原文，並將研究中國佛教史重要資料的出三藏記集或僧傳抄、弘明集、歷代三寶紀、廣弘明集等有關聯的記事，抄錄其概要以資參考。這項工作是由塚本善隆、龍池清、牧田諦亮諸先進努力締造的成果，這一貢獻為研究人士提供了很大的方便。之後，此一從事方式繼續到續高僧傳、宋高僧傳、大明高僧傳等，給學術界留下很大的裨益。

　　或許是受『中國佛教史學』出刊的刺激所致，於此稍後的四年，一份『日本佛教史學』的發刊也問世了。在創刊號的首頁，載有花山信勝的『日本佛教史學的回顧與展望』，卷尾並有書評、彙報、新刊書目、論文一覽之外，每期附錄方式，連載伊藤眞澈撰寫的六國史佛教資料。這份刊物也是每年出四期，是由京都平樂寺書店所發行。後來由於二次大戰的影響， 在不得已的情形下 『中國佛教史學』 亦與 『日本佛教史學』同樣都遭到停刊的命運。

　　此外於中國佛教的研究，尚有一項必須加以舉例，蓋即『日華佛教研究會年報』。這份刊物是日本與中華民國佛教人士的合作， 以相互研究與敦睦邦誼為目的，於昭和九年設立日華佛教研究會為基礎，到昭和十一年則發行它的機關雜誌——『日華佛教研究會年報第一年』刊物。蓋即具有現代中國佛教研究特刊號的副題意義，而是以了解中國佛教的

現狀爲主要着眼點。把中華民國最近十數年間所出版的雜誌，其中與佛教有關的論文，加以分類集錄；其在日本方面的研究，也從昭和六年以後，直到最近一期號，與佛教有關的雜誌論文，列舉其目錄，並由岩井（牧田）諦亮所作的宋朝新譯經典索引目錄和由春日禮智作的全唐文中佛教關係的撰述目錄，均予刊載。如今於其一一的介紹在此省略。於昭和十八年所出刊的『日華佛教研究會年報第六年』收錄了談玄氏述的『清朝佛教的概況』及由春日禮智執筆的『中國佛教史蹟案內』與『日本現存中國佛教史籍古鈔古刊本目錄』等佳作多篇。春日先生於該年報的第三年作有『全唐詩佛教關係撰述目錄』，於第三年作有『漢代佛教の外典資料』，於第四年撰有『日華佛教交往史年表』，並於第五年作有『宋人集佛教關係撰述目錄』幾乎每一期號都有他的佳作發表，對於資料的集錄，其所盡致的努力，堪稱由他而獨當一面。

四、佛教史學與東方宗教

　　二次大戰結束以後，不得不歸向岑寂與靜默的佛教學術界，大約歷經四年的消沉，到昭和二十四年，佛教史學的研究再度掀起了高潮。於是日本佛教史學和中國佛教史學的兩個學術團體結束了運作，而漸有步趨統合的態勢，從而組成了新的佛教史學會，就此由平樂寺書店發行的雜誌『佛教史學』與世人見面。一如其刊名所示，不止是以日本爲範圍，也不只限定於中國範圍的刊物。從而一些有關的論文，如：『佛教印度的地理考察』、『蒙古語古典文法書給予西藏佛教文法學的影響』、『在朝鮮的佛教與民族信仰』等，於印度、西藏、朝鮮有關的論述均紛紛上刊。其次並計劃發刊下列的特刊號：

　　戰後的佛教史學回顧與展望　禪宗史特集　佛教與民眾生活　日本

淨土教特集　日蓮宗特集　日本佛教的地域發展　故事特集　佛教
美術史特集

等論文。遂於昭和四十一年二月出刊第十二卷第三期號，至此，從創刊
以來業已過了十六個年頭。但是大體上仍以關於日本佛教的論文占優
勢；而有關中國佛教的論文在數量上較有不太踴躍的感覺。既稱佛教史
學，就應該不止是在現象面上探求追索，而應就教義思想上能多所發
揮。縱然如此，但依然還是純粹的社會史性質占多數。於是本來專攻中
國歷史，但也於印度或日本的歷史表致關切；或是專攻日本歷史，亦須
於印度或中國歷史多所費神，理想雖然正確，但亦實在做來不易，往往
因為一些關聯性較薄的論文充斥，自然也經常出現積而未讀的情形，也兼
而有之，這是我自己本身的反省私語，一般同人也許不致於此，誠屬幸甚！

　　綜上所述，已就以佛教為中心的誌刊介紹一過，與此一主題頗具深
厚關係的尚有「東方宗教」。所謂東方宗教，其實就是代表道教學會的
雜誌。道教學會成立於昭和二十六年，同年就發行了創刊號。道教是考
究中國人生活中所不可或缺的宗教基礎，於其成立過程中與佛教的關連
尤其深厚，從而以東洋宗教與一般的關聯上，期能進行研究，故而於其
機關雜誌不名道教研究，而稱之為『東方宗教』。這份雜誌是由法藏館
開始發行，每年四次，但是後來則減為一年三次；如今則是每年發行兩
期的刊物。到昭和四十年的十月已出刊至第二十六期號，內容方面當然
是以老莊思想或道教信仰為中心而著論，其實於中國佛教的淵源，其與
道教乃至道家思想的密接相關聯，但是佛教學者經常都以佛教所特有的
觀念去考量，而且受這種觀念啟發而撰寫誌刊文章的，亦不在少數。例
如，在考察日本佛教時，是不能忽視於日本民族的固有信仰或民間的習
俗；同樣的道理，研究中國佛教，如果無視於道教信仰的狀況，恐將難
以窺得其眞實相，這是學人所應具的心理準備。基於上項事實，一向對

道敎很淡薄的我，時亦自覺赧顏！在「東方宗敎」中，有關道佛二敎的
交往，高僧傳的神異，乃至知名高僧的思想中所潛伏的道敎要素等論文，
從表面上看來都與佛敎保持若干程度的聯繫。

五、研究東方學術的誌刊

　　以上是以佛敎爲中心的雜誌，已作了大體上的記述。於此之外，明
治時代以後，長久以來於佛敎有關的論文，經常都在「哲學雜誌」（東
大）、「哲學研究」（京大）、「東洋學報」（東洋學術協會）、「史學雜誌」
（東大）、「東洋史研究」（京大）、「史學研究」（廣島大）、「史林」（京
大）、「史淵」（九大）等雜誌上，被以哲學或史學來安排作登載的處理，
此舉在學術界也時而波起雲湧，在此不擬贅述。

　　昭和初年，有一號稱東洋文化學院的研究中國文化的學術機構。在
東京和京都均設有研究所，其中亦於中國佛敎從事研究，並分別發表其
研究成果，發刊「東方學報東京第×册」或「東方學報京都第×册」的
平行刊物。在東京是以常盤大定爲首，以次有結城令聞、中田源次郎、
龍池淸與我橫超慧日等人；在京都是以松本文三郎爲首，以次也有塚本
善隆、長尾雅人、牧田諦亮、藤吉慈海等人，各自發表其於佛敎有關的
論文。其中東京方面到昭和十九年第十五册卽告終了，以後則與東京大
學的東洋文化研究所合併，以『東洋文化研究所紀要』的名義發行。
「東洋文化研究所紀要」出刊至昭和四十一年三月第四十册，但因這裏
面素少研究佛學的專家，所以近年來於佛敎有關的論文愈來愈少；京都
方面，東方文化研究所被京都大學的人文科學研究所合併，之後仍保存
其東方學報的名義而繼續出刊。在昭和三十九年十月並出版創立三十五
週年紀念論集的「東方學報京都第三十六册」。這份刊物直到現今，仍

然經常發表有關佛教史關係等的論文。

此外，將再介紹戰後才誕生的東方學會。這是以研究東方文化的學界人士所組織的純學術團體。以羽田博士爲會長，雖亦經常舉行學術公開講演，但自創立以來，經過五年到昭和二十六年，發行其代表機關的雜誌——『東方學』第一輯，直到昭和四十年十一月已經出至第三十一輯。『東方學』一如其名所示，是以宗教、哲學、文學、考古學爲首連帶亦收載有關政治、經濟、地理、語言等諸般文化的研究論文。從而亦於佛教有關的印度佛教或中國佛教的論文予以發表，因爲範圍異常廣泛所致，所以主題若太過狹小的文章，難免有滄海遺珠的遺憾，但如「我東洋學界的近況」、「海外東方學界的消息」等幾乎每一期號均有報導。此外，也有一份「東方學論集」的刊物出版，這是提供給初學人士入門的簡介，但却遠比進行研究的學人所採用的比例爲多。

六、佛教系大學的校刊雜誌

其次，再就各佛教系大學所出刊的雜誌，稍予補充介紹。

首先就我們大谷大學來說，目前有「大谷學報」和「大谷大學研究年報」的發刊。「大谷學報」在創刊的大正九年當時，直到昭和二年，是以「佛教研究」的刊名，從昭和三年開始改名爲「大谷學報」直到如今。大谷大學在性質上其論文內容雖然廣泛到史學、哲學、文學、社會科學等各層面，但總是以眞宗學或與佛教有關的論著爲其重要部分。每年發行四期，到昭和四十年三月已出至第四十四卷第四期號。另有一份「研究年報」，此刊一如刊名所示，是每一年一期的研究報告，原則上每一期以佛教學和眞宗學分別各刊登論文一篇。從昭和十七年出刊第一集以來，戰後曾一度中斷了一個時期，到昭和四十年六月已出至第十七

集，這些論文的分類總目錄已在昭和三十六年出版。

　　此外，在龍谷大學有『龍谷大學論集』和『佛敎學研究』的發行。大正大學則有『大正大學學報』的出版。大正大學的山家學會，自昭和三十五年有『天台學報』的出刊，在此以前，以『山家學報』名義的雜誌，刊出許多頗能引起學界注意的論文。從前的智山專門學校，也有『智山學報』的出刊。高野山大學有『密敎研究』、立正大學有『大崎學報』、駒澤大學有『佛敎學部研究紀要』、花園大學有『禪學研究』、愛知學院有『禪學研究』、同明大學有『同明學報』，此外其他方面在京都大學有『印度學試論集』、『駒澤大學研究紀要』、『東洋大學紀要』、『大正大學研究紀要』、『立正大學研究紀要』、『佛敎大學研究紀要』、『龍谷大學佛敎文化研究所紀要』以及京都知恩院內佛敎文化研究所的『佛敎文化研究』等。近年來設置於大阪四天王寺女子大學本部的聖德太子研究會也有『聖德太子研究』，或鈴木學術財團出版『研究年報』，東洋大學的東洋學研究所出版的『東洋學研究』等，使得學術刊物的數量愈形龐大。其他各宗大學的雜誌亦各有其悠久的歷史，如果再上溯到大谷大學的『無盡燈』、龍谷大學的『六條學報』等都加以介紹，則今天的雜誌，都亦各具其悠久的傳統。但是時下所謂研究，都不過是向初學之士介紹其槪略而已，事實上亦只限這種程度罷了。

七、各種紀念論文集

　　最後，一向與雜誌論文並頭齊進的單行本論文集，亦須置言提及。在個人的著書方面，固然是集錄作者多年的研究，而多以論文集型式所發表，但有些是以紀念論文集或綜合研究的成果所發表，是集錄很多學者的研究論文而輯裝成一本書的情形，爲數亦很多。早年以『常盤博士

還曆紀念佛敎論叢』（昭和八年，弘文堂二十編）爲首，繼之則有『宇井博士還曆紀念印度哲學と佛敎の諸問題』（昭和二十六年，岩波書店二十五篇）、『宮本正尊敎授還曆紀念論文集』（昭和二十九年，三省堂四十七編）、『山口博士還曆紀念印度學佛敎學論叢』（昭和三十年，法藏館三十六編）、鈴木大拙博士頌壽紀念會刊『佛敎と文化』（昭和三十五年，鈴木學術財團十八編）、『福井博士頌壽紀念東洋思想論集』（昭和三十五年，上列財團五十七編）、『塚本博士頌壽紀念佛敎史學論集』（昭和三十六年，上述財團七十九編）、『岩井博士古稀紀念典籍論集』（昭和三十八年，上述財團百一編）、『干潟博士古稀紀念論文集』（昭和三十九年，上述財團四十編）、『結城敎授頌壽紀念佛敎思想史論集』（昭和三十九年・大藏出版社五十三編）等多種；此外遺漏的部分或刻下正從事編集者，亦不在少數。數量可能多達四、五十篇乃至百十篇以上，在內容上當然亦將分爲四部或五部分，其有關中國佛敎的部分，亦收納在裏面。而這些頌壽紀念論文必然也是這些學者所提出的成果，我們在閱讀之餘，也爲年輕後進的學人提供良好的指針。其次有別於爲特定的個人作頌壽紀念，而在東京帝國大學創設宗敎學講座二十五週年紀念，出刊了『宗敎學論集』（昭和五年，同文館二十一篇）；又於昭和九年爲慶祝釋尊聖誕二千五百年紀念的祝賀而舉辦，亦由該紀念學會發刊『佛敎學諸問題』（昭和十年・岩波書店五十四篇）。當時在日本正代表佛敎學界最高水準的論文，與今天的學術相比較，其趨勢的差異或進步的趨向來考量，也是頗饒興趣。

此外，前年適值慈覺大師圓仁示寂一千一百年紀念，由福井康順發刊『慈覺大師研究』（昭和三十九年，天台學會四十五篇）。圓仁雖是日本人，却是『入唐求法巡禮行記』的著作，其能吸引研究中國佛敎學人注意之處很大，從而也得以收錄很多篇有關論文。其次如：塚本善隆編

的 『肇論研究』（昭和三十年， 法藏館七篇）、 木村英一編的『慧遠研究』遺文篇和研究篇 （昭和三十年、 三十五年， 創文社十四篇）、坂本幸男編『法華經之思想與文化』（昭和四十年， 平樂寺書店二十五篇）、中村元編 『華嚴思想』（昭和三十五年， 法藏館九編） 等， 雖然說是論文集， 其實是就一個主題作綜合研究而成立。 學者們大多是就各自專究的立場， 集成其多元化的研究， 則是近年以來的趨勢傾向。今後相信更將透過這個公開的議論， 把一向閉關自守或閉門造車的學究性的弊病，將可獲得矯正。

　　以『中國佛教研究指南』爲題的論叙， 僅就一己所思索的諸端， 提供初學之士作爲引介的嚮導， 與其說是簡介書， 不如說是列舉已經過目的若干參考書籍， 把自己走過的老路， 回首前塵就一己的感受， 綴述成篇而已。 其實說來， 從研究中國佛教的近代史寫起， 顯彰先人們的成績， 把煊赫一時的發達境遇與沉寂或闇淡的時期， 加以認清， 看清楚今後所取向的目標， 平舖直叙地寫下去， 容或也有遇到以護教的立場和歷史學的批判見地， 容易混同的情形， 正是做學問應如何秉持其基本態度， 也表達若干我個人的私見。 對於中國佛教的研究， 在歐美各地猶少有人做探討， 但以法國爲首的歐洲學者， 對於這方面也盡致了不少的研究貢獻。在『佛教學探討』的第二期號上， 由安藤教授所介紹美國哈毘玆博士、 荷蘭的翟爾痕等， 他們廣事涉獵中國人、 日本人、 歐美人的研究， 最近也提出輝煌的成果。 中國方面的有關東洋學的雜誌， 或佛敎思想史專家的介紹， 在此暫且省略。因爲是替初步入門人士着想的緣故， 在此只能以初步的引導書刊爲限。因爲我自己的見聞很膚淺， 容或有偏差、遺漏之處在所難免， 或於進展中的學術界現況未予着筆之處亦多。正如先進們所了解， 如能獲得致力於此道的學人， 作爲參考之用，當屬幸運之至， 謹此本稿到此即告一段落。

第三篇　印度學研究指南

泛論印度學

一、所謂印度學

　　印度學這個名稱，在歐洲是以 Indologie 這門學問而言；但在德國、奧地利大學的講座中，是把印度學與伊朗學作爲 Indologie und Iranistik 把它作爲與伊朗學有關的講座而設立者較多。例如汶大學的講座名稱是 Indologie und Iranistik；慕尼黑大學或挪威奧斯陸大學也作(Indo-iranisk Institutt)。但在德國大學是以 Indologisches Seminar 的名稱，較爲普遍。例如波昂、蓋田建、且賓建各大學等都是如此。在柏林的自由大學則稱爲 Indogermanisches Seminar；在漢步爾克大學則稱爲 Seminar für Kultur und Geschichte Indiens。但是在美國則不把 Indologie 作相當於 Indology 來使用，因此，一般稱之爲 Indian Study (Studies) 者甚爲普遍。例如在哈佛大學自一九五一年以後，其科系 (Dept) 的名字就是 Skt. and Indian Studies。可是在一八八三年則有以爲 Indo-Iranian Language 科系 (Dept.) 的名稱。

在日本，印度學的名稱已經定型，但在國立、公立、私立大學的講座，對於印度學的此一名稱，幾乎沒有一個大學公開地在使用。在國立大學一般的情形都以印度哲學系的名稱，其中大多數都包含佛學在裏面。

日本的『印度學佛教學研究』的雜誌名稱是 *Journal of Indian and Buddhist Studies* 那麼印度學就相當於 Indian Study (Studies)。在學術大會上所發表的印度學範圍（第一部會）所屬的，則涵蓋了印度哲學、文法學、宗敎、政治、社會、美術以及有關現代印度的一切。雖然尚未嚴格地加以劃分，但已可理解是包括了由：古典梵文、辛廸文、孟加拉文、伊朗文等的文獻研究。從而在日本的印度學，是從所謂印度哲學的範疇擴大出來，在整個印度思想史中，我們必須注意是以梵文、辛廸文等現代印度文的各種文獻所表達為中心而成立。因此印度的宗敎、哲學、文學、文典學、天文學、數學從古昔直到現代，歷經了廣大的範圍；從而由古典文學到現代的諸般問題，可以說都是研究的對象。

在本校於佛敎學術中，設置佛學課程和印度學課程兩種學科。由於這種情形所顯示，當可了解此一學科在整個印度學中所占的地位。蓋即：印度學其本身就是一門獨立的學術範疇，而我們也經常被問到它與佛學的關係或意義。有關佛學課程，從前曾經透過『佛學探討』由各負責撰述的專家寫成「有關指南」發表。此即以印度佛敎指南為題，有：原始佛敎(1)(2)（舟橋一哉「セミナー」第五、六期號）、中觀佛敎(3)（安井廣濟「同」第七期號）、唯識佛敎(4)（安井廣濟「同」第十期號）、戒律佛敎(5)（佐佐木敎悟「同」十一期號）。接着並有佛敎史指南（佐佐木敎悟、「同」第九號）、原始佛敎研究指南(1)(2)（佐佐木現順、「同」第十二、十三期號）、中國佛敎研究指南(1)(2)(3)（橫超慧日，「同」第一、二、三期號），以及西藏文獻研究(1)(2)（稻葉正就「同」十六、十九都在本書中發表。在這種情形之下，編輯部正希望得到印度學課程範

疇和印度學研究指南有關資料。但是涉及如許廣大領域的印度學研究指南，在執筆撰寫上殊非易易，因此須用種種方法去摸索進行。在此恕難就所有的領域一一敘述，而且於一種研究對象有關的參考文獻也無法盡形網羅，因此筆者僅以最小限度而就所必需的，亦只就所聯想的部分提供參考。有關每一研究單元問題的提出，其文獻資料在敘述上可能數易其稿，在此的重點，則是放在印度學研究單元上，從而本篇所叙也就是印度學研究指南的素描。

二、學術的分野

印度學的學術範圍——把握其整體形象：

　　　素稱東洋思想源泉的印度思想，其背景卽是以宗教、哲學的探
　　　究為中心，想從文學、美術、政治、經濟等所謂文化史、社會
　　　史背景去接近的，就是印度學術範疇。

這是在本校學生便覽專門課程概要所叙述的一段文字。印度學術的範圍，是涉及印度思想全盤廣大領域的學術。但在本校以佛學系的一門課程，設有印度學課的這一點，尤須留意。這是因為在本校雖以印度學為目標，但並不以為印度哲學為其固有，是從佛教中所擴充，為了能從廣大視野去掌握，故名印度哲學。所以說不在佛教的基本立場上去掌握印度哲學，相反地，而是把佛教擺在印度哲學的宗教單元上，更簡潔地說，是想要在印度思想的洪爐中去掌握它。把佛教放在佛教圈內，於取捨之餘，更能明確地把佛教從印度思想上去執取它，除了以佛教史上縱的流程之外，更於橫的聯繫上，乃至從廣濶的印度思想去展望其範疇，當屬甚為必要。此一觀點，在一般的立場稱為外道的印度哲學，在宗教立場當無不妥。從而佛教學與印度學，乃至佛教與外教便產生相互交往的關係。

在這兩者的嚴肅關係中，佛學與印度學其各自的研究，當亦漸趨深化。

　　僅就阿毘達磨或大乘論書試作展望，我們當須注意對於在這上面出現的外教所作的介紹與批判之處也很多。在佛教所謂的哲學，是把宗教與外教的關係中確立起來，爲了使其存在意義得以明確化，不論什麼時代或任何場合，其批判精神都是所必需。但在這種情形下，對我們來說最重要的該是於佛教方面的論書所批判或介紹的外教，是否應該予以正當的評價或批判。其所批判的外教，須超越把它當作是外道的立場，而正當客觀地去掌握所批判的外道，以培養本身批判的眼光，才最爲重要。這件事卽使有印度哲學方面的哲學書籍，也是同樣的情形，被外教哲學書所批判的佛教，到底是否能正確地代表佛教？我們經常都被問起這件事。

　　凡是設定兩種不同性質的思想、哲學或宗教來作討論時，當事的一方批判或破析另一方是理所當然的。否則一種思想、學派或哲學，卽將失去其獨立存在的意義與價值。可是一方處在另外一邊的延長線上，亦卽作爲追隨者（Epigonen）而擺在同一平面上時，在印度的各種哲學，大體上都以無我論（Nāstika）與有我論（Āstika）相對立。在這種情形下，把佛教當作異教、異宗來予以批判，乃屬至爲當然的事。但在批判的這一邊，固執其本宗派的立場，從一個固定的觀點來批判他者時，在所批判的這一邊，時而多有被歪曲化或屈折的情形。那不能稱爲正當的理解或評價。爲了能正當地掌握於他者的評價，至少亦應以正確的理解他者，作爲評價的前提。於是對佛教的正確理解，不僅只限於佛教內部之於佛教，亦必須於印度思想，卽與外教的思想交涉中去掌握契機。另一方面，在外教的正當理解上，當然須就外教內部的交往，乃至在與佛教的交往中，就其所具有的特色或存在意義爲何？必須能明確地予以掌握。從而對於佛教或外教，施以正當評價者，必須是站在廣泛的印度思想上

的廣角眼光所施爲。

從這項所謂掌握的着眼,本校於印度學術所期望的,自將顯現無遺。蓋卽,印度學是以學術的研究內容爲前提,可以說是從明確地掌握印度哲學史和印度思想史的整體而開始的。這與思想的時代區分,亦卽能看透各時代的思想、思想家,乃至哲學家所構致的思想凝聚,有其相當的關聯。

印度思想,是由此一思想所凝聚的幾個分水嶺所形成。是卽從古代而近代乃至現代的歷史者是。這樣一來,印度學的學術領域,先須要求以時代劃分爲立足點的歷史觀。這是以思想史來處理時,永遠必需的條件之一。於是印度學的研究指南,是先須羅致有關印度思想史的適當書籍,希望於印度思想的整體相能確實地掌握。構成這樣條件的參考書,玆列舉二、三,以供參考。

關於印度思想史或哲學史

中村元著『印度思想史』(岩波全書,一九五六、六八)

此書一如作者在序言中所叙述:「想要把整個印度思想史,都歸納在這本小冊子裏,誠然有其困難。」「印度的典籍,其成立年代固然難知其詳,若想作歷史性的劃分來叙述,永遠將困難重重。」基於這一點,將其基礎結構的宗敎、思想、學派分成十一章來叙述印度思想。其所叙述都很簡明而平易,因爲在各章節的末尾都附有參考文獻,讀者於印度思想的形成及開展,可以得到從各種方面(Side)去接近(Approach)的預備知識。

金倉圓照著『印度哲學史』(平樂寺書店,昭和三十七年),及如著者以思想史所叙述的『印度古代精神史』(岩波書店,昭和十四年)與『印度中世精神史』上册(岩波書店,昭和二十四年),以及同書中册(岩波書店,昭和三十七年),在這門學術上以客觀所叙述的研究成果,深堪令人注目。全篇共分二十章,每一章都附有參考文獻的主要部分。

其內容正如表題所標示，主要是以印度哲學爲叙述對象。

可是，我們在學生時代，於有關印度哲學史課程，一向都是參考宇井伯壽著的『印度哲學史』（岩波書店，昭和七、四十年），以及宇井伯壽的另一著作『印度哲學史』（日本評論社，昭和十一年）。依據著者的『印度哲學研究』（全六卷（後述）的成果，給日本的印度哲學研究奠定了指南針的作用，尤其是有關年代論上，更是後世研究人士的基石。另一方面，在歐洲的代表著作約可列舉出以：P. Deussen: *Allgemeine Geschichte der Philosophie* I, 1-3, Leipzig, 1894. 開始，在頗具資料意義上有：S. Dagupta: *A History of Indian Philosophy*, 5 vols., Cambridge, 1922 f., 另以西洋思想和印度哲學試作比較的：S. Radhakrishnan: *Indian Philosophy*, 2 vols., London, 1923, 1927. 等書。在歐洲近年以來，於印度哲學史有關的著作，列舉：E. Frauwallner: *Geschichte der indischen Philosophie*, I. Band, Salzburg, 1953; II. Band, 1956.。完成了全書五卷之後，竟未及親見著書出世而於一九七四年七月五日逝世，殊堪惋惜！

三、古　　代

一如先前所述，缺乏史書的佐證，於印度思想、思想史乃至時代的劃分，頗爲困難的，甚至像歐洲之有古代、中世乃至近世的區分，在印度是辦不到的。政治史的變動和精神史的變革是不得平行 (Parallel) 的，其理由的第一，還是不明確的時代區分，假定以古代、中世、近世、現代的四分時代區分法，以探求提出問題的方法；第二，在包括宗教、哲學、文學（含語文學）、美術、政治、經濟的文化史或社會史的研究部類 (Genre) 中，想辦法去加以整理。縱然如此，但在宗教與哲

學、宗教與文學、宗教與美術，乃至宗教與社會等各種問題交互相應的印度，經常都不可以忽視其橫的關係。近代的印度思想家，假若當我們思惟韋吠卡南達的思想時，對他的思想背景，魯茲在韋達它哲學的不二一元論，甚至優婆尼沙陀（upanishad 奧義書）哲學中卽有所發現，現代的印度生活模式，不論在文化史或思想史乃至近代人的日常生活中，古老的和新興的事物都能毫無矛盾地同時共存，這就是印度的特色。這樣一來，現代印度思想，一般的情形我們認爲必須回歸到吠陀才能正當地掌握。印度學研究指南，雖然可以說是從掌握印度思想史整理開始，但是爲了掌握印度思想整體相，其出發點，當從古代印度的宗教、哲學等方面去開始（有關印度史方面，將於第六項中敘述）。

當我們想探索吠陀宗教，最應該提起的書就是辻直四郎著『印度文明の曙』（岩波新書，一九六七年）和他的另一本『黎俱，吠陀讚歌』（岩波文庫，昭和四十五年）。這兩本書和先前的一本名著『吠陀與優婆尼沙陀』（創元社，昭和二十八年）都是明瞭吠陀學的必讀之書。在這本書裏，描寫的是從古代印度人探索人生奮鬥的種種角度，把來世與輪廻問題以及祭式，咒法或古代人的倫理觀，甚至優婆尼沙陀哲學等都是著者的學術研究對象，而以嚴格的手法將它們聯貫起來。特別是其附篇的「吠陀學的今昔」以及附於書尾的龐大參考文獻（附於『吠陀讚歌』、『印度文明の曙』書尾所附加資料）都是必須閱讀的資料。其次，他的近著：『吠陀學論集』（岩波書店，昭和五十三年），於吠陀學有關在著者諸論考中，也是難得一見的宏論，都收錄在裏面。

最後，對於吠陀研究，將再推薦： M. Bloomfield: *A Vedic Concordance* (HOS. No. 10) Bartimore, 1906, Delhi, 1964. 以及 *Vedic Index of Name and Subjects* by A A. Macdonell and A. B. Keith, 2 vols., London, 1912.

關於優婆尼沙陀（奧義書）哲學

為印度哲學的始源，以及後代的印度哲學或印度思想，帶來很大影響的優婆尼沙陀哲學，在印度思想史上，是達到一種高峯（Peak）的古代印度人思惟的結晶。最低限度在以印度學派哲學作研究對象時，如果無法通過古典的優婆沙陀文獻，將不能獲得充分的理解，這絕非誇張之詞。特別是作為思想背景為優婆尼沙陀所依據的吠壇多哲學，以及居於對極位置上的薩迦哲學的淵源（Source），亦於優婆尼沙陀哲學的地位在建立上占有很大的比重。吾人於研究此優婆尼沙陀時，不妨將其文獻學的研究層面暫時擱置，至少須於下列各研究書開始着手：

S. Radhakrishnan: *The Principal Upanishads*, Introduction, Text, Translation. London, 1953.

P. Deussen: *Sechzig Upanishads des Veda*, 2. Aufl. Leipzig, 1905.

R.E. Hume: *The thirteen principal Upanishads*, 2nd. ed. London, 1931.

L. Renou: *Les Upanishad*. Texte ét traduction sous la direction de Louis Renou, Paris, 1934 Sqq.

P. Deussen: Die Philosophie der Upanishad's （=*Allgemeine Geschichte der Philosophie*, 1, 2), Leipzig, 1899.

F. Max Müller: Upanishads, 2 Parts, 1879, 1884. (*SBE.* I, VX.)

日文的翻譯書，有高楠順次郎監修的『優婆尼沙陀全集』九卷（世界文庫刊行會大正十一年）以及部分翻譯方面，有：世界古典文學全集 3 的『吠陀・阿吠斯它』（筑摩書房，昭和四十二年）。在研究書方面，有前述辻直四郎著『吠陀與優婆尼沙陀』和金倉圓照著『印度古代精神史』。此外在古典書方面，有 H. Oldenberg: *Die Philosophie der*

Upanishaden und die Anfänge des Buddhismus, Göttingen, 1915.
（高楠順次郎與河合哲雄共譯的『從優婆尼沙陀到佛教』大雄閣・昭和五年）也是必須一讀的好書。

關於優婆尼沙陀（奧義書）的原文，最爲方便的是： *Iśādivimśottaraśatopaniṣadaḥ* (A Compilation of well-known 120 Upaniṣads), Nirṇayasāgara-press, Bombay, 1948.

談到優婆尼沙陀（奧義書），有繼續古優婆尼沙陀群的所謂中古優婆尼沙陀群。提供就此兩者極端不同的理解，金倉圓照著有『印度中世於精神史』卽如上述。此外，關於代表優婆尼沙陀群的『秀吠陀—秀伐它拉』，以及『卡它卡』的研究，尚有下列兩書：

R. Haushild: *Die Śvetāśvatara-Upaniṣad*, (Eine kritische Ausgabe mit einer Übersetzung und einer Übersicht über ihre Lehren) (Abhandlungen für die Kunde des Morgenlandes, XVII. Band. No. 3., Leipzig, 1927.)

Rudolf Otto: *Die Katha-Upanishad*, Übertragen und Erläutert, Marburg, 1936.

這兩種優婆尼沙陀，特別舉出其代表中古時代者，是因爲此後的不久，卽向學派哲學的薩迦瑜伽醞釀期演變下去，其意義尤其格外重要。而且不久便以讚歌（Gita）邀得了神的恩寵，導向一神敎的部門。

四、中　世

叙事詩文學——印度文學——

關於印度文學（文藝），凝聚了最爲豐富的文獻資料，創下劃時代的成果，我們必須舉出： M. Winternitz: *Geschichte der indischen*

Litteratur, 3 Bde., Leipzig, 1908. 所完成的大作。 這本書一如著者在緒言一九〇七年十月十五日於普拉哈中所指出：「不是要把國民塑造成學究式的社會，而是要把國民都培養成有敎養的人群。」文獻的闡述與印度的民族叙事詩，有關普拉那部分，曾列舉其內容的概說與要旨。而且其文獻的介紹，是對專家研究所作，並於論爭問題表明著者立場。曾經留學德國的日本學者先進，雖然聞有購置此書而予精讀者，更幸運的是，一本傑作『印度文獻史』由故中野義照完成其日譯（譯註）大業，可惜的是在全書共六冊中，於完成五冊之後，他不幸於去年逝世。於是在中野先生一週年的忌辰，其最後的『佛敎文獻』才得以完成，從而提供給學術界全套六冊的譯註書。即包括： 第一冊是『吠陀之文學』、第二冊是『叙事詩與普拉那』、第三冊是『佛敎文獻』、第四冊是『迦伊那文獻』、第五冊是 『印度的純文學』、 第六冊是『印度的學術文獻』（高野山大學內， 日本印度學會刊）等是。其日文譯註是網羅了直到現代的研究成果所成立，不但給原著『印度文獻史』錦上添花，對日本學術界也是一大慶幸事。謹此向故中野義照博士及高野山大學有關人士深致誠摯的謝意。此外於原著的英譯本， 則有 Dr. S. V. Ketkar: *A History of Indian Literature*, tr. by Mrs. S. Ketkar, 2 vols., University of Calcutta, 1927, 1933.

　　宗敎與哲學、 宗敎與文學， 在印度的情形必須明瞭其不可分的關係， 於此已如前述。 其最爲顯著的一面是， 在吠陀文學中雖已略知梗概， 當思及優婆尼沙陀哲學與文學的關聯時，我們必須就叙事詩文學的位置予以明確化。可是叙事詩文學是吠陀或優婆尼沙陀、婆羅門宗敎哲學； 另一方面以庫夏淘里亞爲主要題材所產生的文學。其中雖然也可以聽到辛都學派的聲息， 但與M·汶提魯尼茲的『印度文獻史』中的『叙事詩文學』可以並駕齊驅的近代佳作， 當提舉次列一書： Jan Gonda:

Die Religionen Indiens, 3 vols., Stuttgart, 1960, 1963, 1964.

這部書是由: I. Veda u. älterer Hinduismus. II. Der jüngere Hiduismus. III. Buddhismus, Jainismus, Primitivvölker. 的三冊本所成立，在此特意提出其第二冊來稍作介紹。其第二冊的內容: I 是叙事詩時代以後辛都教的歷史發展主要階段; II 是吠秀奴學派; III 是奚伐學派, IV 是十九、二十世紀的辛都教。雖然作如上的分章，但其問題的中心，仍然在於現代辛都教的淵源的學術體系。蓋卽所謂形成辛都教的普拉弗瑪、奚伐、吠秀奴三神所構織的複雜宗教背景，在未能洞察宗教史以前是不能貿然從事的。阿里亞宗教與非阿里亞宗教，從互相對立到重新統合的過程（process），不是島拉吠陀要素與阿里亞要素相混合（mix）的單純思考所能解決的。筆者尤其注意於土著文化的梵化（sanskritization）現象。由之當可看出土著居民的固有諸神，被崇拜婆羅門的諸神同一化的情形; 另一方面，對於吠陀優婆尼沙陀知識重視其禮儀的是坦淘里學派。還有視作「瑪哈巴拉它」的夏庫提崇拜。與坦淘里學派相結合的女神信仰等諸般問題，頗為複雜。著者對於這些問題所表達的各種見解，於今後的辛都學派的研究，都提供了重要的指針。

其次，就收錄在 L. Renou et J. Filliozat: L' *Inde Classique*, I., Hanoi, 1949. II., Hanoi, 1953. 第一卷的叙事詩，其有關普拉那文獻資料和叙述，當列舉先前所提汝提魯尼兹的『印度文獻史』（Bd. I, SS. 259～）、中野譯『叙事詩與普拉那』、魯奴著『印度教』（渡邊照宏，美田檢譯，白水社，庫塞秀文庫，昭和三十六年）、井原澈山著『印度教』（大東出版社，昭和十八年）、池田澄達遺稿『摩訶婆羅他的研究』（双文社，昭和三十一年）等作為參考書。

與叙事詩文學的「瑪哈巴拉它」相稱的「拉瑪亞那」，還有古典的梵文文學，雖然很多問題有待叙述，但限於篇幅，仍有意猶未盡的遺

憾。如今於前舉的『印度文獻史』之外，再就田中於蒐彌著的『印度の文學』（世界文學史，明治書院，昭和四十二年），亦加推介。

薄伽梵・讚歌 (Bhagavad. gita)

「瑪哈巴拉他」的第六篇二十五章，由四十二章十八章七百頌構成的「讚歌」(Gita)，對於凡是有志於學習印度學的人來說，是必須通讀的一部聖典。代表印度精神的本書，說示：宗敎、哲學、文學尤其於神的誠信，是一部很豐富的詩篇。是代表印度人發言的辛都敎聖典。

對於「讚歌」的研究，當先列舉辻直四郎著的『薄伽梵・讚歌』（刀江書院・昭和二十五年）。這本書是整理有關讚歌的一切問題而予以體系化。是「公平地介紹讚歌內容」的書刊。在總說章裏，解釋吉它所屬的派系、年代，乃至與其他哲學宗敎諸派的關係，以及讚歌的傳承與研究，正是本書所敘述的內容。在本論裏，就靈魂與肉體（第一章）、神（第二章）、輪廻（第三章）、道德（第四章）、解脫之道（第五章），解脫（第六章）等都有很精采的解說，並附加有附錄、主要文獻以及引用索引等。希望今後學習讚歌的同學，都能廣泛地細讀。

關於「讚歌」的翻譯，在數量上可能是相當豐富，在此未便一一列舉，僅只推介兩本書，以供參考：

S. Radhakrishnan: *The Bhagavadgītā*, London, 1942.

F. Edgerton: *The Bhagavadgītā*, translated and interpreted.

Part 1. Text and translation, Cambridge (Mass.), 1944.

再就日譯方面，則有高楠順次郎『印度古聖典』（世界聖典全集・昭和二年，『聖婆伽梵歌』丙午出版社・昭和四年再版），以及服部正明譯『巴戞伐島・吉它』（『吠陀・阿吠司它』筑摩書房，昭和四十二年）。如果想進一步了解其重要註釋內容，則有：

A. Mahādeva Śāstrī: *The Bhagavadgītā with the commentary*

of Shrī Shankarāchārya; Madras, 1897., 2nd ed. Mysore, 1901.

Vidyālaṅkāra Īśvaradatta: *Rāmānuja's commentary on the Bhagavadgītā*, Hyderabad, 1930.

S. Subha Rau: *The Bhagavadgītā*, translation and commentaries in English according to Śrī Madhwāchārya's Bhāsyas, Madras, 1906.

另就讚歌的索引方面，有:

P. C. Divanji: *Critical Word-Index to the Bhagavadgītā*, Bombay, 1943.

此外，於讚歌研究人士最稱方便的書是:

G. V. Jacob: *A Concordance to the principal Upanishads and to the Bhagavadgītā*, Bombay, 1891.

W. Kirfel: *Verse index to the Bhagavadgītā. Pāda-index*, Leipzing, 1938.

五、印度哲學

學派哲學

關於印度哲學，有木村泰賢著『印度六派哲學』（丙午出版社，大正四年，大法輪閣，昭和四十三年），以及馬克斯・謬拉的: Max Müller: *The Six Systems of Indian philosophy*. Oxforrd, 1899.。稱印度哲學不如稱六派哲學而較固定。但就學派（Darśana）而言，則不限於六個。十四世紀的馬達伐（Mādhava）著的『全哲學綱要』（*Sarvadar-śanasaṁgraha*）即列舉有十六學派的名稱，並包括佛教及迦那教。儘管如此，既稱學派哲學，其六派: 彌曼沙、吠旦它、散迦、瑜伽、尼亞

亞、外協奚卡則是其代名詞。

有關六派的研究，至少必須透過下列各項程序及階段：

一、六派各自對於所依的經典 (Sutra)，（但散迦派是以『散迦・卡里卡』(Saṁkhyakārikā) 充當，十四、五世紀時所謂『散迦斯陀拉』則另外。）作理解。

二、但是，凡是所謂「斯陀拉 (Stura)，沒有註釋書的參考，讀起來都很艱苦，因此須讀解各「斯陀拉」的註釋書。

三、註釋也有很多種，也有註釋的註釋（＝複註），故而註釋書者的不同，則其理解亦各自有異，從而須於各項註釋書加以比較對照，乃至亦須於註釋者生存時代的思想背景，詳加考證。

四、六派中，尤其也有來自佛教方面的批駁而加破斥的；更有與佛教相互交涉的。另一方面，在六派的內部，也多有互相批判駁斥的情形（尤其散迦與吠旦它）。從而其與佛教的交涉，也與六派之內的交涉面所提議問題更多。

當我們致力於學派哲學的研究，尚須注意，卽使一門學派的研究，已經頗不容易。何況，當與其他學派的交涉時，大有令人無從措手足的感受，此亦事屬當然。爲此須透過先前所介紹的『印度思想史』、『印度哲學史』以掌握其體系，以這項意念來作爲構想，才是先決的條件。在這種情形下，各學派的斯陀拉與各種註釋書，乃至有關的參考文獻、研究資料，甚至有關開展其思想的參考文獻學，以學派的分類，分別加以整理才是重要的基本作業。此卽所謂的文獻資料整理。當你從事這項作業時，必須參考『印度思想史』或『印度哲學史』等先進學者所揭示的資料，乃至各學會誌刊上所登載，屬於此一學科的學人論文，用來探求各家於此的研究動向。於是亦須就各學派的資料爲之建立檔卡。這樣一來，對於學派哲學的研究，才能步入起跑的正途。

　　關於學派哲學的研究書中，從筆者的學生時代直到今天，始終難以割捨的就是宇井伯壽著的『印度哲學研究』六卷。尤以其中的第一和第三卷所收錄，關於學派哲學的各種論考，我所承受的學恩最大。其研究方法的縝密，以及論旨的精湛，誠非一般後人追隨所能及。其第一卷所收錄的：「勝論正理學派與吠陀及聲常住論的關係」、「吠檀陀經的源流及吠檀多學派的成立」、「正理學派的成立及正理經編纂年代」、「勝論經及彌曼蹉經的編纂年代」、「勝論學派的知識編」；以及第三卷所載錄的：「勝論經的勝論學說」等各項論說，都是篇篇珠璣的論文，務須詳加研讀的傑作。宇井博士的『印度哲學史』可以稱是構築這些論考的基礎，從而樹立一大金字塔，更是印度哲學研究史上的古典。讀者可就岩波書店刊（再版）的「解說」一窺其全貌。

　　有關六派各系的研究動向，當視其他機緣再予列述，於此僅就現階段「斯陀拉」及導入「注釋」部門的內外翻譯，稍作介紹：

　　◇散迦・卡里卡（Samkhya-Karika）

　　本多　惠「サーンキヤ頌解說」（『大倉山學院紀要』第二輯、九一一一二〇頁、一九五六年）

　　服部正明「古典サーンキヤ體系概說—譯註—」（『世界の名著』1、一八八一二〇八頁）。

　　P. Deussen: *Die Sāmkhya-kārikā*, übersetzt une earklärt von P. Deussen (*Allgemeine Geschichte der Philosophie*, I, 3. SS. 419–466.)

　　Dr. Haar Datt: *Sankhya Kārikā with Eng. trans. and Notes by Dr. Haar Datt.*

　　以注釋為主的則有：

　　Har Dutt Sharma: *The Sāmkhya-kārikā, with the Commentary*

of *Gaudapādācārya* by Har Dutt Sharma, Poona. 1933.

金倉圓照「サーンクヤ・タットヴァ・カウムディー」(『東北大學文
學部研究年報』第七號、一九五六年)。

R. Garbe: Der Mondschein des Sāṁkhya-Wahrheit, München
1892.

Ganganatha Jha: The *Tattva-kaumudī*, tr. by Ganganatha
Jha, Poona. 1934.

Ramesh Chandra: *Vācaspatimiśra's Sāṁkhyatattvakaumudī*, ed.
by R. Chandra, Calcutta, 1935.

漢譯方面，有眞諦譯的『金七十論』(大正藏・五四卷)

索引、研究書方面，則有:

本多　惠「六派哲學根本聖典索引」(『大倉山學院紀要』第一輯、一
九五五年)。

山口惠照『サーンキヤ哲學體系序説』(アポロン社、昭和三十九年)。

山口惠照『サーンキヤ哲學體系の展開』(アポロン社、昭和四十九
年)。

　◇瑜伽・司陀拉 (Yoga-sutra)

岸本英夫『宗教神秘主義』(後篇、ヨーガ經和譯・索引。大明堂、
一九五九年)。

佐保田鶴治『解説ヨーガ・スートラ』(恒文社、一九六六年)。

松尾義海「ヨーガ根本聖典―譯註―」(『世界の名著1』二〇九―二
四四頁)。

本田　惠『ヨーガ經・註』(平樂寺書店、一九七八年)。

J. H. Woods: *The Yoga-System of Patañjali*, Harvard Oriental
Series XVII.

此書是吠亞沙(Vyāsa) 的瑜伽註 (*Yogabhāṣya*) 及其複註(Vācas-patimiśra:*Tattvavaiśāradī*) 二書的英譯本。

◇尼亞亞‧司陀拉 (Nyaya-sutra)

服部正明「論理學入門一(ニヤーヤ‧バーシュヤ第一篇一、二章譯)

　　一(『世界の名著1』三二一一三九七頁)。

宮坂有勝『ニヤーヤ‧バーシュヤの論理學』(山喜房佛書林，一九

　　五六年)。

G. Jha: *Gautama's Nyāya-sūtras, with Vātsyāyana-Bhāṣya*,

　　Poona, 1936.

Walter Ruben: *Die Nyāyasūtra's, Tex, Übersetzung, Erläuterung*

　　und Glossar, Lei pzig, 1928.

◇吠協奚卡‧司陀拉 (Vaisesika-sutra)

金倉圓照『印度的自然哲學』第二篇「譯自强島拉‧阿南達釋的勝論

　　經全本」(平樂寺書店‧一九七一年‧四九一九四頁)。

金倉圓照「怕達魯它達魯麻山古拉哈」日譯 (『印度的自然哲學』 九

　　五一二三六頁)。

Ganganatha Jha: *Padārthadharmasaṁgraha of Praśastapāda,*

　　with the Nyāyakandalī of Śrīdhara, translated into English

　　by Mahamahopadhyaya G. Jha, Allahabad, 1916

B. Faddegon: *The Vaiśeṣika-system descrived with the help of*

　　the oldest texts by B. Faddegon, Amsterdam, 1918.

　　此外，漢譯本慧月『勝宗十句義論』(『國譯一切經』日漢撰述‧論

疏部二十三、中村元「解說」)及其英譯本有:

宇井伯壽(*Daśapadārthaśāstra*, Chinese Text with Introduction,

　　Translation, and Notes by H. Ui, London, 1917.)

應對斯陀拉的索引，有:

Shuyu Kanaoka: *An Index to the Vaisesika-sūtra.* (「東洋學研究」第三號、一九六九年)。

◇吠旦它·司陀拉 (＝普拉弗瑪·斯陀拉) (vedanta-sutra)

中村　元『普拉弗瑪·斯陀拉的哲學』(岩波書店、一九五一年)。

S. Radhakrishnan: *The Brahma Sūtra,* 1960.

P. Deussen: *Die Sūtras des Vedānta,* 1887.

尙卡拉 (Śaṇkara) 註

G. Tibaut: *SBE.* vols XXXIV, XXXVIII, 1890, 1896.

V. M. Apte: *Brahnasūtra,* Shankara-bhāshya, Bombay, 1960.

拉瑪奴稼 (Rāmānuja) 註

G. Tibaut: *SBE.* vol. XLVIII.

瑪達伐 (Mādhava) 註

S. S. Rau: The Vedānta-sūtras, 1904.

此外，在部分摘譯方面，有:

L. Ronou: *Prolégomenes au Vedānta,* 1951.

S. K. Belvalkar: *The Brahmasūtras of Bādarāyaṇa,* 1923, 1924.

中村元「尙卡拉的小乘佛教批判」(『中野教授古稀記念論文集』一九六〇年)。

中村元「開展世界的因果關係」——尙卡拉的論述一二、一、四一十一 (鈴木財團「研究年報」一〇、一九七二年)。

服部正明「不二一元論」——針對普拉弗瑪·斯陀拉，尙卡拉的註解二、一、一四、一八一 (『世界名著I』二四五頁以下)。

◇彌曼沙·司陀拉 (Mimamsa-Sutra)

Mohan Lal Sandal: *The Mīmāṁsā-sūtra of Jaimini,* tr. into

English by Mohan Lal Sandal, Allahabad, 1923-25. (The Sacred Books of the Hindus, vol., 27.)

金岡秀友「Mīmāṁsā-sūtra 試譯」(『東洋學研究』二號，一九六七年)。

G. Jha: *Śabara-bhāsya*, tr. into English by Gaṅgānātha Jhā. 2 vols., Baroda, 1933f. *GOS.* 66.

關於印度佛教論理學的文獻資料，在此不再贅述；有關六派資料的解說，請參閱水野弘元博士還曆紀念『新・佛典解題辭典』(春秋社)的第VI章「印度的聖典」(三一九頁以下)，謹此附記。

六、現　代

現代印度、印度史

如所週知，印度學的學術領域非常廣泛。這門學術的最近趨勢，蓋卽印度宗教及哲學漸與近代印度政治史及思想家相接近的傾向，同時一般關於印度美術的關切，也漸形高漲。這種現象呈現出亞洲共通的東洋人心情的回歸，與趨向印度去探求的傾向，在與印度佛教的關聯中，印度在文化史或地理等方面，都是鄰近國家的先導。其中除了宗教、美術、思想趨向現代印度而與現代印度有關的各種問題，由於具有百聞不如一見的心情，也許會受到影響。讀者於現代印度學研究須知方面，透過堀田善衞著『在印度所想像』(岩波新書二九七)、石田保昭著『生活在印度』(岩波新書五〇七)、A・奚古弗里淘著，本田良介譯『印度紀行』(岩波新書一九八)、辛島昇・奈良康明著『印度的面貌』(河出書房新社，昭和五十年)、辛島昇『印度入門』(東京大學出版會，昭和五十三年) 等書，得以一窺印度的面貌。此外在介紹書方面，以上野昭夫著『印度美術』(中央公論美術出版，昭和三十九年) 以及H・A霍夫

賴著，關鼎譯『印度音樂』（音樂之友社，昭和四十一年、四十九年）等書，如能善加利用其所附錄的參考文獻，必將引起新穎的興趣。

　　印度學的研究指南，或許必須說是應由理解印度去開始，當非過甚之詞。這樣一來，也許應該先以理解印度作爲先決因素去進行研究。就這一點，上列各書將能達到良好的輔導（Guidance）作用。儘管如此，就言語、習俗、宗敎等問題交錯縱橫的印度，恰似「群盲摸象」的譬喩所示，很難掌握其整體。有關印度的很多書籍中，雖然亦可浮現出印度的局部輪廓，但我們必須了知，那畢竟不是印度的全體。因此我們要求應從古典印度去透視現代的印度，才是正確的途徑。

　　以印度學研究指南爲題，就印度學若干問題，謹就一己所了解，以素描方式寫到這裏爲止，這不過是爲本校選讀印度學課程的同學，提供參考而已。當然研究印度學所採取的途徑，也可以從其他的角度去叙述其過程。

　　最後，謹列擧有關印度史的幾部參考書，而就此擱筆（亦現代史）

山本達郎編『印度史』（山川出版社，世界各國史10，昭和三十五、四十八年）。

岩本　裕『印度史』（修道社，世界歷史叢書，昭和三十三、四十六年）。

J. ネ ル ー 著
辻・飯塚・蠟山譯　『インドの發見』（岩波書店，一九五三、五六年）。

D. D. コ ー サ ン ビ ー
山 崎 利 男 譯　『インド古代史』（岩波書店，昭和四十一年）。

中村平治編『インド現代史の展望』（靑木書店，昭和四十八年）。

荒　松雄『現代インドの社會と政治—その歷史的省察—』（弘文堂、アテネ新書，昭和三十三年）。

石田保昭『インドの課題』（三省堂，昭和四十六年）。

蠟山芳郎『インド・パキスタン現代史』(岩波新書，昭和四十二年)。

玉城康四郎『近代インド思想の形成』（東京大學出版會，昭和四十八年）。

辻直四郎編『印度』(偕成社，南方民俗誌叢書五，昭和十八年)。

宇野・中村・玉城篇 『東洋思想１インド思想』（東京大學出版會，一九六七年）。

A. L. Basham: *The Wonder that was India*, London 1954.

Wm. Theodore de Bary: *Sources of Indian Tradition*, 1, 2. Columbia University Press, New York and London, 1970.

附　詞

敬致習學於日本佛敎的學人

　　佛敎，其爲日本的思想、文化帶來的影響之大，殊非淺易所能測知，吾人雖曾致力於漸次究明其實際狀況，但諸多層面的深度，實在是一項頗爲艱鉅的工作。

　　我們當前所面臨的課題——探究日本佛敎思想，首應就先輩學者所遺留的文獻開始詳作考察，但是這些文獻，不論就數量或種類來說，都是非常的繁多。面對着擺在當前的許多先人所努力而獲致的遺物，難免會有望洋興嘆的感慨！

　　當你立志於學習日本佛敎時，首當其衝的就是要面對宗派問題。這是與印度或中國佛敎大不相同之處。但在日本直到今天仍然保守着各種宗派型式的佛敎，而其學術也是在各自的宗派中，保持其傳統的傳承，這就是所謂的宗乘。一般的情形，就此傳統與鑽研，也深致了誠摯的努力。

　　那麼，我們所針對而從事的日本佛敎學術，究竟爲何？蓋卽去研究

宗派以外的種種，而執取其所從學的普遍性。並且將其普遍性提出在宗派之外，把它擺在一般佛學及思想學科的領域。這樣一來其宗乘所具有的意義，卽成為我們自己所擁有，由於對普遍性的認識，較諸先人文化遺產的佛教思想亦將為之提高。從而就當時卽將隱沒的種種，由之亦當為所發掘而浮出。

從這一點說起，現代的『八宗綱要』就是這種情形。鎌倉時代的凝然，就是透過這種情形而創下來他的傑作。但却不是現代的鎌倉時代。佛學也在印度或中國佛教的領域上，已經樹立起新的文獻學，或究明其思想的確實學術方法。我們站在這些學術的基礎上，從鳥瞰的立場來觀察日本佛教時，一種屬於宗乘的日本佛教特質，也會很明顯的成為我們所獲致的，蓋卽可以說是現代的『八宗綱要』。

我們也可以舉出一個例子來表明，從印度以來的唯識學，其所以能在日本傳行，就是以中國為媒介的，以法相宗的宗名流傳，可是開展到奈良時代後期的日本唯識，認為應改為從一般唯識學的立場加以究明而予評價。例如像善珠，不論其於唯識或於中觀學的成就，他就是遺留下了優秀的成果與理解的芳規。

此外，依其宗派的歷史事蹟，作為其原本的闡明，而恢復其面目的思想，或也有經常都被忽視的情況。這項實例就是日本天臺被認為是鎌倉佛教的母體；另一方面其本身所具備的意義，以及與日本文化的關係，當然也被重視，應加研究。儘管如此，可是一般的情況却並未予以相當的關切，那是由於德川時代的安樂律一派的復古運動所使然。安樂律一派的妙立或慧空，他們排拒中古天臺，一心期望回歸到趙宋天臺和四分律。這一學流甚為興趣，自然亦具備其本身的意義，但自最澄爾後，却形成了日本天臺的影像，這是從日本佛教流派上所看到的其原有的形象已經扭曲了的觀點。

　　我們在衡量原有的日本佛教的諸般相狀時，一開始卽須酌量先人的思想與信仰的遺迹，進而再去理解鎌倉佛教究竟是什麼情形？才比較適當。

　　對於有志從學於日本佛教的人士，其次將爲列擧資料文獻與參考書，我們從龐大的書籍群中，鼓足十二分的勇氣去選擇，期願至少須能達到介紹概要的效果。

　　從繁多的資料當中選擇自己所中意，當然也必會有所疏失的實際情形，我們應注意其在書尾所附注文獻有關的幾種實例。佛教文學尤其與來自日本文學中的佛教思想，當是今後所面臨的課題，從而可以喚起我們所可以接納的日本佛教影像。

　　當初在製作這部文獻表的目的，是提供給初學日本佛教人士，得以概略得知日本佛教文獻的大要；格於必須在短期間內完成，因而所揭載的各項，疏漏或不當之處在所難免，今後自當相機予以補充或改訂，期能成就一部完美的文獻表，以公諸大衆，是所至願，謹此附記。末了，於擔當文獻表製作與整理檔卡的工作方面，得自大谷大學研究生清田寂天、山崎欣彌兩位同學的盡心竭力，謹此銘誌，深致謝忱！

滄海叢刊書目 (一)

史地類

書名	著者	
古史地理論叢	錢	穆 著
歷史與文化論叢	錢	穆 著
中國史學發微	錢	穆 著
中國歷史研究法	錢	穆 著
中國歷史精神	錢	穆 著
憂患與史學	杜維運	著
與西方史家論中國史學	杜維運	著
清代史學與史家	杜維運	著
中西古代史學比較	杜維運	著
歷史與人物	吳相湘	著
共產國際與中國革命	郭恒鈺	著
抗日戰史論集	劉鳳翰	著
盧溝橋事變	李雲漢	著
歷史講演集	張玉法	著
老臺灣	陳冠學	著
臺灣史與臺灣人	王曉波	著
變調的馬賽曲	蔡百銓	譯
黃　帝	錢	穆 著
孔子傳	錢	穆 著
宋儒風範	董金裕	著
增訂弘一大師年譜	林子青	著
精忠岳飛傳	李安	著
唐玄奘三藏傳史彙編	釋光中	編
一顆永不殞落的巨星	釋光中	著
新亞遺鐸	錢	穆 著
困勉強狷八十年	陶百川	著
我的創造‧倡建與服務	陳立夫	著
我生之旅	方治	著

語文類

書名	著者	
文學與音律	謝雲飛	著
中國文字學	潘重規	著
中國聲韻學	潘重規、陳紹棠	著
詩經研讀指導	裴普賢	著
莊子及其文學	黃錦鋐	著
離騷九歌九章淺釋	繆天華	著